KB005453

대화의 심리작전

THE PSYCHOLOGY OF SPEECH

| 한국언어문화원장 김양호 지음 |

대화의
심리작전

비전코리아

머리말

　　　　　　　　시대의 요청은 이 땅에서도 언어심리학
의 새로운 장을 갈망한다. 종래에 있어서 언어란 그 본질적 성격의 변화가 없
음으로 해서 부단한 연구와 계발에 심각성을 제시하지 못했다.

　　그러나 대화와 협상의 시대적 요구는 이러한 우리의 언어생활과 태도를
끊임없이 부채질하고 있다. '대화 부재不在'는 곧 인식부재, 연구부재를 의미
하기도 한다. 이것은 아직도 대화에 관한 수많은 책들이 모두 그 언저리만 맴
돌았을 뿐 적절한 지침이나 문제제기에 미흡했다는 반증이기도 하다.

　　따라서 저자는 대화의 인식이 점고되는 현대에, 화법에 자신을 갖고자 하
는 사람들의 욕구에 부응하고자 이 책을 집필했다. 이미 그 방면에 월등히 앞
서는 선진국 전문가들의 이론체계를 참고하여, 언어의 이해와 표현, 그리고
훈련에 합당하도록 정연한 이론체계를 세우는 데 성의를 다했다.

　　따라서 『대화의 심리작전』이 전반적인 개인, 대중스피치는 물론 대화의
심리분석에 이르기까지 이론 및 실제 활용 가능한 기술을 제시해 언어생활
의 더없는 지침이 될 것을 믿어 의심치 않는다.

　　제1부 '이것이 대화의 기본이다'는 대화의 요소, 구성, 매체, 원리 등을
세밀히 밝혀 소통과 협상, 심리를 일목요연한 이론으로 정립하였으며 제2
부 '어떻게 원하는 것을 얻는가'에서는 실제 언어생활에 응용할 수 있는 효
과적인 기술들을 정리했다. 설득·비평 등 대인관계에 절실한 심리 응용 화
법에서부터 전문 세일즈맨의 화법에 이르기까지 효과적인 언어생활에 대해
배려를 아끼지 않았으며, 특히 저자가 전국을 순회강연하며 깨달은 사람들의

공통적인 욕구를 집약해서 서술했다는 점을 밝히는 바이다. 아울러 『대화의 심리작전』을 집필하면서 절감한 것은 우리는 여태껏 언어의 위력을 올바로 인식하지 못했다는 점이다. 그저 대화를 조건반사적인 것으로 돌려 버리는 무관심함이 우리에게 있었다는 사실을 인정해야 할 것이다.

어느 작가에게나 세월이 흘러도 애착이 가는 작품이 따로 있는 법인데, 나 역시 많은 책을 썼지만 그 중에서 이 책을 특히 사랑한다. 내가 이 책을 가장 사랑하는 첫째 이유는 일반 대중에게 화술의 전문가로 나를 클로즈 업시킨 책이며, 둘째는 많은 독자들이 읽고 크게 반향을 일으킨 책이고, 셋째는 정부(내무부)에서 마구잡이로 베껴 교재로 썼다가 매스컴의 도마 위에 오른 책이며, 넷째는 중국은 물론 홍콩, 대만, 일본에까지 수출된 책이기 때문이다.

아무쪼록 본서가 우리의 언어생활을 다양하고 아름답게 계발하고 전개해 나가는 데 나름의 역할을 할 수 있기를 바라본다. 또한 무관심하게 여겼던 대화의 중요성을 재삼 인식하는 데도 도움이 될 것을 믿으며 독자의 진심어린 관심과 조언을 기대하는 바이다.

김양호

Contents

Part 1 이것이 대화의 기본이다

Part 2 어떻게 원하는 것을 얻는가

Part 1

이것이
대화의 기본이다

" 시대와 생활이 어떠한 과정을 겪으면서 변화되어도 사람은 사회 공동체의 속성을 떠날
수 없다. 또한 사람들은 서로 대화對話를 나누면서 살지 않으면 안 된다. 그러므로 대화란
누구든지 태어날 때부터 자연스레 체득하는 인간의 본질적인 요소이기도 하다.
그러나 누구나 대화할 수 있다는 안이한 사고방식으로 말미암아 더 나은 대화의 발전을
꾀하고자 하는 자세는 거의 찾아볼 수가 없었던 것도 사실이다. "

Chapter 01

말 잘해야 하는 **소통의 시대**

대화를 발전시켜라

시대와 생활이 어떠한 과정을 겪으면서 변환되어도 사람은 사회 공동
체의 속성을 떠날 수 없다. 또한 사람들은 서로 대화對話를 나누면서 살
지 않으면 안 된다. 그러므로 대화란 누구든지 태어날 때부터 자연스
레 체득하는 인간의 본질적인 요소이기도 하다.

그러나 누구나 대화할 수 있다는 안이한 사고방식으로 말미암아 더
나은 대화의 발전을 꾀하고자 하는 자세를 거의 찾아볼 수 없었던 것
도 사실이다.

현대는 커뮤니케이션의 시대, 즉 대화의 시대다. 개인이 중요시되
면서 자신의 입장을 보다 적절하고 효과적으로 피력하고자 하는 시대
의 요구에 따라 대화의 중요성은 점차 각광을 받게 되었다. 그러나 오
늘날 우리들 사이에 이루어지는 대화가 본래의 의미와 얼마만큼 접근
되어 이루어지고 있으며, 대화다운 대화가 과연 이루어지고 있느냐는
생각해볼 문제이다.

대화의 본질을 파악하지 못한다면 바람직한 대화의 효과를 기대하기란 어렵다. 러시아의 작가 톨스토이는 "사람들에게 말이 적으면 적을수록 기쁨은 더 많아진다"는 말을 남겼으며, 동양의 명언에도 "세치의 혀가 다섯 자의 사람을 죽이기도 하고 살리기도 한다"라는 말이 있어 말의 중요성을 인식시키고 있다. 독일의 시인 하이네는 "듣기 좋은 말은 아직도 무료이다"라고 읊기도 했다. 이런 명언은 서로 다른 내용의 말 같지만 조심스럽게 말하는 것이 훌륭한 대화를 하는 첩경이라는 입장에서 똑같이 말의 어려움과 대화의 중요성을 느끼게 하는 말이다.

그렇다면 대화란 도대체 무엇인가? 사전을 보면 "서로 대면하여 하는 이야기, 회화, 대담"이라고 풀이하고 있다. 조금 더 크고 자세한 사전을 찾아보면 다음과 같이 해석돼고 있다.

직접 마주보고 이야기하는 것, 또는 그 말. 회화와 똑같은 의미로 쓰여지거나, 회화 가운데 다소 새로운 느낌을 주는 경우 등 그 의미는 일정하지 않으나 보통은 특정한 개인과 다른 특정한 개인이 일대일의 형태로 상대하여 서로 듣고 서로 말하는 경우.

그렇다면 대화는 문답問答, 잡담雜談, 상담相談, 의논議論, 상담商談, 간담懇談, 밀담密談, 교섭交涉, 면담面談, 전화電話, 한담閑談 등으로 나눌 수도 있다.

해석학적 국어 교육에서는 일상생활적인 세상 돌아가는 이야기를 회화라고 하며, 연극이라든가 논리적인 문답의 관계를 특히 대화라고 한다. 일본의 언어학자 야마구찌 기이찌로는 '대화 속에 지적知的

요소가 짙은 것을 문답, 정적精的 요소가 짙은 것을 회화, 논리적 요소가 짙은 것을 토론'이라고 크게 세 가지로 나눌 것을 주장했으며, 미국의 도르디 사노프도 '서로가 주고받는 문답이나 대답'을 대화라고 정의하였다.

따라서 대화는 한 사람 한 사람이 상대하여 행하여지는 말이며, 이야기의 진행에 따라 이야기하는 쪽이 듣는 편도 되고 듣는 쪽이 이야기하는 편도 되는 것이다. 이것은 대화의 가장 기본적인 형태이며, 특수한 형태로는 문답이라는 것이 있다. 대화의 경우엔 화제의 내용이 이야기의 진척에 따라 자유롭게 바뀌어 갈 수 있지만, 문답에서는 화제가 일정하며 그 화제를 해결하려고 서로 협력하는 관계가 되기 때문에 대화보다는 지적 성격이 뚜렷하다.

대화는 왜 중요한가

다음 이야기는 정신분석학자 프로이트Sigmund Freud가 말한 『대화론』의 일부분이다. 오늘날 현대 사회에 있어서 자기의 사상과 감정을 주고받는 이 대화처럼 절실히 필요한 것도 없다.

"무인고도無人孤島에 어머니와 아들이 살고 있었다. 그들에게는 희망도 좌표도 없었다. 대화를 상실한 10여 년의 세월은 끝내 아들이 어머니를 범하는 동물적인 인간으로 만들고 말았다."

어른과 아이의 대화, 남자와 여자의 대화, 젊은이와 늙은이의 대화, 손님과 상인의 대화, 상사와 부하의 대화, 국민과 정치인의 대화 등 실로 대화야말로 시대와 역사의 호흡 속에 내일을 창조하는 가장 중요한 열쇠인 것이다. 어느 시대 어느 사회를 막론하고 대화가 소통한 민족은 번영되었고, 대화를 소통시킬 줄 알았던 국가는 부강하였으며, 희망과 용기를 잃은 적이 없었음을 역사는 증명하고 있지 않은가? 따라서 대화란 고통의 마찰을 완화해 주는 윤활유요, 희망의 등불을 갖게 하는 고함이며, '가나안'을 향한 신앙의 설교라고 해도 과언이 아니다.

특히 현대를 '대화의 시대', '협상의 시대'라고도 한다. 스피치는 말하는 사람의 인격, 성격, 사상, 감정 등 자기 표현이며, 민주시민의 절대적인 무기로까지 등장하고 있다.

더구나 우리의 일상생활을 돌아보면 하루의 대부분을 대화 속에서 살고 있다. 가족끼리, 친구와 직장에서, 또는 음식점에서, 쇼핑할 때 등 실로 우리 생활에 대화가 없다면 올바른 삶을 영위해 나갈 수가 없다. 또한 대화를 상실한 인간사회의 모습은 상상조차 할 수 없는 싸움과 폭력, 비정의 연속일 뿐이다. 이러한 현상을 강원용姜元龍목사는 그의 저서 『5분간의 사색』에서 다음과 같이 피력하고 있다.

"사람이 사람으로 되는 길은 대화를 통하지 않고서는 생각해 볼 수 없다. 인간의 근본 형식은 공동 인간성이기 때문에 인간이 개인적으로나 사회적으로 대화를 상실하는 때 인간은 비인간화되어 버린다. 오늘날 우리 사회의 가장 심각한 문제는 대화의 상실에 있다. 시장에 가보면 고성으로 아귀다툼을 하는 사람들을 흔히 본다. 그들은 각각 자기가 옳다는 주장만을 내세울 뿐 상대방의 이야기는 전혀 들으려고 하지 않는다. 들을 줄 모르고 말할 줄만 아는 것, 이것이 곧 싸움을 일으키는 도화선이 되며, 이런 싸움은 결국 욕설과 폭력으로 번져가기 마련이다. 이것이 대화를 상실한 인간사회의 모습이다."

이렇듯 대화는 인간학적·교육학적으로 매우 중요한 의미를 갖는다. 왜냐하면 대화의 습득은 단순한 의사표현이나 의사전달의 수단만을 얻는 것이 아니라 대화를 통해서 사람됨을 형성하는 것을 의미하기 때문이다. 그러므로 한 사람의 대화가 빈약한지, 풍부한지, 애매한지, 분명한지, 혼돈 상태에 있는지, 정리되어 있는지에 따라서 그 사람의 사람됨도 역시 빈약하든가, 풍부하든가, 애매하든가, 혼돈 상태에 있든가, 잘 정리되어 있다고 하겠다. 즉 인간이 그의 내부세계를 그의 대화를 통해서 표현한다는 점에 대화의 중요성이 있다.

무엇이 대화를 만드는가

대화는 우선 말하는 사람과 듣는 사람이 있어야 성립된다. 그리고 전달되는 내용이 있어야 하고 목적을 가져야 한다. 그 목적이라는 것은 이야기를 한 결과에 대한 기대라고 해도 좋다. 그리고 듣는 사람의 목적도 있어야 함은 물론이다. 즉 무엇 때문에 듣는 것인가? 이에 따라 듣는 각도가 달라진다. 이것을 정리하면 다음과 같은 형태가 된다.

- 말하는 사람 → 말하는 목적

- 전달 방법 → 언어(입말과 몸말)

- 듣는 사람 → 듣는 목적

　누군가가 누군가에게, 어떠한 목적을 위해 말이라는 매체를 빌어 전달하는 것을 받아들이는 것. 그리고 이것이 서로 소통될 때 비로소 대화가 성립한다. 이것들 외에 실제의 대화에서는 시기와 장소와 경우가 대화의 성립 요건으로 등장한다. 이른바 T · P · O라는 것이다. T는 때Time, P는 장소Place, O는 상황Occasion으로서, 이들 세 가지 요소는 대화가 이루어지기 위한 불가분의 조건이며, 앞에서의 세 가지 요소(말하는 사람 · 내용 · 듣는 사람)와 밀접한 관계가 있다.

Chapter 02

목적 없는 대화는 **시간낭비다**

대화에는 목적이 있다

"성공적인 대화는 간결하고 명료해야 한다. 그리고 그 목적은 흥미와 재치와 듣는 사람으로서의 자세가 수반돼야 한다."

이 말은 미국의 앨런 몬로Alan H. Monroe와 더글라스 에닝거Douglas Ehninger의 공저 『스피치 커뮤니케이션』에 나오는 구절이다. 어떠한 스피치speech라도 궁극적인 목적은 성공적인 반응을 얻는 데 있다. 말하는 사람이 이러한 목적을 달성했을 때 비로소 그 스피치는 가치 있는 스피치가 되며 또 효과를 거둘 수 있는 것이다.

우선 대화에서 말하는 사람은 듣는 사람에게 호의를 보여야 한다. 그럼으로써 듣는 사람은 즐거워한다. 그 다음에는 정확하게 알려 주어야 한다. 그래야만 듣는 사람으로 하여금 명확한 이해를 하도록 유도할 수 있다. 끝으로 말하는 사람은 호소력과 설득력이 있어야 대화의 목적을 달성할 수 있다. 호소력 있는 말은 듣는 사람으로 하여금 동조와 지각 있는 행동을 유발시키기 때문이다.

이러한 대화의 일반적 목적을 몬로는 다음의 표로 정리하고 있다. 이 다섯 가지의 일반적인 목적에 대한 자세한 설명은 뒤에서 다시 하기로 하겠다.

일반적 목적	반응	대화의 성질
① 감동시킨다	인상적이다(정적인 반응)	설득적
② 이해시킨다	확신 · 동의 · 승인(지적인 반응)	호소적
③ 행동하게 한다	납득하여 눈에 띄는 행동을 한다	호소적
④ 알려 준다	명확한 이해	교훈적
⑤ 즐겁게 해준다	관심 · 흥미를 갖고 즐긴다	호의적

대화는 또 인간관계를 원만하게 만들어주는 원동력이 된다. 대화를 잘하면 인간조종을 훌륭하게 할 수 있으며, 나아가서는 인간관계를 원활하게 꾸려 갈 수 있게 된다는 것을 미국의 노드웨스턴대학교 교수 제임스 맥버니James H. McBurney와 어네스트 루에이지Ernest J. Wrage는 그들의 공저『훌륭한 스피치의 안내』에서 다음과 같은 공식으로 풀이하고 있다.

지적 특성	정적 특성	도덕적 특성	사회적 특성	
통찰력 판단력 상상력	+ 안정력 자제력 인내력	+ 성실력 정 직 용감성	+ 온 정 동정심 유 머	= 훌륭한 인간 조종 훌륭한 인간 관계

이러한 대화의 목적이 빗나갔을 때 야기되는 의외의 험악한 인간관

계는 우리 주변에서 얼마든지 그 예를 볼 수가 있다.

　이웃 일본의 〈아사히신문〉에 재미있는 기사가 실렸다. 어느 도꾜 도의원과 도영都營 지하철 개찰원 사이에 있었던 하찮은 대화의 승강이를 놓고 꼬집은 기사였다.

　때는 가을 오후, 한 사람의 노인이 도영 버스의 우대 승차권으로 지하철의 개찰구를 통과하려고 한다.

　"여보세요, 손님! 이걸로는 타실 수 없는데요."

　"뭐? 못 탄다고? 지금까지 줄곧 이걸로 타고 다녔는데, 어째서 못 탄다는 거야?"

　노인은 불평을 말하면서도 또 다른 패스를 꺼내어 보인다. 개찰원이 말한다.

　"이것은 사철私鐵 8개 사社에서 통하는 우대 승차권이군요. 이것도 안 됩니다. 요금을 내십시오."

　승객이 흥분해서 소리친다.

　"왜 안 된다는 게야!"

　이때 안에서 역무원 한 사람이 나와 사정을 들어 본 뒤, 패스를 조사한다.

　"손님, 이 패스들은 모두 도영 지하철에서는 사용할 수 없습니다. 요금을 내셔야 되겠는데요."

　그러자 화가 난 승객이 큰 소리로 말했다.

　"나는 도의회 의원이야! 18년이나 도의원을 지내고 있는 사람이며, 더구나 공영기업 위원인데 이런 실례가 어디 있나?"

이 소동으로 다른 승객도 멈춰 서서 상황을 지켜보게 되었다. 역무원이 또다시 패스를 뒤적이다가 도 교통국에서 발행한 지하철 우대 승차권을 발견한다.

"아, 여기 있습니다. 이것이 있으면 됩니다. 처음부터 이것을 보여주셨더라면 이런 일이 없었을 텐데요."

승객이 패스를 받아 들고 말한다.

"그것 봐!"

도의원은 개찰원의 코밑에 패스를 들이대고는 다시 패스를 개찰대 위에 두들겨 댄다. 그러자 개찰원이 말한다.

"손님, 다음엔 조심하세요. 왜 처음부터 그것을 안 보입니까? 주의를 받아 마땅하지 않습니까!"

"건방진 수작 말아! 이 바보 같은 녀석아!"

도의원이 욕을 하면서 개찰원의 가슴팍을 쥐어박는다. 역무원이 말려 겨우 개찰구를 나간다.

이상은 신문기사를 근거로 하여 그들의 대화를 추측해 본 것이다. 여기에서는 특정한 개인의 대화를 놓고 왈가왈부하려는 것이 아니다. 사실과 보도와의 사이에 있을지도 모르는 견해의 차이도 고려한다면, 이것을 하나의 작위作爲의 예로 보아도 좋을 것이다. 문제는 이들의 대화가 잘못 되었다는 데 있다.

그 잘못의 하나는 개찰원과 승객과의 사이에 벌어졌던 대화의 목적이다. 개찰원이 승객에게 이야기한 목적은 합법적인 승차를 요구하는 것이었다. 우대 승차권이 있으면 그것을 개찰구에서 내보여주면 되는 것이며, 그것이 없다면 요금을 지불하면 끝난다. 반면에 승객이 이야기한 목적은 자기가 부정승차를 하지 않는다는 것만 알려주면 된다.

냉정하게 생각해 보면 아주 간단한 일인데도, 이때는 여러 가지 조건이 겹쳐서 큰 소리를 지르고 폭력을 휘두르는 사태로까지 빚어진 것이었다. '가는 말이 고와야 오는 말도 곱다'는 말도 있지만, 대화는 그 목적을 빗나가지 않도록 유의해야 한다.

대화할 때에는 누구나 목적을 갖고 있다. 그러나 간혹 특별한 목적을 갖고 있지 않으면서 말을 거는 사람도 있는데, 그들의 대부분은 이런 사람들이다. 첫째는 목적을 확실히 자각하지 못해서 목적이 없다고 생각하는 경우이며, 둘째는 몇 가지의 목적이 겹쳐져 하나의 목적을 찾기 어려운 경우이다. 그러나 이러한 문제점이 있다고 해서 그들의 대화에 목적이 없다고는 볼 수 없다.

말하는 사람의 목적

대화하는 경우 말하는 사람의 목적은 무엇이며, 듣는 사람의 목적은 무엇인가를 하나의 예를 들어 살펴보기로 하자.

어느 회사의 과장이 부하 직원에게 업무의 중간 보고를 하라는 지시를 내린다. 일상 업무라면 특히 주의할 일이 못 되겠지만, 새로운 기획이나 특별한 상황에서는 과장이 그 직원을 불러 직접 이야기하게 될 것이다. 즉 대화가 이뤄진다. 이때 과장이 말하고자 하는 목적은 '필요한 사항을 정확히 기록한 보고서를 정해진 시한까지 자기에게 제출하라'는 것이며, 부하 직원이 이야기를 듣는 목적은 '과장의 지시를 정확하고 완전하게 이해한다'는 것이다.

여기에서는 과장이 말하는 쪽이고, 직원이 듣는 쪽이지만, 대화하다 보면 말하는 쪽과 듣는 쪽이 서로 바뀌게 마련이다. 무엇 무엇이 필요한 사항인가, 어느 정도의 자세한 말이 필요할까, 또는 그 보고서가 어떻게 이용되는가 등 여러 가지를 확인하는 것이 부하 직원으로서는 중요한 일이다. 물론 과장은 그러한 사항도 이야기하겠지만 경우에 따라서는 직원의 질문에 대답해야 되는 경우도 생길 것이다.

이 기획을 진행하고 있는 동안에는 부하 직원이 적극적으로 과장에게 문제점의 해결방법에 대한 조언을 청하는 경우도 있다. 이렇게 되면 한군의 이야기 목적은 '필요한 조언을 받는다'는 것이 되며, 과장의 이야기를 듣는 목적은 '어디에 문제점이 있는가를 파악한다'는 것이 된다.

이상의 예에서 볼 때 '목적이 어떤 행위의 결과로서 기대되고 있다'는 공통점을 갖고 있음을 알 수 있을 것이다. 즉 몬로가 정리한 대화의 다섯 가지 일반적인 목적으로 집약될 수 있다.

말하는 사람의 목적	기대 결과
알려 준다	명확하게 이해한다
이해시킨다	지적인 반응 · 승인해 준다
즐겁게 해준다	관심 · 흥미를 갖는다
감동시킨다	정적인 반응을 보인다
행동하게 한다	눈에 띄는 행동을 한다

말하는 사람은 듣는 사람을 자극하고, 듣는 사람은 그 자극을 받아 어떤 반응을 일으킨다는 견해를 갖는다면, 말하는 사람의 목적을 듣는 사람에게 어떤 반응을 일으키게 하려는 목적인가에 따라 분류할 수가 있다. 앞에서 그 목적을 '기대하는 결과'로 다룬 것은 말하는 쪽과 듣는 쪽에 함께 일어나기를 기대하는 반응이다.

몬로는 대화의 목적을 다섯 가지로 나누고 있지만 반드시 다섯 가지여야 하는 것은 아니다. 이야기의 목적을 기능적으로 나누면 다음의 네 가지로 분류될 수도 있다.

- 듣는 사람을 즐겁게 해준다.
- 듣는 사람에게 지식을 준다(설명·보고를 한다).
- 듣는 사람에게 감명을 준다(인상이 남게 한다).
- 듣는 사람에게 행동을 일으키게 한다(이해시킨다).

이상은 일본의 사이또 미쯔꼬가 『상용어의 과학』에서 분류한 것이다. 그러나 실제의 대화에서는 말하는 사람이 이러한 형태로 목적을 설정할 수는 없을 것이라고 생각하는 사람도 있다. 하나의 대화 속에 둘 이상의 목적이 포함되는 경우도 있을 것이며, 이야기 도중에 목적이 변경되는 수도 있다. 이것은 대화의 구성 문제와도 관련된다. 다만 정리된 이야기의 경우에는 대개 중심적인 목적을 설정할 수가 있는 것이며, 그 이외에는 부차적인 목적이라는 위치를 차지할 수 있을 뿐이다.

듣는 사람의 목적

이야기를 듣는 형태는 다음의 두 가지로 나눌 수 있다.

- 수동적 자세 ·························· 들린다
- 능동적 자세 ·························· 듣는다

두 가지 모두 원리적으로는 '말하는 사람의 목적'과 똑같은 목적으로 분류할 수 있을 것이다.

수동적	능동적
알려진다	안다
납득되어진다	납득한다
즐거워진다	즐긴다
감동받는다	감동한다
행동하게 된다	행동한다

이러한 '듣는 사람의 목적'이 '말하는 사람의 목적'과 어떻게 조화를 이루느냐에 따라 대화의 성패가 결정된다. 말하는 쪽이든 듣는 쪽이든 각자의 입장에서 목적을 갖는다는 것은 앞에서도 설명했다. 그러나 실제의 경우에 부딪치면 그것을 잊기 일쑤며, 대화의 방향이 엉뚱한 곳으로 빗나가게 되는 경우도 있다. 본래의 목적을 벗어나는 대화의 위험은 듣는 사람의 목적이 빗나갈 때 더욱 많아지는 경우를 우리는 자주 보게 된다.

이러한 위험을 피하기 위한 좋은 대화의 예를 미국 사우드 캐롤라이나대학교의 제임스 패터슨James A. Patterson 교수는 계간지『현대의 스피치Today's Speech』에서 보여주고 있다.

해리슨 학장의 부름을 받은 블레어 교수가 학장실로 들어선다. 학장이 말한다.

"블레어 선생, 솔직히 말해서 나는 선생에게 몹시 실망했어요."

"학장님, 무슨 말씀이십니까?"

"모든 사람들이 블레어 선생을 좋지 않게 평가하고 있어요. 학생들이 취직 문제를 상담하러 찾아가면 으레 트집을 잡고 비판하여 돌아가게 한다는 불만이 많더군요."

블레어는 '그건 전혀 오해입니다. 도대체 무슨 말씀인지 이해할 수가 없군요'라고 말하고 싶은 마음을 꾹 참으면서 이렇게 말한다.

"아, 그렇습니까?"

"선생은 충분히 많은 학생에게 취직의 길을 열어 줄 수가 있었을 텐데 도대체 왜 그랬습니까?"

블레어는 '학장님, 오해입니다'라고 말하지 않고 대신 이렇게 말한다.

"학장님, 그 일에 관해서는 잘 이해가 되지 않는 점이 있으니, 죄송스럽지만 학장님께서 알고 계신 것을 모두 말씀해 주시지 않겠습니까?"

학장은 쾌히 여러 가지 정보를 이야기해 준다. 블레어 교수는 그 하나하나를 "그렇습니까?" 하며 받아들인다. 학장의 이야기가 끊어졌을 때, 교수가 입을 연다.

"학장님, 그밖에 더 알고 계신 것은 없으십니까? 그것이 전부입니까?"

"제가 들은 이야기는 대체로 그 정도입니다마는….'

"학장님, 여러 가지 말씀을 해주셔서 감사합니다. 잠깐 여쭤볼 말이 있는데 괜찮으시다면 10분 정도 시간을 내주셨으면 하는데요."

"네, 좋습니다. 어서 말씀하십시오."

"학장님, 제가 트집을 잡는다고 모두들 불만을 갖고 있다는 말씀을 하셨는데, 주로 몇 학년 학생들입니까?"

"4학년이었습니다."

"그렇습니까? 대충 몇 명의 학생들이었습니까?"

"글쎄올시다. 아마 5~6명이었다고 생각됩니다."

"언제쯤 학생들이 찾아왔나요?"

"글쎄요. 언제였던가 확실하게 기억은 못하지만, 최근 2주 사이에 두세 차례 찾아왔어요."

"학장님, 이제 대충 무슨 이야기인지 알 만한데요. 그 문제에 관해서 제가 알고 있는 사실을 보고드릴 수 있게 해주십시오."

"어서 말씀하시지요."

"사실은 2주일 전 금요일에 국문과의 P양이 저를 찾아와서 졸업 후 G회사 비서실에 취직을 알선해 달라고 했습니다. 그래서 저는 그런 자리보다는 전공을 살려서 신문사나 출판사 쪽으로 가는 게 적성에 맞을지 모르니까 좀 더 연구해 보자는 말을 하고 헤어졌습니다. P양에 대해서 추천서를 쓸 만큼 잘 알지 못했기 때문에 저는 좀 더 그 학생을 조사해 보고 싶었던 것입니다. 학장님 제가 알고 있는 사실은 이것이며 취직 문제에 관한 것이라면 P양의 건 하나뿐입니다."

그러자 학장은 말한다.

"그랬군요. 제가 오해한 것 같군요. 알았습니다. 그렇지만 앞으로 그 문제에 관해서는 조심해 주십시오."

"네, 바쁘신 학장님을 제 일로 신경쓰게 한 것 같아 죄송합니다. 그러나 이 일로 학장님과 대화할 수 있었던 점을 다행스럽게 생각합니다. 그렇지 않으면 여간해서 학장님과 이야기할 기회가 없을 테니까요. 아무쪼록 이번 일을 기회로 좀 더 가깝게 지낼 수 있었으면 좋겠습니다."

"블레어 선생, 오해가 있었던 것 같아 미안합니다. 앞으로 어려운 일이 있으면 언제든지 오셔서 말씀해 주시기 바랍니다."

"감사합니다. 그러면 실례하겠습니다."

이상의 예는 주의를 주는 윗사람과 주의를 받는 아랫사람과의 대화로서 매우 훌륭한 진행이었다고 보겠다. 여기에서도 주의할 점이 많다. 그러나 목적에서 벗어나지 않으려는 배려가 충분히 내포되어 있으며, 그것이 잘 지켜졌기 때문에 이 대화는 성공적으로 끝났던 것이다.

이렇듯 듣는 사람의 목적에서 벗어나지 않고 대화를 진행하는 것은 결코 쉽지 않다. 그러기 위해서는 냉정한 마음 자세가 필요하다. 그렇다고 자기 혼자 목적을 자각하는 것만으로는 대화의 성공을 기대하기 어렵다. 말하는 쪽과 듣는 쪽과의 목적이 조화를 이루도록 꾀하여야 성공적인 대화가 이뤄진다는 것을 항상 명심해야 한다.

이것만은 기억하자. 첫째, 상대방의 목적을 파악한다. 둘째, 자기의 목적을 다시 생각해 본다. 셋째, 말하는 쪽의 목적과 듣는 쪽의 목적을 조절해야 한다. 이와 같은 작업이 병행되어야 그 대화는 가장 이상적인 대화로 진행되는 것이다.

Chapter 03

공감대 형성이 **정답이다**

혼자만의 스피치

스피치의 종류는 여러 가지로 나눌 수가 있다. 말의 활동을 위주로 혼자만의 스피치, 상호의 스피치, 일방적인 스피치, 집단 속의 스피치 등 네 가지로 나눈다.

첫째, 혼자만의 스피치라는 것은 말하는 사람도, 듣는 사람도 자기 자신인 경우의 스피치를 말한다. 독화라든가 독백 또는 자기 대화라고도 불린다. 자기 혼자만의 이야기는 내가 나에게 이야기를 거는 것이기 때문에 정상적인 상태에서는 성립되지 않는 것이 보통이다. 정신병 환자나 정신박약 증세가 심한 사람들은 '자기만의 이야기'에 빠져 버리는 경우도 있다.

'혼자만의 스피치'가 의미 있는 경우는 언어교육에서 사용되는 지도법 또는 연극의 모놀로그 정도이다. 언어교육에서는 말짓기의 한 가지 형태로서 자기의 경험이나 감상을 표현할 때 쓰인다. 연극의 모놀로그는 주인공의 기분이나 사상의 표현 방법으로, 또는 연극의 설명으로 쓰인다. 생각할 때에도 주로 말이 사용되기 때문에 어느 의미에서는 '자기만의 이야기'에 속한다. 그러나 이 경우에는 음성화가 수반되지 않는 것이 보통이다.

상호 스피치

대화는 거의가 무엇인가의 목적 때문에 행해진다. 그 목적의 차이에 따라서 일상적인 인사·소개·응대·상담·요담·면접·면담 등 여러 가지로 불린다.

　상호의 스피치란 상호성이 가장 강하게 느껴지는 이야기다. 그러므로 하나의 이야기는 반응을 일으키고, 그 반응은 또 다른 이야기를 불러낸다는 식의 진행을 하게 되는 것이다. 상호 스피치의 진행이 잘 되는가, 또는 잘 되지 않는가는 그 이야기를 하고 듣는 당사자 양쪽에 모두 책임이 있다. 이야기를 잘하는 것만이 아니라 듣는 데도 익숙하지 않으면 안 된다는 것이다. 또 때에 따라서 화제를 적절하게 이끌어내야 하며, 적절하게 바꾸어 나가지 않으면 안 된다. 유머나 위트도 적당하게 삽입하여 전체 분위기를 부드럽게 만들어야 한다.

　우리나라 사람이 회화라든가 좌담에 서툰 것은 이러한 상호 스피치를 극적으로 진행해 나가려는 태도가 부족하기 때문에 나타나는 현상이다. 평소에 화제를 풍부하게 해두는 준비성이 없고, 상대방의 반응에 따라 화제를 바꾸어 나가는 데 둔감하며, 상대방의 입장이나 기분을 살펴 이야기의 상태를 바꾸는 힘이 부족하기 때문이다.

상호 스피치가 익숙하게 되기 위해서는 기본적으로 회화의 기법이 익숙해져야 한다. 그것에 덧붙여 여러 가지 요건을 충족시키기 위한 스피치 기법이 익숙해지면 된다. 가령 설명하는 기법, 설득하는 기법, 감명을 주는 기법이 있다.

설명하는 기법이란 상대방이 잘 모르는 일이라든가, 알고 있어도 일부분밖에 알지 못하는 것을 상대방에게 알려주는 것이다. 설득하는 기법이란 자기의 생각에 상대방을 찬성시킨다거나, 자기의 생각대로 행동시키는 것이다. 감명을 주는 기법이란 상대방을 기쁘게 혹은 슬프게 해서 깊이 감동하도록 만드는 것이다.

상호 스피치는 당사자가 각각 말하는 사람과 듣는 사람이 되어 이야기를 주고받는 것이 특색이며, 주고받는 이야기의 내용이 협조적인 경우와 대립적인 경우가 있다. 대립적인 경우의 상호 스피치란 서로 상대방을 꼼짝 못하게 하는 이야기다. 즉 당사자의 사고방식이나 입장, 이해관계가 대립하고 있어서 서로 상대방을 자기의 의견에 승복하도록 만드는 것이다. 이 경우에는 의논이라든가 논쟁이라는 스피치의 기법이 몸에 배어 있지 않으면, 자기 의견이 옳고 상대방의 의견은 틀렸다는 식으로 굳어 버려 이야기 진행 자체가 어려워질 수 있다.

따라서 이러한 대립적인 이야기에서는 상대방이 이쪽의 의견에 반대하지 못하도록 하고, 상대방이 자기의 의견을 적극적으로 지지할 근거를 잃게 하는 것이 목적이다. 그래서 토론에 이기더라도 상대방이 이쪽의 의견에 찬성하게 하기란 매우 어렵다는 이야기가 나올 만한 것이다.

일방적인 스피치

일방적인 스피치란 개인이 많은 사람을 상대로 일방적으로 이야기를 진행해 나가는 것을 특색으로 하는 스피치를 말한다. 독화라고 부르는 학자도 있다. 대부분은 연단 위에서 대다수의 듣는 사람, 즉 청중을 상대로 행하는 강연·연설·강의·설교·보고·발표·공적인 인사·테이블 스피치 등이 속한다.

상호 스피치라면 그때그때 상대방에게 생각할 기회를 주면서 이야기를 진행하기 때문에 상대방의 이해를 하나하나 확인해 가면서 이야기한다는 특징이 있다. 이에 대하여 일방적인 스피치에서는 상대방의 이해에 대해서 말하는 사람이 일방적으로 생각해 가면서 상대방이 이해할 것으로 짐작하고 이야기를 진행해야 하는 특징이 있다. 물론 이 경우에도 대다수의 듣는 사람들의 얼굴 표정이나 분위기에 따라서 상대방의 이해를 살피고 이야기의 상황을 바꾸어야 할 필요는 있는 것이다. 그러나 그것은 어디까지나 말하는 사람의 판단으로 행해지는 것이지, 상호 스피치처럼 상대방이 한 사람 한사람이 "그것은 무슨 일입니까?"라고 물어볼 수는 없는 상태이다.

일방적인 스피치에서의 표현법이 익숙한가 서툰가는 주로 말하는 사람 자신에게 달려 있다. 듣는 사람은 듣는 사람으로서의 청취법을 지키기만 하면 된다. 따라서 일방적인 스피치에서는 화제나 주제의 선택 방법, 이야기를 꺼내는 방법이나 이야기를 마무리짓는 방법, 이야기를 전개하는 방법과 계획이 중요한 것이다. 이러한 의미에서 보면 일방적인 스피치는 '준비된 스피치', '계획된 스피치'라고 할 수 있다.

일방적인 스피치에서의 듣는 사람, 즉 청중은 말하는 사람의 이야기를 언제나 적극적으로 듣고 있다고 말할 수 없다. 이야기를 시작할 때는 들어 보려는 마음으로 모였겠지만, 이야기의 내용이 시원치 않거나 이야기하는 방법이 서툴면 이야기를 듣지 않고 엉뚱한 것을 생각한다거나 꾸벅꾸벅 졸거나 신문 · 잡지를 읽는다거나 뜨개질을 하기도 한다. 극단적인 경우에는 그 장소를 떠나 버리는 사람도 생기게 된다.

이러한 일방적인 스피치는 옛부터 '웅변' 또는 '연설'로서 알려져 왔으며, 외국에서도 '퍼블릭 스피킹'이라 하여 민주사회의 중요한 전달 방법의 하나로 여겨져 왔다.

집단 속의 스피치

집단 속의 스피치란 집단 혹은 그룹이 단위가 되어 행하여지는 것이다. 어떤 문제에 대해서 집단으로 의견을 나누면서 그 문제를 해결해 나가려는 스피치를 집단 속의 스피치라고 한다. 토의 · 회의 · 협의 등으로 불리고 있는 것이 그 구체적인 경우이다. 집단 속의 스피치는 집단의 성질이나 그 집단에서 주고받는 문제의 취급 방법에 따라서 두 가지 종류로 나눌 수 있다. 하나는 토의로 대표되는 것이고, 다른 하나는 형식적인 회의로 대표되는 것이다.

토의는 그룹 디스커션group discussion에 해당하는 것으로서 그룹의 멤버가 해결해야 할 문제의 그 본질을 밝히고, 여러 가지 지식이나 정보, 사실이나 의견을 알려 주어 전원이 협력하여 공정한 해결방안을 찾아

내려고 노력하는 것이다. 따라서 토의는 공동사고라든가 협력사고라고도 말할 수 있다. 해결방안도 중요하지만 오히려 해결해 나가는 과정에서의 인간적 협력에 더 큰 가치가 있는 것이다.

토의도 세분화하면 자유토의, 전원이 형식에 매이지 않고 가볍게 의논하는 원탁식 토의가 있고, 전문 사항에 대한 문제 해결이기 때문에 그 문제의 전문가를 강사로 초빙하여 강사를 중심으로 토의를 진행하는 강의식 토의, 해결해야 할 문제에 대한 연구자나 경험자를 4～5명 선택해서 이 선택된 사람들 즉 패널에 의해서 토의를 진행하고 이후에 참석자들에게도 발언하도록 하는 패널식 토의panel 등이 있다. 이땐 토의에 참석하는 사람 수나 토의의 목적에 따라서 형식이 달라져야 한다.

개인이 존중되면 존중되는 만큼 개인의 사상·감정·사고방식·의견 등의 대립이 두드러지게 나타난다. 따라서 개인 간에 나타나는 주장 대립이 토의나 논쟁의 형식으로 처리되며 결국엔 폭력이나 명령, 금력이 위세를 떨쳐 민주사회의 성립이 위태롭게 되는 것이다. 전체주의 국가라면 하나의 사상에 통일시켜 찬성이냐 아니면 추방을 당할 것이냐를 선택해야만 된다. 군국주의 국가라면 모든 것이 명령으로 결정되므로 비판도 이해도 용납될 수 없게 된다.

민주사회에서는 각자가 자기를 중요하게 생각하면 그만큼 남과 자기와의 대립과 공존을 생각하지 않을 수 없게 되어 있다. 그리고 그때에는 서로의 사고방식을 되도록 오해를 불러일으키지 않도록 융화시키며, 서로의 이해를 한층 높여 대립하지 않고 협력에 의해서 사물을 처리하는 습관의 확립이 필요하게 되는 것이다. 이것이 대화의 역할이며, 따라서 대화는 민주사회를 이루는 말의 기반이라는 이야기가 된다.

형식적인 회의는 의사 규칙에 따라서 이야기의 진행을 엄중하게 운영해 나가는 것으로서 국회 같은 곳에서 행하여지는 것이 대표적인 예라고 할 수 있다. 회의는 원칙적으로 전원일치를 전제로 한다. 그러나 현재의 사회에서는 전원일치란 불가능하다. 무엇인가의 해결방안이 미리 제시되고 이것에 대해서 찬성과 반대의 양론을 발표하게 하며, 마지막에 다수결에 의하여 해결 안건의 채택 여부를 결정하는 형식으로 일시적인 해결을 지어 나가는 것이다.

이러한 회의의 특징은 관계자가 각각 평등하게 취급받는다는 것, 관계자 전체의 의사는 다수결의 원칙에 의해서 결정된다는 것, 관계자의 의사 표시를 되도록 공정하게 다루기 위해 번거로운 의사 규칙에 의한 운영이 되어야 한다는 것, 소수 의견도 존중되어야 한다는 것 등이다.

그러나 실제의 회의를 보면 유력자의 의견도 존중된다거나, 의사 규칙이 회의를 이끄는 사람의 작전에 사용된다거나, 다수결이란 단지 형식적인 것에 불과하다거나, 소수 의견이 존중된다는 것은 말뿐이며 다수결의 의안에 반영조차 안 되는 사례가 허다하다.

Chapter 04

확신과 자신감으로 **말하라**

이야깃거리와 그 재료들

대화에는 용건이라는 것을 빼놓을 수가 없다. 특별한 용건이 있는 것은 아니더라도 "오랜만에 만났으니 차라도 마시면서 이야기합시다" 같은 경우도 없지 않다. 잡담이나 세상 돌아가는 이야기를 주고받는 대화도 이와 같은 것이다.

이런 경우 특별한 용건이 없더라도 아무 볼일이 없다는 이야기는 아니다. 근황을 말한다든지, 여러 가지 잡다한 연락을 한다는 식의 용건이 있는 경우도 많다. 이처럼 사람은 대부분의 경우에 뚜렷한 용건이 있어서 대화하게 된다. 대화에서 용건을 전달되는 일들이라고 생각한다면, 그 용건에서 화제와 제재를 가려낼 수 있을 것이다. 화제는 이야깃거리topic이고, 제재는 이야깃거리가 되는 재료들materials이다.

제재, 즉 대화의 재료는 풍부하기 때문에 그대로 방치해 두어서는 정리가 불가능하다. 그래서 이것들을 어떤 방법으로든지 정리해 두는 것이 편리하다. 그 정리 방법으로 화제라는 것이 설정될 수 있겠다.

대화하게 되면 우선 어떤 이야기의 제목이 설정되고, 그것에 대하여 이야기를 진행하게 된다. 그 경우에 이야기되는 하나하나가 대화의 재료인 것이다. 화제에는 각양각색의 크고 작은 것들이 있으며, 제재도 다양하다. 또 많은 때도 있으며 적을 때도 있다. 그래서 한 번의 대화에서 화제가 하나일 때도 있고 여러 개인 경우도 있는 것이다.

앞에서 한 번의 대화라는 말을 사용했는데, 여기서는 이 말을 상식적인 의미로 보기로 하자. 가령 방문객이 찾아 왔다가 돌아갈 때까지의 몇 분간이나 몇 십 분간을 묶어서 한 번의 대화라고 생각하는 것이다.

이야기 시작하기

회의하는 때엔 보통 의제가 미리 정해져 있는 것처럼, 상담을 하는 경우에도 무엇에 대하여 이야기할 것인가가 대강 정해져 있다. 대화할 때 미리 화제가 주어져 있다면 그 선택이나 결정에 대해서 이것저것 망설일 필요가 없겠지만, 상대방과 얼굴을 마주대하자마자 곧바로 그 화제로 들어간다고는 말할 수 없다. 대화의 능률을 올리기 위해서는 형식적인 인사말 따위를 생략할 수도 있겠으나 이것도 때와 장소를 가려서 해야 하며 상대방과의 관계에 따라 바꿀 필요도 있는 것이다.

일반적으로 예정된 화제로 들어가기 전에 대화를 끌어낸 쪽에서 말을 준비해야 한다. 보통은 간단하게 자기소개를 하게 되며, 그 밖에 다음과 같은 짤막한 인사말을 하는 것도 좋다.

"바쁘실 텐데 오시게 해서 죄송합니다."

"지난번에 부탁드렸습니다마는 조금 폐를 끼쳐야 될 것 같습니다."

그러나 이런 정도의 인사말로 그것이 곧 용건이라고는 할 수 없다. 대화하는 상대방과의 사이에 원활히 이야기를 진행시키기 위해서는 우선 서로가 말장단이 맞아 들어가지 않으면 안 된다. 잘 모르는 상대방과의 대표적인 예는 초면의 경우이다. 더구나 대화를 하겠다고 생각하고 나서 준비를 할 수 있는 여유가 있으면 조금이라도 상대방에 관한 정보를 얻으려고 노력하는 일은 당연하겠지만, 대화를 시작할 때까지 '충분한 정보를 얻기는 어렵다'는 말이 실감나는 이야기일 것이다. 그래서 초면의 상대나 잘 모르는 상대와의 대화에서는 무슨 말부터 꺼낼 것인가, 어디에서 화제를 찾을 것인가를 사전에 파악해야 한다.

우리나라 사람은 날씨에 관한 화제를 곧잘 들추곤 한다.

"대단히 춥습니다."

"오늘은 다소 추위가 풀린 것 같습니다."

"많이 따뜻해졌습니다."

"아이고, 이렇게 더워서는 못 살겠어요."

"한 줄기 쏟아졌으면 좋겠는데요."

"날마다 날씨가 궂어서…."

이런 식의 허두는 거의 모든 사람에게 공통되어 있다. 그러나 언제까지나 날씨타령만 할 수는 없는 것이다. 경험이 풍부한 사람이라면 이런 경우에 알맞은 화제를 끌어내는 데 별로 어려울 게 없겠지만, 그런 사람이라도 다음과 같은 사항을 유념해두면 크게 도움이 될 것으로 믿는다.

사람들은 흔히들 "이야깃거리가 없다"고들 말하는데 이것은 너무나 안이하고 노력하지 않는 태도라고 생각된다. 이야기의 재료를 찾아볼 생각만 있다면 얼마든지 찾아낼 수 있다. 우리가 거리를 걷고 있을 때 온갖 간판이나 광고물을 무심코 보아 넘기지만, 만약 구두를 사려고 할 경우라면 구두 가게의 간판이 대뜸 눈에 띄게 마련이다. 멍청하게 보고 있으면 그뿐이지만, 문제의식이 개입되면 이제까지 보이지 않았던 것도 갑자기 클로즈업되어 보이는 법이다.

그러나 초면인 사람이나 잘 모르는 사람과 이야기할 때 어떤 말부터 꺼내야 할지 몰라 망설일 때가 있다. 이런 경우에는 다음 10개항을 실제의 대화에 응용하면 편리하다.

- 기후 · 자연현상
- 취미 · 기호 · 도락
- 뉴스 (방송 · 신문 · 잡지에서의 화제)
- 여행 · 명소 · 명물 · 풍속 · 습관
- 친구 · 지인 · 친척 · 유명인의 일들
- 가족의 일
- 건강 · 병 · 약 · 치료법
- 섹스
- 일 · 직업에 관한 이야기
- 의식주에 관한 이야기

화제의 선택

화제를 선택할 때 어떻게 착안하면 좋을까에 대해서는 여러 가지 의견이 있겠으나 다음과 같은 것으로 요약될 수 있다.

- 친밀감이 있는 것
  - a. 사회적인 친밀감
  - b. 관심도가 높은 것
- 명확한 것
  - a. 구체적인 것
  - b. 인상적인 것
  - c. 정확한 것
  - d. 알기 쉬운 것
- 적절한 것
  - a. 타이밍에 맞는 것
  - b. 지방색에 맞는 것
  - c. 요구에 답하는 것
  - d. 필요가 있는 것

요컨대 좋은 화제란 말하는 사람이나 듣는 사람, 모두의 경우에 적합한 목적과 조건이 있는 것이어야 한다는 논리가 성립된다. 데일 카네기는 그의 저서 『사람을 통솔한 법』에서 화제의 선택에 관한 좋은 예를 들고 있다.

미국의 소년운동에 열중해 있는 사람이, 열두 명의 소년을 유럽에서 열리는 세계대회에 참석시킬 비용의 염출을 위해 어느 일류 회사의 사장을 찾아갔다. 비서실에서 대기하고 있는 동안에 그는 이 회사 사장이 최근 100만 달러짜리 수표를 끊었다가 무슨 이유에선가 금방 그 수표를 취소해 버리고, 불필요해진 그 수표를 액자에 넣어 자기 방에 걸어 놓고 있다는 이야기를 신문에서 보았던 기억을 되살려냈다.

사장과 마주 앉은 그는 그 유명한 수표 이야기를 자세하게 들려 달라는 말로 시작했다. 그 사장은 자기 일에 관심을 갖는 그 말에 호감이 가서 당장에 장광설을 늘어놓았다. 그 수표를 끊은 이유, 즉시 취소한 이유, 이에 따른 그 자신의 경영 방침 등 이야기는 그칠 줄 몰랐다. 마침내 사장은 갑자기 생각난 것처럼 방문객에게 물었다.

"그런데 오늘 찾아주신 용건은?"

'이때구나' 하고 방문객은 간단하게 찾아온 본의를 말하자 그 사장은 끝까지 듣지도 않고 그 자리에서 시원스럽게 한 장의 수표를 끊어 주었다. 그리고 더욱 놀라운 일은 열두 명의 소년뿐 아니라 다섯 명의 소년을 추가해 방문객의 여비까지 포함시켜 모두 열여덟 명의 여비를 선선히 기부해 주었던 것이다.

화제 선택의 요점 열 가지

목적에 맞는 화제 선택

목적에 맞지 않는 화제의 선택은 비록 그것이 아무리 좋은 내용이라 해도 먹을 것을 요구하는 사람에게 고상한 그림을 갖다 주는 것처럼 무모한 일이 되고 만다. 따라서 스피치를 하게 된 동기, 목적에 알맞은 내용의 화제를 선택하기에 힘써야 한다.

구체적인 화제 선택

추상적인 이론이나 애매모호한 화제는 듣는 사람의 이해를 둔화시킬 뿐 아니라 흥미를 끌지 못한다. 전화를 걸 때 첫마디가 "나야"라고 하는 사람을 곧잘 본다. 이때 상대방은 "나라니요?"라고 반문한다. 이것은 당연한 반문이니, "나야"가 아닌 "김 아무개"가 되어야 한다. 사물이 그림처럼 눈에 선하게 떠오르도록 보다 구체적이고 명확한 화제의 선택은 아주 효과적인 방법이다.

일상생활에 익숙한 화제 선택

일상생활에서 항상 듣고 보는 이야기가 나오면 사람들은 친숙함을 느낀다. 더구나 듣는 사람 자신과 관계가 있는 이야기일 때는 더욱 관심의 대상이 된다. 그러나 단순한 일상생활이 이야기만이 아닌 낡은 것에 대한 새로운 사실이라고 하는 점이 중요하다.

시사성 있는 화제 선택

신문이나 잡지는 새로운 뉴스, 시사성 있는 내용이 생명이라고 한다. 이 말은 사람은 누구나 새로운 사건, 새로운 변화에 주의와 관심도가 높다는 것에 기인한 것이다. 따라서 말하는 사람은 진부하거나 구태의연한 이야기만을 할 게 아니라 새롭고 이상하고 현재 문제가 되어 있는 화제를 선택해야 한다.

Part 1
이 것 이
대 화 의
기   본
이   다

유머러스한 화제 선택

유머는 사람의 감정을 부드럽게 해주며 특히 긴장과 경계심을 완화시켜 새로운 주의력을 이끌어 준다. 적절한 한두 개의 유머를 사용해보자. 알맞은 유머의 사용은 대화를 한층 돋보이게 할 것이다. 다만 주의할 것은 유머는 말의 주제와 관련 있어야 한다는 것, 또 시기에 맞고 누가 들어도 불쾌감을 주지 않는 것이라야 한다는 점이다. 유머는 한번 크게 웃기고 오랫동안 침묵하는 것보다는 고상한 미소가 끊임없이 떠오르는 것이 좋다.

욕망에 호소하는 화제 선택

인간은 욕망의 만족을 위해서는 물불을 가리지 않을 정도이다. 따라서 말하는 사람은 듣는 사람의 욕망이 무엇인가를 잘 분석하여 그것에 화제의 초점을 맞춘다면 큰 효과를 얻을 수 있을 것이다. 스피치의 목적이 행동하게 만드는 것이라면 인간행동의 원동력인 욕망에 호소하는 화제를 선택함이 마땅하다. 다만 욕망에 호소하는 말을 노골적으로 하지 말고 고상한 명분을 내세워 은연중에 본래의 목적을 이루도록 할 것이다.

스릴 있는 화제 선택

사람은 평범하고 안전한 것에는 별로 흥미를 느끼지 않는 법이다. 무엇인가 아슬아슬한 변화가 손에 땀을 쥐게 만드는 것이다. 탐정소설이나 첩보영화에 사람들의 관심이 쏠리는 이유도 바로 여기에 있다. 따라서 평범하고 일반적인 화제보다는 스릴thrill 있는 화제를 선택함이 듣는 사람의 주의와 흥미를 돋구어줌을 잊어서는 안될 것이다.

경험적인 화제 선택

경험적인 화제는 말하는 사람를 자신있게 할 뿐만 아니라 듣는 사람에게는 실감과 신뢰를 준다. 특히 자신만이 경험한 이야기는 다른 사람에게는 생생한 교훈이 되기 때문에 흥미와 관심을 갖게 되는 것이다.

"저는 지난번에 간장병으로 죽을 뻔한 적이 있었습니다. 쉽게 피로를 느끼는가 싶더니 먼저 눈이 노래지고 이어서 온 몸의 피부 색깔이…." 이러한 이야기는 책에서 인용한 것보다 훨씬 진실성 있고 효과적이다.

숫자를 제시하는 화제 선택

숫자나 통계는 어떤 일을 설명할 때 듣는 사람으로 하여금 확신을 준다. 그러나 너무 많이 쓰면 오히려 듣는 사람에게 부담감을 주게 되므로 알맞게 사용해야 한다. 또한 숫자는 그 자체가 추상적이므로 현실생활과 비교하여 사용해야 생생한 감명을 줄 수 있다는 것도 명심해야 한다.

실현성 있는 화제 선택

아무리 좋은 아이디어라도 그것이 실현성이 없다면 한낱 쓸 데 없는 공상과 같다. 화제의 선택에 있어서도 이 실현성은 대단히 중요하다. 오늘날의 스피치는 특히 비평만이 아닌 대안의 제시가 필요한데, 그 대안 역시 실현성이 있어야 함은 물론이다.

화제 선택의 금지 사항 열 가지

불쾌감을 주는 화제 선택

분위기에 맞지 않는 불쾌감이나 불결감을 주는 이야기를 해서는 안된다. 음식을 먹을 때 토하는 이야기, 결혼식장에서 이혼에 관한 이야기, 또 신축 건물 낙성식에서 화재에 관한 이야기를 하는 무신경한 사람은 없겠지만, 항간에는 그러한 화제를 아무렇지도 않게 지껄이는 심술꾸러기도 있다.

공석에서의 사담

공적인 모임이나 격식을 차려야 할 회합에서는 개인적인 화제나 가정에서 일어난 일을 이야기해서는 안 된다. 출판기념회의 파티에서 친하지도 않은 옆자리의 사람에게 자기 집의 증축에 관한 일을 신이 나서 지껄이는 사람이 있다.

음식에 대한 불평

차려놓은 요리가 맛이 없다는 말을 거리낌 없이 하는 사람이 있다. 그리고 "나는 음식 잘하는 곳이라면 모두 찾아다녔기 때문에 맛에 대해서는 자신이 있다"는 식으로 말하는 사람도 있다. 그런 말을 들으면 듣는 사람은 맛있는 음식도 어쩐지 맛이 없게 느껴진다.

가십gossip

자기에게는 아무런 관계도 없는 남의 이야기를 듣자마자 곧 다른 사람에게 옮기는 사람이 있다. 이러한 소문 때문에 오해나 심각한 불행을 초래할 수도 있다. 남의 비평, 동료의 흉, 아는 사람의 스캔들을 화제로 삼는 것은 정말 위험하다.

자기만의 이야기

"내가…", "제가…"라고 하며 자기의 이야기를 신나게 하는 사람이 있다. 이런 이야기는 듣는 사람을 지루하게 만들고, 말하는 사람 자신에게도 시간 낭비며 전혀 도움이 안 된다.

설교나 교훈식의 이야기

나이가 많거나 지위가 높은 사람은 대화할 때에 자칫 젊은 사람에게 설교나 교훈하는 식으로 이야기하는 경향이 있다. "요즘 젊은이들은…"이라든가, "내가 젊었을 때는…"이라는 식으로 말하면 듣는 사람이 기분 좋을 리가 없다.

타인이 보는 앞에서 꾸짖는 것

상대방의 실수나 부주의를 화제로 삼는 것은 상대방만 있을 경우라면 상관이 없겠지만, 상대방 이외의 사람이 있을 경우에는 절대로 해서는 안 되는 행동이다. 남자들 중에 손님 앞에서 자기의 아내를 꾸짖는 사람이 간혹 있다. 꾸짖는 내용을 보면 반찬 솜씨라든가 술 안주에 대한 투정 등 거의 하찮은 것일 때가 많은데, 이런 남편은 가정에서나 직장에서나 낙제이다.

참석자 전체에게 흥미를 주지 못하는 화제

남자와 여자, 청년과 노인, 어떤 종류의 참석자에게도 공통된 흥미를 줄 만한 화제를 선택해야 한다. 몇 사람만 흥미를 느끼고 몇 사람은 전혀 흥미를 느낄 수 없는 것을 화제로 한다면 그 모임에서의 스피치는 환영을 받을 수 없다.

남녀가 참석한 파티에서 몸에 관한 화제

남자들만의 모임이나 여자들만의 모임이 아닌 남녀가 함께 참석한 장소에서는 몸에 관한 이야기는 조심해야 한다. 몸뚱이에 관한 것을 이야기하지 않으면 안 될 경우에는 말을 돌려 간접적으로 표현하는 것이 좋다.

때와 장소에 어울리지 않는 화제

축하 모임이나 다과회 같은 곳에서 심각한 이야기를 하는 사람이 있다. 또는 초상집에 가서 크리스마스 파티에 관한 이야기를 하는 얼간이도 있다. 화제는 그때그때의 분위기와 장소에 맞추어 선택하는 지혜와 에티켓이 필요하다.

화제 바꾸기

"저 사람의 대화 기술은 명품이다"라는 평을 듣는 사람이 있다. 이처럼 대화에 익숙한 사람의 이야기를 주의해서 들으면 이야기의 내용이나 화법만이 익숙한 건 아니라는 사실을 알 수 있다. 적당한 곳에서 화제가 차례차례 바뀌어 멋있는 파노라마를 보는 것처럼 이야기에 끌려 들어가는 기분이 들게 된다.

대화의 명수는 화제를 적절하게 바꾸어 나갈 줄 아는 사람이다. 대화에서는 말하는 사람만이 화제를 적절하게 바꿀 수 있는 것이 아니다. 대화의 참가자도 화제를 바꾸어 나가는 데 함께 노력해야 한다.

대화의 목적은 함께 이야기함으로써 기쁨이나 즐거움, 감격을 맛보는 것이다. 대화하면 참가자 전원이 각자 마음의 문이 열리기 때문이다.

화제를 바꿀 필요가 있는 때

대화할 때 화제를 바꿔야 하는 때가 있다. 다음에 그 주된 경우를 소개한다.

- 하나의 화제가 오래 계속되어 참가자 가운데 싫증을 내는 사람이 생길 때는 화제를 바꾸도록 한다. 참가자 중에 몇 사람만이 열중하고 몇 사람은 대화에서 빠져나갈 때가 있다. 그 화제에 열중해 있는 사람들은 다른 사람들도 똑같이 관심을 갖도록 그 대화에 끌어들이는 노력을 해야 한다.

- 비슷한 이야기로 화제가 연결되어 그 장소의 분위기가 술렁댈 때에는 화제를 바꾸도록 한다. 어쩔 수 없이 모인 사람들의 대화라면 이야기의 진행이 극히 형식적이 되며, 흔한 화제를 주고받게 된다. 이런 때에는 전원이 관심을 가질 수 있는 새로운 화제로 바꿀 필요가 있다.

- 감정적인 발언이나 의논이 될 것 같은 분위기가 되면 화제를 바꾸도록 한다. 화제가 정치문제나 사회문제나 인생관이나 신앙문제에 관계되면 참가자의 사상이나 입장이 노출될 때가 많아 대화가 험악해지며 감정적인 발언이 되는 위험성이 있다. 이러한 때에는 참가자들이 의식적으로 화제를 바꾸도록 노력해야 한다.

- 참가자 가운데 누군가의 기분을 상하게 한 것 같으면 화제를 바꾸도록 한다. 어떠한 화제가 생각지도 않은 사람에게 뜻밖에도 불쾌한 기분을 불러일으킨다거나, 화제가 나오고 나서 "이 이야기는 저 사람에게는 좋게 들리지 않았을 거야"라는 기분이 들 때가 있다. 코나 눈의 성형수술에 실패한 여성이 있는 곳에서 성형외과나 미용술에 관한 이야기를 꺼내고 나서 '아차' 하기도 한다. 중학교 교육까지만 받은 사람이 있는 자리에서 대학생활을 화제로 꺼내는 경우도 있다. 이런 때에는 얼른 화제를 다른 쪽으로 옮겨야 한다.

- 참가자들이 별로 관심을 갖지 않는다거나 흥미를 느끼지 않는 것 같을 때에는 화제를 바꾸도록 한다. 젊은 여성이 참가하고 있는 곳에서 정치나 외교에 관한 것을 화제로 하면 대화에 참가할 적극적인 태도를 보이지 않을 때가 많다. 이런 때에는 얼른 화제를 바꿀 필요가 있다.

- 이야기가 도중에 탈선해 버렸을 때에는 앞의 화제로 되돌아가도록 한다. 어느 화제가 아직 끝을 맺지 않았는데 어떤 계기에 의해서 다른 화제로 옮겨 버리는 예가 있다. 그때에는 적당한 찬스를 보아 앞

의 화제로 돌아가자는 발언을 한다. 이것은 그 화제를 꺼낸 사람에 대한 예의이기도 하며 그 사람에게 강한 관심을 갖고 있다는 증거도 되는 것이다.

화제를 바꾸는 방법

다음은 대화할 때에 화제를 바꾸는 방법의 다섯 가지 유형을 기술한 것이다.

- 어떤 화제를 도입했을 때에 사용한 말투를 다시 한번 사용한다. 예를 들면 '복장과 연령의 관계'라는 도입적인 말투로 시작된 화제가 어느 정도 계속되었을 때, 다음과 같은 발언을 하여 화제를 바꾸어 나가도록 한다.
"지금의 이야기는 복장과 연령의 관계에 대한 것으로서, 이제까지 여러분께 말씀하신 것과는 전혀 다른 각도의 것인데… 이런 이야기를 들은 일이 있습니다."

- 필요 이상으로 의논하려는 사람의 발언은 중지시켜야 한다. 상대방이 감정적인 발언으로 나온다거나 의논하자는 식으로 나왔을 때에는 그 이야기를 중단시킬 필요가 있다. 대화할 때에는 의논에 이기든 지든 별로 기분이 개운한 것은 아니기 때문에 경우에 따라서는 깨끗하게 상대방의 의견이 옳다는 식으로 말하며 그 화제를 중단시키는 것도 좋은 방법이다.

"생각에 따라서는 반대 의견도 나오겠습니다마는 부인도 동석한 자리에서 말싸움을 한다는 것은 에티켓에 벗어나는 일이니, 이 문제는 이 정도에서 끝내도록 하지요. 그런데 이런 이야기를 들은 적이 있습니다."

감정적인 기분이 고조되어 좌석의 분위기가 험악해질 때도 있다. 그러한 때에는 음악을 들려준다거나 차를 내놓으면서 화제를 아주 다른 곳으로 방향을 돌려 중단시키는 것도 좋다.

• 그 화제와 관계가 있는 실례나 이야기를 꺼내어 그 화제를 바꾸어 나간다. 이때의 실례나 이야기는 그 화제와 관계는 있지만 다른 화제로 발전할 수 있는 길잡이가 될 만한 것이어야 한다. 예를 들어 예비군의 필요성과 중요성에 관한 이야기를 하다가 이스라엘의 예비군에 관한 이야기로 진전되었다고 하자. 여기서 이스라엘 예비군을 계기로 다음과 같은 화제로 방향을 전환하는 방법도 있을 수 있다.

"이스라엘의 예비군이 강력하다는 이야기였습니다마는, 그 이스라엘과 아랍제국의 싸움은 요즘 어떻게 되었지요?"

• 전원이 공통으로 관심을 갖고 있는 사항에 대해서 그 사항을 잘 알고 있는 사람에게 질문의 화살을 던짐으로 화제를 바꾼다.

"이야기는 바뀝니다마는 마나슬루 등반으로 한국의 등산도 세계 수준에 달했군요. 그때의 장비도 국산품이 많았다지요? 그 장비에 관해서 자세히 설명을 해주시지 않겠습니까?"

- 교묘한 말씨로 그 화제를 중단시킨다. 이때 "그런 이야기는 그만 두시지요"라든가 "나는 그런 이야기엔 흥미가 없습니다"라는 식으로 말하면 너무 모가 나게 된다.

"저기, 선생님께서는 지금 ○○○이라고 말씀하셨는데, 그와는 좀 다른 이야기가 되겠습니다만 ×××에 대해 한 말씀 해주시지요. 궁금하군요"라고 하는 게 더 좋다.

만약 교묘한 위트로 이야기를 딴 데로 돌릴 수 있다면, 그는 대화의 베테랑이라고 할 수 있을 것이다.

경청 기술과 효과

대화는 메시지를 전달하는 '말하기'와 그것을 받아들이는 '듣기'로 이루어진다. 우리는 깨어 있는 시간 중 80퍼센트를 커뮤니케이션하는 데 보내며, 그 중에 많은 시간을 말하는 것보다 듣는 데 보낸다.

우리는 아침에 자명종이나 가족의 소리를 들으면서 일어난다. 출퇴근할 때, 버스나 지하철 속에서도 대화가 이루어지는 것을 듣는다. 학생은 학교에서 교수와 동급생들의 말을 듣고, 직장인은 직장에서 상사나 부하, 동료들의 말을 듣는다. 의사는 환자의 말을 듣고, 변호사는 의뢰인의 말을, 그리고 판매원은 손님들의 말을 듣는다. 어디 그뿐인가? 라디오나 TV, 전화, 그리고 자동차를 비롯한 갖가지 소음도 듣는다.

스테판대학교의 도날드 베트 박사가 조사한 결과를 보면 일과시간 중 언어적 커뮤니케이션은 쓰기가 4퍼센트, 읽기가 11퍼센트, 말하기가 22퍼센트, 듣기가 63퍼센트이다. 그럼에도 불구하고, 이 네 가지의 기술을 교육시키는 양은 정반대이다.

- 듣기 교육 ·························· 가장 적음
- 말하기 교육 ······················ 적은 편임
- 읽기 교육 ·························· 많은 편임
- 쓰기 교육 ·························· 가장 많음

그 결과, 대화를 했는데도 올바른 커뮤니케이션이 이뤄지지 않으며, 학교에서 강의를 들었어도 그 내용을 기억하는 사람이 적다.

실험실에서 한 그룹의 대학생들을 대상으로 10분 동안 강의를 하였다. 그리고 강의가 끝난 즉시 학생들이 얼마나 기억했는가를 테스트하였다. 학생들은 말한 것의 50퍼센트만을 기억하였고, 2주가 지난 후에는 불과 25퍼센트만을 기억하였다.

듣기의 중요성에 비해서 그 효과는 너무 낮은 실정이다. 화술의 개발도 중요하지만 효과적으로 듣는 기술, 즉 경청술의 개발 역시 중요하다. 그럼 듣는 것에는 어떤 것이 있으며, 잘 듣는 방법은 무엇인가 알아본다.

듣기의 두 가지

우리가 흔히 말하기와 듣기라고 하는데, 이 말은 넓은 의미이다. 말하기도 세분화하면 대화, 토론, 좌담, 강의, 설교, 연설, 웅변 등 참으로

여러 가지다. 이에 비해 듣기는 두 가지가 있다. 듣는다는 의식을 가지고 소리의 의미를 생각하며 귀담아 듣는가, 그렇지 않으면 아무 의식도 없이 그냥 듣는가이다. 영어에서는 전자를 경청listening이라고 하며, 후자를 좁은 의미에서의 듣기hearing라고 한다.

좁은 의미에서의 듣기는 소리의 파장이 우리의 고막 울림을 만드는 생리적 과정이다. 이러한 진동은 중이에서 내이로 작은 뼈에 의해서 전달된다. 또는 내이의 와우관에 의해서 전달되기도 하는데 진동은 신경조직으로 옮겨져 두뇌에 전달된다. 그런 다음 두뇌는 이러한 신경조직을 소리로 명시하는데, 이런 과정은 완전히 자동이다. 노력이 필요 없이 들리는 것이다. 경청은 듣기만 하는 것이 아니라, 들은 것의 내용을 해석하는 정신적 과정이다. 이러한 과정은 우선 두뇌가 들려온 소리를 분석하고, 그것들이 인식할 만한 패턴이 되도록 조직한다. 다음에 경청자는 그 패턴을 해석하고, 마지막으로 경청의 일곱 단계, 즉 분리, 확인, 조정, 조사, 해석, 보충, 그리고 숙고를 한다. 훌륭한 경청은 집중과 노력을 요하는 지적이고, 적극적인 과정이다.

훌륭한 경청의 열 가지 효과
말하는 사람으로 하여금 말하기 쉽게 해준다
듣는 사람이 잘 들어주면 말하는 사람은 신이 나서 이야기를 더욱 잘하게 된다.

즐거운 시간이 되고, 말하는 사람으로부터 호감을 산다

사람은 누구나 말하고 싶은 욕구가 있는데, 그 욕구를 충족시키기 때문에 연대감이나 호의의 감정을 갖게 된다.

많은 지식이나 정보를 얻을 수 있다

자기 한 사람만의 직접적인 체험은 범위가 좁다. 따라서 타인, 즉 가능한 한 여러 사람의 말을 들음으로써 폭넓은 지식을 얻게 된다.

이해하게 되고 진의를 포착하게 된다

말은 자기 표현이다. 따라서 말하는 사람의 생각이나 됨됨이 그리고 지금 어떤 상황에 놓여있는가를 알 수 있게 된다.

적절하게 대응할 수 있다

상대가 바라는 바가 무엇인가를 마지막까지 열심히 들음으로써 본심을 파악하고, 그것에 적절한 대응책을 세울 수 있게 된다.

협력을 얻을 수 있다

듣는 것만으로도 호의를 얻을 수 있지만, 무엇을 협력받을 수 있을 것인가를 파악해서 구체적으로 도움을 청할 수 있게 된다.

비판적으로 들을 수 있다

상대의 말 속에 담긴 허점이나 틀린 부분을 끄집어내는 비판능력을 키울 수 있게 된다.

인격형성에 도움을 얻을 수 있다

상대의 말에 담긴 지식의 흡수뿐만 아니라 인격형성에도 많은 도움을 받게 된다.

반성과 감상력을 높일 수 있다

듣는 일로 인해서 자기가 하는 일을 반성하게 되고, 자기 나름대로 사물을 보는 방법을 익히게 된다.

사회적인 성장을 할 수 있다

남의 말을 귀담아 들음으로써 자기의 생각과 비교해볼 수 있으며, 주관적인 생각이나 행동의 객관성을 띠게 된다.

경청술 향상을 위한 일곱 가지 규칙

들으려는 욕망을 가져라

경청술을 향상시키는 첫째는 남의 말을 들으려는 욕망을 갖는 것이다. 대부분의 사람들은 듣기보다는 말하는 것을 훨씬 좋아한다. 그래서 상대가 대답하기도 전에 다른 질문을 하지 않던가.

또 다른 경우엔 자기의 답변을 너무 의식해, 상대가 말하는 동안 다음 할 말을 준비하느라고 상대의 말을 제대로 듣지 못한다. 따라서 상대의 말을 끝까지 귀담아 들으려는 욕망을 가져야 한다. 경청은 매우 재미있고 이익이 되는 기술이라는 점을 기억하라. 듣기를 통해서보다 더 쉽게 배울 수 있는 방법은 없다. 그리고 사람들이 말하기 원하는 것을 들어주는 것보다 더 쉽게 친구를 사귈 수 있는 방법은 없다.

좋은 청취습관을 키워라

단지 듣기만을 원하는 것으로 충분하지가 않다. 좋은 청취습관을 들여야만 한다. 이것을 시작하는 방법은 모든 감각을 이용해서 듣는 것이다. 우리의 입과 눈, 그리고 때로는 코와 귀와 촉각까지 모든 감각을 적극적으로 동원해서 듣는 것, 한마디로 온몸으로 들어야 한다.

정신을 집중해서 들어라

하나도 놓치지 않겠다는 자세로 정신을 바짝 차리고 들으면 상대의 언어적·비언어적인 메시지 둘 다를 얻을 수 있다. 언어적인 말은 메시지의 일부분만을 전달할 뿐이다.

상대의 메시지의 완전한 의미를 이해하기 위해서는 상대가 전달하려고 하는 것을 더욱 진실하게 보여주는 비언어적인 표현을 발견해내야만 한다. 커뮤니케이션은 상호작용이라는 것을 명심하라. 듣는 사람이 말하는 상대에게 집중하지 않으면 원만한 커뮤니케이션은 이루어지지 않는다.

평가를 미뤄라

상대가 말하고 싶은 것을 다 말할 수 있도록 충분한 시간을 주어라. 평가를 미루는 것은 훌륭한 경청이 된다.

어떤 사람은 논리에 어긋나거나 편견을 갖고 말한다. 또 듣는 사람을 화가 치밀어 오르도록 말하는 사람도 있다. 그러나 말하는 도중에 시시비비를 가리거나 평가를 하게 되면 언쟁이 되거나 대화의 단절이 되고 만다. 그러므로 하고 싶은 말이 있더라도 바로 말하지 말고 상대가 말을 다 한 다음에 종합적으로 평가하는 것이 좋다.

아이디어와 내용에 초점을 맞춰라

훌륭한 경청은 아이디어와 내용에 초점을 맞춰서 듣는 것이다. 말하는 사람의 주요 아이디어를 확실하게 파악하려면, 듣는 사람 자신의 아이디어가 수준급을 유지하고 있어야 한다.

대부분의 사람들은 말하는 사람의 아이디어나 내용의 진실 여부를 가리지 않고 건성으로 듣는다. 따라서 내용보다는 말하는 사람의 호감도나 말솜씨에 현혹되고 만다. 그러나 주요 아이디어에 집중함으로써 경청자들이 빠지기 쉬운 혼란을 피할 수가 있다.

사고의 속도에 맞춰서 들어라

훌륭한 경청은 말하는 속도만을 따라가지 않고, 듣는 사람의 사고 속도에 맞춰서 듣는 것이다.

생각하는 것은 말하는 것보다 네 배 이상 빨리 진행된다. 그러므로 듣는 사람은 말하는 사람이 말하려고 하는 것을 예상하고, 말한 것을 요약하며, 말하는 사람의 단언斷言에 의문을 제기하고, 말 속에 숨겨진 진의를 파악하며 들을 수가 있다. 이렇게 하면 중요한 정보와 덜 중요한 정보를 가려낼 수 있다. 그리고 모든 감각을 이용해서 적극적으로 들음으로써 상대가 말하고자 하는 모든 것을 흡수할 수 있다. 목소리의 톤, 얼굴 표정, 신체적인 행동의 간파는 말 자체를 잘 듣는 것만큼이나 중요하다.

훌륭한 경청자는 말하는 사람의 성실성, 헌신의 정도, 그리고 말의 논리나 자료 등을 완전히 파악한다.

자신의 시간을 활용하라

훌륭한 경청은 상대의 말을 듣는 동안 여러분의 시간을 현명하게 이용하는 것이다. 두뇌 회전의 빠른 사람은 '척하면 삼천리'라고 한두 마디만 듣고서도 무엇을 말하려는지를 안다. 그런데도 말하는 사람이 뜸을 들이거나 중언부언하면 듣는 것이 답답하게 느껴진다.

경청자들이 시간을 효율적으로 활용하는 방법에는 두 가지가 있다. 하나는 상대가 하는 말의 내용을 들으면서 계속 요약해 나가는 것이다. 또 하나는 상대가 말하는 속도보다 앞서서 예상해보는 것이다. 상대가 문제를 제기하면 상대의 해결책이 나오기 전에 듣는 사람이 해결해보자. 물론 이 두 가지 방법은 입 밖에 내지 않고 듣는 사람이 머릿속으로 생각하는 사고여야 한다.

이런 방법으로 듣는 사람이 자신의 시간을 활용하는 것은 적극적으로 경청하게 하고, 상대의 아이디어에 집중하도록 해준다.

체크 리스트

듣는 기술을 점검한다.

1. 대화를 혼자서만 이끌어가지 않도록 주의하고 있는가?

① 그렇다   ② 아니다

2. 다른 사람의 관점을 이해하려고 노력하는가?

① 그렇다   ② 아니다

3. 다른 사람이 무엇을 말하려는지 관심을 가져본 적이 있는가?

① 그렇다   ② 아니다

4. 상대와 계속해서 눈을 맞추고 있는가?

① 그렇다   ② 아니다

5. 볼펜을 만지작거린다거나 시계를 쳐다봄으로써 정신을 산만하게 만들지 않는가?

① 그렇다   ② 아니다

6. 적절하게 맞장구를 치거나 질문을 하고 있는가?

① 그렇다   ② 아니다

7. 성급한 결론이나 판단을 피하고 있는가?

① 그렇다   ② 아니다

8. 상대가 말하고자 하는 내용을 생각하면서 듣는가?

① 그렇다   ② 아니다

9. 상대의 감정에 응답하고, 자신의 상황에 맞게 화제를 바꾸고 싶은 충동을 억제하고 있는가?

① 그렇다   ② 아니다

10. 어떤 힌트를 찾기 위해 상대의 비언어적인 행동을 관찰하고 있는가?

① 그렇다   ② 아니다

11. 사람들이 대답할 수 있는 시간적 여유와 말의 간격을 참을 수 있는 인내심이 있는가?

① 그렇다   ② 아니다

12. 어느 정도나 이해하고 있는지 점검해보기 위해서 상대의 말을 요약 정리한 적이 있는가?

① 그렇다   ② 아니다

Part 1
이 것 이
대 화 의
기 본
이 다

Chapter 05

The
Psychology
of
Speech

나만의 콘텐츠가 **경쟁력이다**

화제는 어디에 있는가

대화의 재료는 누구나 갖고 있다. 생활을 해나가는 동안에 그 재료는 점점 늘어나게 마련이다. 현대를 '정보과잉의 시대', '정보홍수의 시대'라고까지 일컫는다. 그러나 정작 대화에 유용한 화제의 빈곤을 느낌은 무슨 연유일까? 이렇게 보면 화제의 선택이 얼마나 중요한 것인지 짐작이 갈 것이다. 따라서 화제의 부족을 고민하기에 앞서 오히려 그것을 어떻게 처리하느냐에 더 노력을 기울여야 되겠다.

평소에 대화의 재료를 꾸준히 모아두는 습관이 몸에 배어 있어야 한다. 멋지게 이야기를 하려고 마음먹으면 때때로 대화 재료의 부족으로 인해 곤란을 겪을 때가 있는데, 그때서야 허겁지겁 재료를 모으기 시작한다면 시간적 여유도 없을 뿐만 아니라, 다행히 모아 봤댔자 정리된 이야기가 될 수 없다.

우리는 날마다 대화의 재료에 둘러싸여 산다고 할 만큼 주변에는 숱한 재료들이 굴러다니고 있다. 구하려는 마음만 있다면 얼마든지 화제를 모을 수가 있다. 화제는 저절로 우리에게 주어지는 것도 있지만 부단히 찾아다니지 않으면 안 되는 것도 있다. 최근 극도로 발달한 매스미디어로부터 얻어지는 재료는 주어지는 정보에 속한다. 그러나 제목이나 목적이 정해진 뒤 재료를 찾으려고 자료실이나 도서관을 찾는 것은 후자에 속한다.

요즘은 우리나라도 세일즈맨십이 고도로 발전하여 가지가지 판매전략이 등장하고 있다. 이러한 경쟁사회를 뚫는 판매전략은 무엇보다도 정보 수집이 성패를 가름하는 것이다.

어느 자동차 판매회사의 세일즈맨. 그는 자기 일의 성질상 자동차를 살 사람이 어디에 있는지 찾아 다녀야 한다. 그래서 그는 평소에 거리를 달리고 있는 자동차를 주목하는 방법을 채택했다. 교차로 같은 데서 자기의 차가 신호 대기에 걸려 서 있을 때 앞에 있는 차라든가 앞에서 마주 오는 차들을 유심히 관찰한다. 만약 그 차가 몹시 헐어 곧 새 차로 바꿔야 할 단계라는 판단이 설 때에는 그 차의 종류와 번호판의 숫자를 소리내어 읽어댄다. 자기 차에는 녹음기가 부착돼 있어서 목소리가 녹음된다. 자동차가 멈춰 있을 때뿐만 아니라 달리고 있을 때라도 그 정도의 일은 능히 할 수 있기 때문에 출퇴근을 이용한 조사만으로도 숱한 재료가 녹음기에 수록되기 마련이다. 시간의 여유가 있을 때 그 녹음 테이프를 들으면서 차주를 조사하여 리스트를 작성하면, 자동차의 구매자를 찾는 좋은 방법 중의 하나라고 본다.

또 어느 신문기자의 재미있는 체험도 있다. 그가 신문사 입사시험을 볼 때의 일이었다. 실기시험의 하나로 응시자들에게 각각 교통비를 나누어주면서 시내를 돌아다니다가 기사가 될 만한 것을 취재하여 저녁까지 기사 원고를 작성하여 제출하라는 것이었다. 수험자들은 각각 기세 좋게 흩어져 나갔지만 이 수험생은 어디로 가서 어떻게 취재를 해야 할지 도무지 짐작이 가지 않았다. 한동안 멍하니 있다가 마침내 근처의 다방으로 들어갔다. 그의 손에는 가판대에서 산 일찍 나온 신문 몇 장이 들려져 있었다. 그는 커피를 마시면서 이들 신문의 기사를 대충 훑어본 뒤 그 가운데서 적당한 기사를 골라 그것을 토대로 원고를 만들어 유유히 신문사로 돌아왔다.

결과를 보니, 기사 원고의 심사 결과 땀을 뻘뻘 흘리며 돌아다닌 다른 수험자들보다 다방에서 편안하게 앉아 작성한 그의 원고가 월등히 좋은 점수를 얻었다. 그는 한정된 시간에 아무리 뛰어다녀 보았자 별수가 없을 것이라고 판단되자, 그보다는 오히려 다른 신문을 참고로하여 쓰는 쪽이 훨씬 나으리라고 생각했다는 것이다.

이 에피소드는 옛날 이야기이며 현대에도 통용될 수 있다고는 생각되지 않으나, 재료를 모으는 착안점으로는 오늘날에도 크게 참고가될 것이다. 그러나 이처럼 결과가 좋아질 수만 있다면 문제가 없겠지만 항상 그렇게만 되는 것은 아니다. 생각대로 되지 않을 때를 대비하여 일반적인 재료 수집법을 알아두도록 하자.

지각의 안테나를 세워라

우리는 보통 눈을 사용해 정보를 얻는다. 이렇게 시각에 의해서 얻어질 수 있는 정보원은 어디에 있나를 찾아나가는 방법이 우선 좋은 재료 수집법이라고 할 수 있을 것이다.

무엇보다 시각이 제일이다

우리 인간은 외부의 사항을 지각하는 데 오관을 이용한다. 즉 눈에 의한 시각, 귀에 의한 청각, 코에 의한 후각, 혀에 의한 미각, 피부에 의한 촉각이 그것인데, 이것들 하나 하나가 각각 다른 영역을 차지하고 있어 어느 것이 더 중요하다는 식의 구별은 적당하지 않다. 그러나 우리들의 70~80퍼센트는 시각이 가장 중요하다는 생각을 갖고 있다. 눈으로 본다면 무엇보다도 책자가 가장 중요한 위치를 차지한다는 것은 신문이나 잡지, 컴퓨터까지도 모두 책자에 속하는 영역인 때문일 것이다.

사회인이라면 누구나 시사문제, 즉 사회에서 일어나는 문제나 사회에서 문제가 되는 사항에 대해서 남과 같이 알고 있어야 한다. 그러한 문제가 화제로 등장했을 때 뚱딴지 같은 이야기를 한다면 웃음거리가 될 것이며, 나아가서는 그의 신용까지도 의심받게 될 수도 있기 때문이다.

그러나 이러한 시사문제는 신문이나 잡지가 정보원이 되겠지만, 전문적인 지식이나 정보는 자료실이나 도서관의 재료가 중심을 이룬다고 보아야 할 것이다. 그 중에서도 사서 · 연감 · 색인류는 일반적으로 이용가치가 높다. 그러나 이것들은 필요에 따라 이용하는 성질의 것이라 그 사용법에 익숙해져야 능률이 오르게 된다. 자주 찾아보고 사용해 나가는 중에 차차 그것들의 특색을 알게 되어 때와 장소에 맞는 이용이 가능해지는 것이다.

눈으로 봐서 알게 되는 지식이나 정보는 서적 이외에도 무궁무진하게 많다. 거리의 간판, 길을 걷는 사람들의 모습에서 힌트를 얻는 경우도 있다.

그리고 이렇게 우리의 눈에 들어온 정보는 우리의 마음가짐에 따라 그 성질이 바뀌어질 수 있는 것이다. 즉 받아들이는 사람의 주의력이나 집중력에 따라 차이가 생긴다는 이야기다. 또한 찾는 재료와 함께 주어지는 재료도 여러 가지가 있다. 가령 보고서라든가 통계 자료가 부하 직원으로부터 제출되면 이것도 눈을 돌려야 할 정보원이 되는 것이다. 그런 형식의 서류가 윗사람으로부터 내려오는 경우도 있을 수 있다. 이처럼 주어지는 정보에 대해서는 형식상으로 수동적이 되겠지만 그것을 받아들이는 태도는 능동적이어야 한다.

시각을 통해서 정보·지식을 얻는 방법에 버금갈 만한 것이 청각(귀)에 의한 것이며, 나머지 후각(코)·미각(혀)·촉각(피부)에 의한 것은 그 나름대로 특색은 있지만 어느 한정된 영역을 벗어날 수 없어 일반적이지 않기 때문에 여기서는 상세한 설명을 않기로 한다.

현대는 듣는 시대이다

"서당개 3년에 풍월을 읊는다"는 말이 있다. 그런데 요즘은 어쩐지 이 말을 경시하는 경향이 있는 것 같다. 남의 말을 들어서 알게 되는 지식은 단편적인 지식은 되겠지만 체계적인 것은 못 되며, 표면적 이해에 그칠 뿐 기초가 튼튼치 못하다는 의미가 내포되어 있다고 봐야 할 것이다. 또한 서적은 분실하지만 않는다면 소멸되지 않으며 확실한 객관적 존재로서 인정받게 되지만, 귀로 듣는 말이란 그 당장만 지나면 남는 것이 없어 증빙이 곤란하다는 점이 약점으로 지목되어 왔다.

그러나 다르게 생각해보면 우리들이 알고자 하는 일이 모두 책 속에 담겨져 있다고 볼 수 없으며, 필요로 하는 책을 언제 어디서나 이용할 수 있다고도 볼 수 없다. 따라서 '책은 만능'이라는 사고를 그대로 인정할 수 없는 이유가 여기에 있는 것이다. 그리고 책에서 얻는 지식이 확실하며 정도가 높다는 생각과 강연에서 들은 내용은 불확실하며 정도가 낮다는 생각은 잘못된 것이다.

우리는 매일같이 얼마나 많은 시간을 대화에 소비하고 있는가. 그 가운데 상대방의 이야기를 듣는 것뿐만 아니라 자신도 상대방 못지 않게 이야기를 한다. 이야기를 들어줌으로써 상대방을 즐겁게 하고 또 자신도 정보를 얻는다고 하면 이것이야말로 일석이조의 효과라고 할 수 있을 것이다.

대화수집법 10조

정보나 재료를 모으는 방법은 여러 가지가 있겠지만, 여기서는 타인의 지식을 이용하는 방법으로서의 재료수집법 10개조를 정리해 보기로 한다.

제1조 : "무엇을 알고 싶은가"를 우선 알아내고 "어느 정도까지 모아야 하는가"를 알아낼 것.

제2조 : "어느 곳에 정보가 있는가"를 알아내고 정보의 근원을 확인할 것.

제3조 : 정보 제공자를 조직화하여 비밀을 지키고 또 지키게 할 것.

제4조 : 머리를 총동원하여 활용하고 발을 헛되게 쓰지 말 것.

제5조 : 손을 재빨리 움직이고 입을 주의하여 말조심할 것이며, 눈은 샤프하게 움직이고 귀를 곤두세워 쉬게 하지 말 것.

제6조 : 전화를 최대한으로 활용할 것.

제7조 : 모든 정보수집은 집념을 갖고 꾸준히 계속할 것.

제8조 : 겸허한 자세를 취할 것.

제9조 : 숫자에 현혹되지 말 것.

제10조 : 정보를 분석하여 적소에 활용할 것이며, 정보를 의사 결정에 연결 시킬 것.

여기서 이 재료 수집법의 이해를 돕기 위해 제1조에 해당하는 예를 들어보겠다. 어느 여성용 팬티 메이커의 마케트 리서치 담당자에게 '몇 가지 색깔의 팬티가 애용되고 있는가?'라는 과제가 주어졌다. 이런 과제를 받았다면 대충 다음과 같은 방법을 취하게 될 것이다.

- 지인知人에게 물어보며 다닌다.
- 가정이나 직장을 개별 방문한다.
- 빨래 말리는 곳을 찾아다닌다.
- 앙케트를 한다.
- 백화점의 속옷 파는 매장에서 판매 상황을 관찰한다.
- 소매점의 매상 전표를 보여달라고 한다.

그러나 이보다 훨씬 빠르고 돈이 들지 않는, 더구나 직업별 연령별로까지 알게 되는 방법이 있다. 이 담당자는 공중목욕탕 주인에게 정보를 제공해 달라고 부탁하여 하루의 시간별·색깔별 분류까지 구분한 통계표를 입수하였다. 목욕탕 이용자 층은 시간에 따라 대개의 경향이 정해져 있기 때문에 그것을 참고로 비교적 짧은 시간에 객관적 정보를 얻을 수 있었다.

머리를 쓰기에 따라 극히 얻기 힘든 정보를 단기간, 그리고 적은 비용으로 모을 수 있었던 전형적인 예라고 할 수 있으며, 이 예는 앞에서 나왔던 자동차 세일즈맨이나 신문기자의 이야기와 비교하여 착안점이 좋았다는 점에서 공통되어 있음을 알게 될 것이다.

Chapter 06

The
Psychology
of
Speech

대화 재료는 꾸준히 **수집하라**

노트와 카드를 이용하라

대화의 재료는 평소부터 꾸준히 모아 둘 필요가 있다. 필요로 하는 재료가 한 권의 책 속에 모두 담겨져 있는 것이 아니라 이곳저곳에 깔려 있기 때문에 편의상 목차나 색인이라도 메모해 둘 필요가 있다는 것이다. 또 책만이 아니라 일상생활에서 얻어지는 재료들도 그때그때 메모해서 문서화해 두면 수시로 필요에 따라 찾아볼 수 있어 편리하다.

대화의 재료를 문서화하는 전통적인 방법에는 노트 이용법과 카드 이용법을 예로 들 수 있다. 상거래에서 볼 수 있는 장부 방식과 전표 방식에 해당되는 것이다. 즉 노트는 상거래의 장부요, 카드는 전표와 같다.

노트의 장점은 기재의 누락만 없다면 그 한 권으로도 충분한 재료가 될 수 있으며 분실하거나 산만해질 염려가 없다는 것이다. 그러나 기재사항 중에서 몇 개의 부분을 빼내어 집계를 한다든가 순서를 변경할 경우에는 불편하다는 점이 노트 이용법의 단점으로 지목되고 있다.

그리고 카드 이용법은 하나하나 떨어져 있기 때문에 여러 개의 카드를 모아야 비로소 재료로서의 가치가 있으며 묶여져 있지 않기 때문에 분실하거나 산만해질 우려가 많다는 단점이 있다. 그러나 기재사항 중에서 필요한 부분만 빼내어 집계를 낸다든지 순서를 바꿀 경우에 편리하다는 장점을 지니고 있어 이 두 가지 방법을 병용하기도 한다.

여기서는 개인이 자기가 필요로 하는 대화의 재료를 손쉽게 모아들이는 방법을 기술하려고 하는 데 목적이 있다. 따라서 개인의 취향이나 성격, 혹은 주변 상황에 따라 방법이 달라질 수 있기 때문에 노트와 카드 중에 어느 방법이 좋다고 말하기는 어려울 것이다. 그렇지만 기록된 재료의 선택이나 배열을 바꿀 필요가 생길 때를 착안한다면 카드 이용법이 노트 이용법보다 편리할 것으로 생각된다.

노트나 카드를 어떤 종류를 선택해야 되는가도 문제가 된다. 종이의 모양, 크기, 지질, 값 등도 고려에 넣어 선택해야 한다. 이것은 기재 내용, 기재 장소, 기재 상태, 이용 횟수에 따라서 달라진다. 재료 모으기가 소규모일 때에는 별로 문제가 되지 않겠지만, 규모가 커지면 되는 대로 아무 종이에나 기록해 두어서는 곤란하다. 기록의 정리·보관·이용에 능률의 차질이 생기기 때문이다. 따라서 노트로 하건 카드로 하건 양식을 일정하게 만드는 것이 여러 가지로 편리하며, 긴 안목으로 볼 때 지속성도 크다. 그러나 카드와 노트를 이용할 때에는 몇 가지 주의할 점이 있다.

카드는 성격상으로 보아 '한 항목에 한 장씩'으로 하는 원칙을 지키는 것이 중요하다. 긴 문장을 기록할 때에는 몇 장을 사용해도 상관이 없겠지만, 내용이 짧다고 하여 한 장에 두 항목 이상을 써 넣는 일은 특별한 경우를 제외하고는 피해야 한다. 그렇지 않으면 카드의 장점을 살릴 수 없기 때문이다. 그리고 카드는 한쪽 면만 사용하도록 할 것이다.

노트는 그런 걱정을 할 필요는 없지만, 각 항목의 소재를 나타내는 목차라든가 색인 따위를 붙여 둘 필요가 있다. 그렇게 하지 않으면 힘들여 모아둔 재료를 이용할 때 찾느라고 많은 시간을 허비하게 된다.

그리고 기록할 내용도 재료 수집의 목적에 따라 각양각색으로 달라진다. 예를 들면 참고서의 서명만 적어 두면 되는 때도 있을 것이며, 필요한 명부나 주소록을 만들기만 해도 좋은 경우가 있을 것이다. 그러나 대화의 재료를 수집하는 데는 보다 많은 것을 적어 두어야 하는 때가 많다.

가령 면접 때에 들었던 이야기를 적어 넣을 경우 그 이야기의 요점만을 필요로 할 때도 있을 것이고, 그 사람의 말씨 등을 남겨 두어야 할 때도 있으리라 생각한다.

문헌 따위를 참고할 때에도 그 내용의 개요가 필요하다면 자신이 요약해서 적어 두게 되겠지만, 표현방법이 문제가 된다고 생각될 때에는 충실하게 묘사해 두어야 한다. 그런데 너무 긴 것을 옮겨 쓰기에는 노력도 대단한 것이라 적당한 복사장치나 카메라 등을 이용하는 방법도 해볼 만한 것이다.

그리고 기록해 둘 사항이 어디에서 입수된 것인가도 중요하다. 면담했을 때 들어 둔 내용만으로 충분할 경우도 있겠으나, 그 정보가 누구에게서 얻어진 것인가, 또 언제쯤 어디에서 들었던 것인가 등이 그 정보의 가치판단에 커다란 역할을 하는 경우도 많다. 또 이러한 사항을 알고 있으면 그 내용의 신빙성이 높아질 수도 있을 것이다. 누구에게 들은 이야기인지, 어느 때쯤의 이야기인지 그 출처가 확실치 못하면 신빙도의 면에서 재료로서의 가치가 하락되고 상대방에 대한 설득력이 약해지는 것도 사실이다. 게다가 그 내용을 더 자세히 알아보고 싶어도 누구에게 물어봐야 좋을지 알 수 없게 되어 버린다.

서적을 참고로 하는 경우도 마찬가지다. 책의 이름이나 저자 또는 재료로 뽑은 사항이 기재되어 있는 페이지 넘버 등을 기록해 두면 편리할 때가 많다. 그리고 노트나 카드뿐만 아니라 신문 · 잡지 등의 기사나 사진 등을 오려내어 스크랩해 둘 때에도 그것이 실렸던 신문이나 잡지의 이름과 발행 년 · 월 · 일 · 페이지 등을 기록해 둘 필요가 있다.

컴퓨터 안에 '재료 창고'를 만들어라. 컴퓨터의 대중화는 우리의 생활에 일대 혁명을 가져왔다. 대화의 재료 수집이나 정리도 마찬가지다. 앞에서 대화의 재료를 수집하여 문서화하는 방법으로 노트와 카드를 이용하는 전통적인 방법을 소개했지만, 이보다 더 간편하고 효과적인 방법은 컴퓨터 안에 '재료 창고'를 만드는 것이다. 노트와 카드 이용법의 기법들을 컴퓨터 안으로 옮겨서 '재료 창고'를 만들어 두면, 수집이나 분류 정리에 큰 도움을 준다. 재료의 수집은 물론 분류나 수정, 찾는 데도 아주 간편하다.

분류하고 정리하라

대화의 재료를 유효하게 뽑아 쓰기 위해서는 재료의 정리가 잘 되어 있어야 한다. 노력과 시간을 들여 마련한 자료가 필요할 때 이용되지 못한다면 의미가 없다. 수집된 재료의 정리가 잘 되어 있으면 그만큼 이용도가 높아지기 때문에 재료를 이곳저곳에 산만하게 놓아두지 말아야 한다. 그리고 재료의 수집을 중도에 그치는 사람이 많은데, 그것은 정리 방법이 나쁘기 때문에 일어나는 현상이다.

재료의 분류법

대화의 재료로 모아지는 것들은 자기의 생각을 적어 둔 메모, 남의 이야기를 적어 둔 메모, 서적에서 옮겨 적은 것, 신문·잡지의 스크랩, 팸플릿이나 리플렛, 프린트 류 등이라고 할 수 있을 것이다. 이 가운데 팸플릿이나 리플렛, 프린트 류는 분류해 두기만 하면 되기 때문에 정리가 쉽다. 그러나 서적에서 옮겨 적는 것이나 신문·잡지 스크랩은 정리에 특히 곤란을 겪는 것들이다.

그래서 재료의 분류에는 노트나 카드, 스크랩북, 파일 박스, 대봉투 등이 이용되고 있다. 그리고 이것들을 필요로 할 때 유용하게 찾아 쓰기 위해서 도서관 같은 곳에서 채택하고 있는 십진분류법 따위가 널리 이용되고 있는 것이다. 또 똑같은 재료가 몇 가지 일에 쓰여질 것이라고 생각된다면 카피를 만들어 각각 해당되는 곳에 넣어 두면 편리하다.

이러한 여러 가지 분류 정리법은 그때그때의 상황이나 개인의 여건 등에 따라 자기 나름대로 간단하고 편리한 방법을 연구 개발하는 것이 좋으리라 생각된다. 그리고 봉투 겉에 항목명을 배열해 놓는다거

나 서적의 케이스 또는 와이셔츠 상자 따위를 이용하는 지혜도 좋은
아이디어라고 생각한다.

대봉투 정리법

재료의 목적이 다르면 그 정리법도 달라지게 마련이다. 우리가 재료수집으로 가장 많이 이용하는 독서의 목적은 읽는 즐거움과 연구를 위한 자료 수집으로 나눌 수가 있을 것이다. 즐거움을 위한 독서는 책의 종류를 가리지 않고 닥치는 대로 선택하며, 읽는 방법도 한 가지에 구애받지 않는 것이 보통이다. 주간지나 월간지 따위는 왕복 차 속에서 읽고, 소설은 일하는 짬짬이 기분전환을 겸해 소파에 기대어 10분에서 30분 정도 읽으며, 또는 잠자리에서 잠을 청하기 위해 읽기도 한다.

이러한 때도 자기의 일에 자료가 될 만한 부분이 있다면 그 페이지의 한 귀퉁이를 접어 놓는 방법을 이용하기도 한다. 또는 주위에 볼펜이라도 있다면 그 부분에 표시를 해두기도 한다. 이것은 뒤에 오려 낸다거나, 그 페이지를 뜯어내어 종이에 풀로 붙여 항목별로 분류된 대봉투속에 넣어 두기 위한 것이다. 이러한 정리법은 신문에 있어서도 마찬가지다.

연구를 위한 독서에서는 자료 정리법을 조직적으로 생각하는가 아닌가에 따라서 그 효과도 크게 달라진다. 학생시절처럼 새로운 학문을 계통적으로 공부하려 할 때에는 그 방면의 대표적인 저서를 차례차례 읽을 필요를 느끼게 된다. 이렇게 차례로 읽어 나가면서 저서의 요점

이라든지 자기에게 필요한 사항을 노트나 카드에 정리하고 대봉투에 넣어 보관하는 것이다. 대봉투는 항목별로 분류하게 되는데, 이것을 보관할 때에는 항목을 가나다 순서로 하는 것이 가장 일반적인 방법이다. 또는 영문이 많을 경우엔 알파벳 순서로 하기도 한다.

대봉투 정리법 또한 컴퓨터 안의 '재료 창고'에 보관하면 간편하다. 참고할 자료를 책이나 신문에서 오려 풀로 붙일 필요 없이, 스캔하여 옮기면 간단히 해결되지 않는가.

지혜롭게 선택하라

대화의 재료를 모으는 데는 그 대화에 관계되는 것을 되도록 많이 모으는 방법과 중요한 것만을 골라가며 모으는 두 가지 방법이 있다. 이 것은 대화의 목적이나 성격에 따라서도 달라지며 준비 기간이나 인원의 많고 적음에 따라서도 크게 차이가 난다.

화제나 목적이 설정되고 그 대화가 어떻게 진행될 것인가 짐작이 가는 경우에는 그것에 필요한 재료만을 골라서 모을 수가 있다. 이렇게 필요한 재료만을 모으는 중에 생각지도 못했던 재료를 찾게 되는 수도 있다. 그럴 때 이야기의 진행이나 대화의 구성을 바꾸는 것이 좋을 수도 있기 때문에 재료를 모을 때에는 되도록 광범위하게 생각해 두는 편이 좋은 것이다.

좋은 화재란 무엇인가?

대화의 재료가 좋다는 것은 적절한 재료라는 말과도 같은 뜻이다. 적절한 재료라고 하면 대화의 목적에 꼭 들어맞아 유효한 재료가 될 수 있음을 의미한다. 다시 말하면 자기가 하고자 하는 말을 뒷받침해 주고, 상대방으로 하여금 관심을 끌어 이해하기 쉽도록 하며, 서로가 어울릴 수 있는 것이다. 이것들 중에서 특히 주의해야 할 부분을 연구해 보기로 하자.

확실하여 신뢰할 수 있는 것이 좋은 재료다

만약 부정확한 재료를 사용하면 판단에 착오를 일으키기 쉬워 좋지 않다. 그렇기 때문에 자신의 판단이나 상대방의 이해를 위해서나 출처가 분명하고 의문이 없는 것이어야 한다는 것이다.

상대방으로 하여금 관심을 갖게 하는 화재가 좋은 재료다

이러한 재료는 상대방의 상황에 따라 달라지기 때문에 미리 상대방에 대해서 조사해 두어야만 할 것이다. 즉 상대방의 직업이나 취미, 가정형편 등 신변에 가까운 것이면 좋다. 그리고 현실적이며 생생하게 움직이는 것으로서 상대방의 주의를 끌 수 있는 것이어야 좋은 재료다.

자기가 말하고 싶은 것과 직접 관계가 있는 것이 좋은 재료다

그렇지 않으면 상대방의 이해를 방해할 염려도 있으며 빗나간 이야기로 받아들여질 수도 있기 때문이다. 하지만 경우에 따라서는 변화의 묘를 살린다거나 상대방의 이해를 돕기 위해 미리 이야기의 줄거리를 말해 줄 필요도 있다.

이러한 대화의 재료들은 구체적인 실례, 권위자의 증언, 통계자료 등으로 뒷받침해 줄 때 상대방으로 하여금 신뢰감을 갖도록 촉진시켜 주며, 경우에 따라서는 사진이나 도표나 모형 등의 참고물을 덧붙이는 방법도 큰 효과를 거둘 수 있는 대화의 방법이다. 그러나 이러한 화제의 선택 방법은 일반적으로 어른들과의 대화에서 적용되는 일반적인 선택 기준이며, 어린이와의 대화에서는 그 기준을 약간 달리 할 필요가 있다.

어린이와의 대화 재료

어린이는 모든 점에서 발달이 늦고 정신생활도 낮아 대체로 본능적인 활동이 많기 때문에 어린이의 감각, 즉 오관의 움직임에 호소하는 재료가 선택되어야 한다. 다시 말해서 어린이들의 경험 범주 안에 있는 것이어야 한다. 다음은 몇 개의 항목으로 분류해서 그 구체적인 기준을 삼아 본 것이다.

음악적 운율이 내포된 것

어린이들의 취미 가운데 가장 빨리 나타나는 것이 음악이다. 복잡한 음악보다 약간의 리드미컬한 소재면 된다. 어린이들은 태어나면서부터 운율적인 표현에 익숙하게 자라왔기 때문에 이들과 대화할 때에는 리듬이라는 것에 주의하지 않으면 안된다. 자료 그것이 음율적인 성질을 지녀야 한다.

회화적 인상을 주는 것

이야기에 어린이들이 흥미를 갖도록 하기 위해서는 그림으로 뒷받침해 주면 효과를 볼 수 있다. 그렇지만 경우에 따라서는 그림의 준비가 어려울 때가 있기 때문에 대화의 재료는 무형일 경우가 많다. 이러한 때는 추상적인 화재를 피하고 실제로 어린이들이 눈으로 보아온 재료를 선택하면 어린이들은 그림을 보는 듯 스스로 느끼게 된다.

반복되는 것

어린이는 사건이 반복되어 나타나는 것을 가장 기쁘게 생각한다. 그래서 서양의 동화에는 글귀 하나 틀리지 않고 두세 차례 반복하는 예가 많다. 어린이들의 심리는 이렇게 반복되는 것에 흥미를 느끼며 그것을 잘 기억하게 된다.

가공적인 요소를 내포한 것

어린이들은 공상의 힘을 가지고 있어서 어른으로서는 도저히 상상조차 할 수 없는 기상천외의 생각을 한다. 이렇듯 활발한 공상력에 호소하는 재료야말로 어린이들의 흥미를 끄는 화재라고 할 수 있을 것이다. 그것이 도덕적인 합리성에 적합한 재료라면 더욱 효과적이지만 가공적인 불합리성이 있다고 해서 염려할 필요도 없다. 심신의 발달과 함께 그것은 자연히 해소되기 때문이다.

단순한 것

어린이와의 대화에서 등장되는 재료는 되도록 단순한 것이 좋다. 등장인물이 많아도 좋지 않으며 사건이 복잡하게 얽혀 나가는 것도 그리 바람직하지 않다. 중심 인물이 최후까지 일관하여 중심을 이뤄 나가야 하며, 또 등장인물의 성격이 극히 단순해야 좋다. 그래야 어린이들에게 명확한 인상을 심어 줄 수가 있다.

동물을 소재로 하는 것

어린이는 선천적으로 동물을 좋아한다. 특히 개나 토끼나 원숭이 등 일상생활에서 자주 볼 수 있는 동물에 대해서는 특히 흥미를 갖는다. 친구로 생각하는 것이다. 그렇기 때문에 어린이들과 대화할 때 동물을 소재로 삼는 것이 가장 자연스러우며 효과적인 방법이다. 동물이라면 사자도, 코끼리도, 쥐도, 개미도, 새들도 모두 좋은 대화의 재료가 될 것이다.

짧게 끝낼 수 있는 것

주의력이 오래가지 못하는 어린이를 상대로 하는 이야기이기 때문에 너무 긴 이야기는 금물이다. 되도록 빨리 끝낼 수 있는 소재가 적합하다. 10분에서 15분 정도로 끝나는 이야기가 가장 좋다. 만약 여러 가지 사정으로 약간 긴 시간 동안 이야기를 해야 할 경우라면 두 가지 화재를 준비하여 앞의 이야기와 뒤의 이야기와의 사이에 약간의 휴식을 갖는 것이 효과적이다.

청소년과의 대화 재료

이상 일곱 가지 재료 선택의 기준은 어린이, 특히 유년기 어린이들과의 대화에서 필요한 기준이기 때문에 소년기에 해당하는 어린이들에게는 적절하지 못한 부분도 있을 것이다. 소년기 어린이들과의 대화에서는 그들의 지능이 상당히 발달되었다고 볼 수 있기 때문에 다음과 같이 화재의 선택도 달리할 필요가 있다.

앞뒤가 일관된 것

소년기에는 이야기의 부분 부분이 재미가 있으면서도, 하나의 테마가 있어야 흥미를 갖게 된다. 또한 중심인물이 활약하는 사건의 종말이 명료하지 않으면 안 된다. 즉 끝을 맺을 수 있는 재료를 요구하게 된다. 그렇기 때문에 사건의 원인과 결과가 뚜렷한 것을 화재로 선택해야 한다.

사실에 가까운 것

소년기에는 상당히 합리적인 것을 좋아하는 성질이 있어서 동물의 의인화 같은 것은 잘 받아들여지지 않을 뿐더러 오히려 경멸하는 경향까지 있다. 그래서 소년기에는 그들이 경험하는 현실세계에서 재료를 선택하는 것이 바람직하다. 황당무계하게 꾸며낸 것이라고 생각되는 화제로서는 그들과 결코 만족스러운 대화가 될 수 없다. 하지만 상당히 공상적인 재료라도 그것이 사실로서의 가능성이 있다면 소년기의 화재로서 부적당한 것만은 아니다.

극적인 성질을 지닌 것

소년기의 어린이들은 감정에 약하기 때문에 사랑스러운 것, 용맹스러운 것, 강한 것, 정직한 것, 효성심이 있는 것, 충절심이 있는 것 등 인간의 행위에 대하여 존경과 동경을 하게 된다. 따라서 화재로는 영웅호걸의 이야기와 같이 극적 장면이 있는 것을 필요조건으로 한다. 이러한 재료는 그들의 인격함양에도 커다란 영향을 주게 된다.

상당한 시간을 요하는 것

소년기가 되면 주의력의 지속도 상당히 길어지기 때문에 재료의 길이도 상당한 양을 갖는 것이어야 한다. 짧은 재료를 가지고 오랜 시간 이야기하는 것은 상당한 수완을 요하는 것이며, 또 긴 재료를 가지고 짧게 이야기하는 것은 의미가 충분히 전달될 수 없기 때문에 재미가 없다. 시간이 30분 정도 걸리는 것이라야 적절하며, 길더라도 40분을 초과해서는 효과가 떨어진다. 만약 시간형편상 1시간 이상 이야기할 필요가 있을 경우라면 일단 30분 정도에서 끝맺고, 다른 제목으로 바꾸어 이야기하는 것이 현명한 방법이다.

Chapter 07

시선을 끄는 구성이 **필요하다**

질서 있게 배열하라

프랑스 출신의 유명한 작가 폰타네Theodor Fontane는 다음과 같이 질서의
중요성을 피력했다.

"인간은 누구나 시간의 중요성을 알고 있다. 그렇기 때문에 질서의
중요성도 잘 알고 있다. 그러나 대다수의 사람은 이 두 가지가 어떻게
밀접한 관계를 맺고 있는가에 대해서는 자각하지 못하고 있다. 잘 되
어 있는 질서는 시간을 곱절로 만들어 준다."

이 말은 대화에도 적용된다. 대화의 재료가 질서있게 구성되어 있
으면 그 대화는 짧은 시간에 소기의 목적을 달성할 수 있는 것이다.

가령 혼자서 차분하게 이야기를 누군가에게 들려주려는 경우를 생
각해보자. 자신이 이야기의 줄거리를 만들고 그 순서에 따라 재료를
배열한다면 화재의 구성은 끝나게 된다. 이것은 문장을 쓸 경우에도
적용되며 대화와 문장의 사이에는 많은 공통점이 있다.

그런데 대화에 있어서는 문장이나 강연의 구성과는 매우 다른 점도

있다. 두 사람이 주고받는 대화에서는 서로 말하는 쪽도 되고 듣는 쪽도 되기 때문에 사전에 아무리 줄거리를 잡아 놓았다고 해도 그대로 대화가 진행된다고는 볼 수 없다. 세 사람 이상이 대화하는 경우라면 조건은 더욱 복잡해진다. 좌담이나 회의 같은 것이 그 예이다.

그러나 이런 경우라고 해서 아무런 계획도 세울 수 없다는 것은 아니다. 재료의 배열이나 일방적인 스피치를 하는 경우엔 혼자서 이야기를 구성하지만, 대화할 때는 그 대화에 참가하는 사람들이 협력해서 이야기를 구성해 나간다는 점이 차이가 있다. 그렇기 때문에 대화의 참가자들이 대화의 진행에 관한 공통이해를 미리 해둔다면 그 대화는 순조롭고 질서 있게 진행될 수 있다.

회화繪畵에서 구도는 화면 각 부분의 평면상 위치·크기·형태·색깔 등의 상호관계 및 밸런스를 고려하는 것이 매우 중요하다. 또 건축은 입체적이기 때문에 평면상의 계획 위에 측면상의 구성이 뒤따라야 한다.

그러나 대화나 문장의 경우에는 이야기의 줄거리가 하나의 선 위에 놓여질 수 있다. 문장을 읽을 때는 처음부터 차례대로 글자를 따라 읽어 가는 것이기 때문에 시간의 흐름에 맡길 수가 있으며, 읽다가 앞부분으로 되돌아갈 수도 있고, 어떤 부분을 몇 번이고 되풀이하여 읽을 수도 있다. 그런데 대화는 순간 순간에 들려온 음성이 어느새 곧 사라져 버리는 것이 특징이다. 이러한 점이 문장이나 대화가 하나의 선 위에 있다는 것을 뜻하며, 그림이나 건축과 현저하게 차이나는 점이다.

바둑이나 장기를 둘 때도 두는 순서의 좋고 나쁨에 따라 그 결과에 영향을 받듯이, 대화에서도 사전 준비라는 것이 중요한 의미를 갖는 때가 많다. 순서에는 부분적인 것도 있으며 전체적인 것도 있다. 이것들이 몇 번씩 되풀이 실시되는 과정에 점점 다져져서 하나의 형形으로 형성되는 것이다. 모든 일이 그렇듯이 대화에서도 면밀한 사전 준비가 필요하기 때문에 대화에 사용될 재료의 순서는 질서있게 배열되어야 뜻한 바 대화의 목적을 달성할 수 있다.

구체적으로 단계를 나눠라

대화의 구성이란 말하는 사람이 스피치를 어떠한 방법으로 전개하여 자기의 주장을 듣는 사람으로 하여금 찬성·공감·설복시킬 수 있는가를 계획하는 것이다. 문장도 마찬가지이지만 대화의 구성은 전체를 몇 개의 부분으로 나누어 보는 것이 가장 일반적인 방법이다. 그 기본형태로는 3단계·4단계·5단계의 구성법이 있다.

3단계법―서론·본론·결론

'3단계 구성법'은 가장 일반적인 방법이다. 우선 하나의 화제가 결정되었으면 그 대화는 도입 부분이 있어야 하고, 전개 부분이 있어야 하며, 끝을 맺는 종결 부분이 있어야 한다. 이 3단계법은 인간의 이해 활동에 있어서 심리상태의 가장 자연스러운 움직임에 근거를 둔 것이기 때문에 응용 범위가 대단히 넓은 것이 특징이다.

3단계법	서론(도입 부분) Opening : Introduction
	⬇
	본론(전개 부분) Main substance : Body
	⬇
	결론(종결 부분) Close : Conclusion

　서론은 듣는 사람의 호기심을 일으켜 앞으로 전개되는 논지나 내용을 펼치기 시작하는 도입의 부분이다. 대화하는 대부분의 사람들이 서론적인 언급이나 일화를 쓰지 않고 바로 본론으로 들어가는 수가 많다. 그러나 그것은 듣는 사람을 즉각적인 주의로 이끄는 감동적인 발단부, 즉 서론이 듣는 사람을 사로잡는 역할을 한다는 사실을 모르고 있는 것이다.

　"시작이 반이다"라는 격언이 있듯이 유머나 지혜가 담긴 위트, 또는 부드러운 이야기를 서론에서 이끌어내면 듣는 사람은 말하는 사람의 스피치에 매혹될 것이다.

　본론은 스피치의 가장 중심이 되는 부분으로서, 주제를 전개한다. 서론에서 듣는 사람을 성공적으로 이끌었다면 다음은 말하는 사람이 말하고자 하는 본론으로 스피치를 전개시켜야 한다. 말하는 사람은 주요 문제를 항상 염두에 두면서 다른 사람의 사상을 인용 또는 일화의 실례를 사용하여 클라이맥스를 끝까지 억제하면서 벽돌을 하나하나 쌓아 집을 짓듯이 전개해야 한다.

　결론은 앞에서부터 전개해 온 이야기를 듣는 사람에게 감명, 감동, 설복 및 여운을 남기도록 총괄 요약해서 결말을 짓는 부분이다. 훌륭한 스피치란 힘을 모아 주제를 안전한 곳까지 논리적으로 이끌어 나가는 것으로, 말하는 사람의 처음 이야기와 같이 결론에서도 상쾌한 기분으로 듣는 사람이 말하는 사람의 주장을 얻게 되는 것이다. 따라서 말하는 사람은 끝맺음이 인상깊고 박력 있는 말을 연구해야 하며 듣는 사람에게 말하는 사람의 주장을 요약해 주고, 시간 조절을 결론에서 적절히 배열해야 한다.

그러나 이를 시제tense의 3단계로 구분하는 방법도 있다. 즉 서론의 제1단계에서 과거에 있었던 사실이나 경험을 이야기하여 도입 부분을 이루고, 본론의 제2단계에서 현재의 제도나 체험하고 있는 사실을 말하여 대화를 전개시키며, 결론의 제3단계에서 미래의 추측이나 결과를 이야기하여 대화를 종결시키는 방법인데, 이 구성법은 듣는 사람에게 신뢰감을 주며 말하는 사람에게는 자신감을 준다.

4단계법 – 기 · 승 · 전 · 결

4단계 구성법은 무미건조한 느낌을 줄 수도 있는 3단계 구성법에 약간의 변화를 준 형태다. 대화 속의 어귀는 하나하나 따로 떨어진 것을 벌려 놓는 게 아니라 서로서로 영향을 주고받으면서 이어져 있다. 그 하나 하나를 기승전결起承轉結이라고 하는데, 이것은 한시漢詩의 절구 네 부분에서 비롯된 말이다. 이 순서는 처음에 듣는 사람의 흥미를 끌고, 다음으로 전개가 있고, 다시 기분을 바꾸고, 다음 끝을 맺는 방법이다. 듣는 사람에 대한 효과를 잘 고려하지 않으면 실패하기 쉽지만 잘만 하면 커다란 효과를 거둘 수 있다.

'기'는 도입 부분인 서론을, '승'은 사실·관찰·실험을, '전'은 분석·논증을, '결'은 결론을 나타내는 것으로, 다음 이백李白의 한시「정야사靜夜思」에서 살펴보면 이해가 빠를 것이다.

前着月光 침상 앞에 달빛이 밝다. 〈기〉
是地上露 땅 위에 서리인 양 환히 빛난다. 〈승〉
擧頭望山月 머리를 드니 산에. 걸린 달이 보이고, 〈전〉
低頭思故鄕 머리를 숙이니 고향이 그리워진다. 〈결〉

이 한시의 기는 문제를 제시 또는 소개하는 부분이며, 승은 문제해결의 사례를 제시하면서 설명해주는 부분이고, 전은 새로운 화제로 분위기를 바꾸어 새로운 해결책을 모색하는 부분이며, 결은 전체를 마무리하여 중심사상을 나타내는 부분이라는 것을 알 수 있다. 이 4단계 구성법을 정리하면 다음과 같다.

4단계법

기 ……… 문제의 제기 ……………………………… 제시·소개
⇩
승 ……… 문제 해결의 사례 제시 ………………………… 설명
⇩
전 ……… 새 화제 / 새 해결책 ………………………… 전조
⇩
결 ……… 전체의 마무리 ………………………… 중심사상

이러한 4단계 구성법은 격문이나 선언문 등에도 똑같이 적용된다. 신문의 사회면 연재만화도 '기승전결'의 구성법을 이용하는 좋은 예라고 할 수 있다. 신문 연재만화는 특별한 경우를 제외하고는 거의가 네 컷으로 그려진다. 첫째 컷이 기, 둘째 컷이 승, 셋째 컷이 전, 넷째 컷이 결이다. 이것을 대화로 바꾸어 생각하면 재미가 있다.

5단계법 – 몬로의 구성법

다음은 인간의 사고과정思考過程을 다섯 가지 단계로 전개해 나가는 구성법으로, 이것을 '5단계법', 또는 '몬로의 구성법'이라고 부른다.

제1단계는 주의를 끄는 도입의 단계로서, 듣는 사람에게 흥미를 갖게 한다.

제2단계는 필요성을 보이는 단계로서, 흥미를 갖기 시작한 듣는 사람에게 중대한 선언을 한다.

제3단계는 필요를 만족시키는 단계로서, 중요하고 필요한 문제를 해결하기 위해서 어떻게 하면 좋은가를 보인다.

제4단계는 구체화의 단계로서, 문제의 해결법을 보다 구체적으로 제시한다.

제5단계는 행동으로 이끄는 단계로서, 듣는 사람에게 결의를 다짐한다.

이상의 다섯 단계는 하나의 단계가 다음 단계를 끌어내는 구실을 맡고 있다. 즉 다음 단계의 동기를 만들어 주는 기능을 하고 있다는 의미에서 동기를 유발하는 순서라고도 볼 수 있으며, 오늘날 가장 널리 쓰이는 구성법이다.

미국 퍼듀대학교 교수 앨런 H. 몬로_Alan H. Monroe_가 창안했다고 해서 '몬로의 구성법'이라고 부르는 사람이 많은데 이것을 도표로 정리해 보면 다음과 같다.

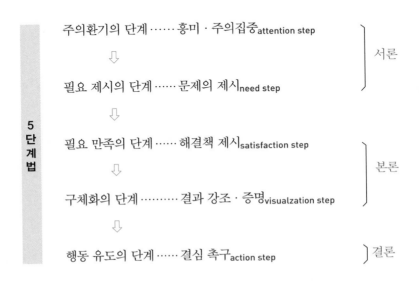

이러한 기본적인 형태의 5단계법을 상품구매를 위한 고객의 심리적 변화 단계로 원용해서 생각할 수도 있다. 이러한 경우 고객이 가게에 들어와서 상품을 살 때까지의 마음의 움직임을 7단계로 나누어 보는 것이다.

- 제1단계 : 상품에 주의를 쏟는다.
- 제2단계 : 상품에 흥미를 갖는다.
- 제3단계 : 상품을 소유할 때의 일을 연상한다.

- 제4단계 : 그 상품을 갖고 싶어한다.
- 제5단계 : 다른 상품과 비교하여 검토한다.
- 제6단계 : 구입하려고 결심한다.
- 제7단계 : 실행한다(구입한다).

제1단계에서 제3단계까지는 상품 진열 같은 것으로써 손님의 주의를 끌도록 하는 단계이다. 이때 섣불리 상품의 문답에 들어가면 역효과가 생길 수 있으므로 주의해야 한다. 점원들의 응대가 필요해지는 것은 제4단계 이후이다. 즉 제4단계에서는 가령 고객이 넥타이를 보고 있다면 "그 넥타이 색깔이 잘 어울립니다" 따위의 권유를 하는 것이다. 제5단계에서는 상품의 특징, 가격이 비싸지 않다는 등의 설명 설득을 한다. 제6단계에서는 반품·교환의 약속이나 대금의 결제 방법 등을 설명한다. 마지막 7단계에서는 진정으로 표시하는 감사의 마음과 입금, 포장의 재빠른 처리 등의 응대가 요구되는 단계이다.

이와 같이 구매심리가 구입이라고 하는 행동으로 나오기까지의 심리변화는 이야기를 듣고 나서 행동으로 옮길 때까지의 상황과 매우 닮았다는 점으로 이것을 '5단계법'의 원용으로 보는 것이다.

또한 위의 7단계를 다음과 같이 '구매심리의 5단계'로 축소시켜 보는 학자도 있다. 이것을 영어의 첫 글자만 따서 'AIDMA방식'이라고 부르기도 한다.

A I D M A 방 식	주의Attention Step ················ 제1단계	
	⇩	
	흥미Interest ···················· 제2단계	
	⇩	
	욕구Desire ···················· 제3단계	
	⇩	
	기억Memory ···················· 제4단계	
	⇩	
	행동Action ···················· 제5단계	

고객의 구매심리를 5단계로 나누어 이용하는 또 다른 예로 광고를 들 수 있다. 신문이나 잡지의 광고를 유심히 들여다보면 거의가 5단계 구성법에 근거를 두고 있음을 발견할 수 있어 흥미롭다.

이러한 광고의 구성법에 대한 연구로서 미국의 슈와프Victor O. Schwab 는 그의 저서 『훌륭한 광고 구성법How to Write a Good Advertisement』에서 다음과 같이 목차를 정하고 있음을 볼 때 5단계 구성법이 얼마나 실용성이 넓은가를 알 수 있다.

Ⅰ. 주의를 끌어라
- 레이아웃에서 주의를 끌기 위해서는 예술적인 것을 피하기
- 제목으로 주의를 끌려면?

Ⅱ. 남에게 이익이 되는 점을 보여라
- 사람들은 무엇을 원하고 있는가?

Ⅲ. 증명을 하라

- 어째서 사실이 필요한가?
- 팔기 위해서는 두 가지 힘이 필요
- 먼저 사실을 구명하기
- 사용해야 할 사실이란?
- 사실을 어떻게 제시하는가?

Ⅳ. 사람들에게 이익을 놓치지 않도록 설명하라

- 간단한 예 몇 가지
- 방법은 소극적 · 적극적 두 가지

Ⅴ. 행동을 촉진시켜라

- 간단하게, 쉽게, 구체적으로
- '판매실적'이 그 증거

이상 3단계 · 4단계 · 5단계의 구성에 관해서 알아보았는데, 이처럼 어떠한 재료를 어떤 부분에 배치해야 좋은가는 경우에 따라 다르다. 그러나 어떠한 배치가 적당한 배치인가에 대해서도 알아둘 필요가 있기 때문에 5단계 구성법의 경우를 예로 들어 살펴보기로 하자.

제1단계: 주의를 끄는 단계

- 대담하고 기발한 표현
- 듣는 사람의 반응을 위한 수사적 질문
- 유명한 위인의 격언이나 서적에서의 인용
- 놀라운 사실(뉴스)이나 지방적 사건에의 언급

- 개인적인 경험담이나 사건에 대한 이야기
- 참고물 · 증거물 등 실물의 인용
- 듣는 사람에 대한 인사말
- 유머나 위트

제2단계: 필요성을 나타내는 단계
- 주제에 대한 목적 · 윤곽의 제시
- 문제에 대해서 흥미를 갖는 이유
- 주제에 대한 말하는 사람의 입장과 태도를 표시
- 듣는 사람이 인정할 수 있는 사실이나 통계 · 증거를 공개
- 중심적인 목적의 암시

제3단계: 필요를 만족시키는 단계
- 중심적 의견의 솔직한 표현
- 중심적 의견의 열쇠가 될 만한 극적인 사건이나 인물 · 소설 따위의 인용
- 중심적 의견을 명백하게 하는 설명이나 정의
- 중심적 의견을 전개하는 데 해답을 필요로 하는 의문의 제기
- 원인과 결과 설명

제4단계: 구체화의 단계
- 이유와 증거
- 사실 · 통계 · 조사 · 보고

- 위인·전문가의 말 인용

- 극적, 감동적 예화 – 인상 깊게 하기

- 확증할 수 있는 사건, 사실의 제시

제5단계 : 행동으로 이끄는 단계

- 간추린 주제의 재확인

- 듣는 사람의 양심에 대한 호소

- 낡은 의견에 대한 새로운 해석

- 의견의 실현을 위한 계획의 힌트

- 주제에 따르는 결의 표명

이상의 5단계 구성에 의한 재료의 배열을 보면 똑같은 재료가 두 차례 이상 쓰여 있음을 발견할 수 있다. 이것은 하나의 재료라도 그 사용법에 따라서 배열이 다양해진다는 것을 보여 준다. 즉, 선택된 좋은 재료는 그 내용이나 성격에 따라 몇 개의 그룹으로 나누어볼 것이며, 그리고 다시 몇 단계로 대화를 구성하는가에 따라 그 재료의 배치를 결정할 것이다.

아우트라인을 세운다

이야기할 내용이 간단하고 짧은 것이라면 머릿속으로 생각하는 것만으로도 족하겠지만, 길거나 복잡한 내용이라면 미리 이야기의 뼈대를 추려 정리해둘 필요가 있다. 이러한 정리 방법을 '아우트라인법'이라고 한다. 이 방법은 말하는 사람의 머릿속을 정리하면서 동시에 듣는 사람의 머릿속도 정리하고 서로의 이해를 돕는 데 매우 편리하며 유효한 방법이다.

이야기의 아우트라인을 머릿속에 넣어 두면 이야기할 때 융통성을 발휘할 수 있으며, 시간이 부족하더라도 큰 대목만은 빼놓지 않고 말할 수 있다. 또 아우트라인을 조그만 메모지에 적어, 이야기할 때 중요 항목을 보면서 하는 스피치의 방법도 널리 쓰이고 있다. 아우트라인을 세울 때는 다음의 여섯 가지 요소를 필요로 한다.

- 제목 Title
- 목적 End
- 주제 Main Point
- 서론 Opening
- 본론 Main Substance
- 결론 Close

이상 여섯 가지 요소가 다음 여섯 가지 요령에 의해 설계되었을 때 비로소 그것은 아우트라인으로서의 구실을 하게 된다.

- 주제를 하나의 완전한 문장으로 만든다
- 서론 · 본론 · 결론을 명확하게 구분한다
- 계통이 서고 알아보기 쉽도록 하나하나에 번호를 붙인다

- 본인만 알아보면 되기 때문에 자기가 알아보기 쉬운 글을 사용한다
- 형용사 등 수식어를 줄여 간단명료하게 한다.
- 주제를 충분히 이끌어 나갈 수 있는지 정리 · 검토한다.

아우트라인의 사용법

아우트라인을 사용하는 경우에는 다음과 같은 사항을 지키면 편리하다.

- 아우트라인의 각 항목에는 한 가지 사항만 기재한다
- 각 항목의 종속관계를 정한다
- 각 항목의 상호관계를 알 수 있는 서식을 사용한다. 그러기 위해서는 숫자나 문자나 부호 등을 시종일관 통일되게 사용할 필요가 있다. 또 종속되는 항목은 그 윗항목보다 한 자 정도 내리며, 대등한 항목은 나란히 위치하도록 한다

Chapter 08

The
Psychology
of
Speech

청중을 사로잡는
한 끗 차이 **스피치**

'낱말'은 대화의 매체이다

버스를 타고 출퇴근을 할 때나 거리를 지나거나 사람들이 많이 모인 곳에 있을 때면 신기하다는 생각이 들 때가 많다. 손바닥만한 면적에 눈썹·눈·코·입이 들어 박힌 인간의 얼굴이 천차만별이라는 사실 때문이다. 한 사람도 똑같은 얼굴이 없다. 쌍둥이마저도 부모들이 구별하는 것은 어딘가에 다른 점이 있기 때문이다.

말—그것도 똑같다. 하나의 같은 문장을 말하더라도 어딘가 차이가 있게 마련이다. 사람은 누구나 그 사람 고유의 스피치 패턴을 갖고 있기 때문이다. 그리고 자기의 말을 자기 특유의 패턴으로 끌어들여 이야기한다.

낱말, 즉 단어는 대화의 도구요 가장 중심적인 매체이다. 우리는 그 도구를 더욱 효과적으로 사용하는 방법을 연구하지 않으면 안 된다. 요즘은 종종 '세대의 단절'이라든가 '부모와 자식의 단절'이라는 말을 쓰고 있는데, 그 절반의 책임은 자기의 사상을 분명하게 전달할 줄 몰랐던 부모의 세대에게도 있는 것이 아닐까?

말의 특성을 알라

하나의 이야기를 하는 데도 여러 가지로 말하는 방법이 다르기 때문에 상대방에게 주는 인상도 여러가지로 달라지게 마련이다. 실제의 대화에서는 대화의 목적이나 상황 등에 따라서 적절한 말을 골라 사용해야 효과를 거둘 수 있다. 사소한 표현 부주의로 생각지도 못한 결과를 초래할 수 있기 때문이다.

말이 처음부터 인간의 이해를 소통시키는 매체로서의 역할을 다할 수 있었던 것은 아니다. 숱한 노력으로 인해 닦이고 숙련된 끝에 그것은 말로서의 구실을 하게 된 것이다. 예를 들어 사람이 태어나면 우는 것 이외에는 의사전달의 방법이 없던 것이 점점 자라나면서 부모나 주위 사람들로부터 말을 배우기 시작한다. 가르쳐주는 사람의 노력도 있겠지만 어린이 자신이 귀 기울여 말을 익혀가는 노력을 하게 된다. 이것은 외국어를 배울 때도 마찬가지다. 꾸준한 연습과 피나는 노력이 없이는 외국어를 마음대로 구사하기란 여간 힘든 일이 아니다.

피아노나 바이올린을 연주하는 사람들은 매일같이 연습을 계속한다고 한다. 만약 연습을 게을리하면 그만큼 기량이 줄어들기 때문이라는 것이다. 말을 하는 것도 이와 마찬가지이다. 사람은 누구나 매일매일 말을 하고 지내니까 자신도 모르는 사이에 말의 연습을 실천하고 있기 때문에 그 기량이 줄어들지 않는다. 그러나 이 기량도 높고 낮은 차이가 있다. 이 차이가 곧 능숙도인데, 말의 능숙도는 기량의 연마에

Part 1
이 것 이
대 화 의
기　본
이　다

서 비롯되며 그 연마에는 방법이 뒤따르는 것이다.

그런데 이러한 말의 기능은 역시 심리학과 생물학의 문제이면서 사실은 인간 존재의 영원한 비밀이다. 그리고 말의 주체를 이루는 어휘는 끝없는 생성과 소멸의 흐름 속에 있다. 이 지구 위에는 헤아릴 수 없을 만큼 여러 종류의 말들이 있음을 우리는 알고 있다.

칼 야스퍼스Karl Jaspers는 "이 모든 말들이 서로 번역될 수 없는 세계를 스스로의 안에 지니고 있다"고 말한다. 그러면서도 그는 이 말들이 모두 인류의 말로서 또한 공통성을 갖고 있기 때문에 어느 정도까지는 서로 번역될 수 있다고 말한다.

이러한 말의 특성을 안다면, 말같이 쉽고 말같이 어려운 것이 없다는 생각을 하게될 것이다. 그러나 아무리 어려운 말이라도 인간의 이해소통을 위한 공통성이 있는 것이어서 꾸준한 연습과 테크닉만 익힌다면 말만큼 편리한 것도 없다.

다양한 말의 형태

일상어

우리들이 항상 쓰는 말은 친구들끼리 하는 말, 그 지방에서 하는 말, 그 가정에서 하는 말, 사용하는 사람이 남자인가 여자인가에 따라서 달라지는 말, 직업에 따라서 달라지는 말, 라디오나 텔레비전이나 신문·잡지 등에서 사용하는 말, 학교에서 사용하는 말 등이다. 이런 것들은 일상생활 속에서 사용하기 때문에 일상어日常語라고 부른다.

일상어만을 사용하고 있으면 자기와 일상생활이 다른 사람과 이야기를 할 때에는 통하지가 않아서 사회생활을 하는 데에 불편을 겪게 된다. 그렇기 때문에 전국 어느 곳에 사는 사람이라도 같은 한국인이라면 똑같은 말을 사용할 필요가 있게 되었다. 이와 같이 공통되게 쓰여지는 말을 공통어라고 부르는 학자도 있으나 이것도 넓은 의미에서 일상어의 범주에 속하는 말이다.

표준어

일상어가 공통어로서의 기능을 넓혀가면 전국에 공통되는 하나의 국어가 되는 것이기 때문에 그것은 바른 말, 아름다운 말, 그 나라를 대표하는 말이 되지 않으면 안 된다. 그래서 우리나라도 편의상 서울말을 표준어로 정하고 교과서나 모든 도서의 표기를 이 표준어에 따르며, 학교에서는 표준어를 가르치고, 사회에서는 신문 · 잡지를 표준어로 쓰며, 격식을 차리는 대화에서는 표준어로 이야기한다. 외국인이 다른 나라의 말을 배운다. 때에도 보통은 그 나라의 표준어를 배운다.

사투리

어느 한 지역에서만 사용되는 말의 전체를 지칭한다. 지방어라고도 하며, 발음 · 액센트 · 인토네이션 · 말씨 · 어법 등 지방마다 차이가 뚜렷하다. 사투리는 입을 좁게 열거나 우물거리는 경향이 있고, 비교적 새로운 어귀를 사용하거나 말주변이 그럴듯해 보이며, 정서적인 표현이 풍부하고, 저속한 말도 있으며, 글로 쓰는 말과의 공통성이 결핍되는 등의 특색이 있다. 우리나라에서는 경상도 사투리가 특히 이런 성격이 강하게 나타난다.

경상도 사투리에 '쌀'을 살'이라고 하며, 전라도 사투리에 '의'를 '으'라고 하여 웃음거리가 되는 일을 자주 볼 수 있다. 지방에 따라서 말하는 방법이 달라서 일어나는 착오이다. 그래서 어떤 사람은 자기의 사투리 때문에 웃음거리가 되면 어쩌나 하는 불안감으로 대화를 두려워하기도 한다. 사투리에 대한 이러한 콤플렉스를 해소하기 위해서는 본인 스스로 표준어에 익숙해지도록 노력해야 한다. 그리고 듣는 사람의 입장에서도 이러한 사투리를 타박주거나 웃는 것은 대화의 매너에 어긋나는 일이다. 언어교육의 경우를 제외하고는 말씨에 대한 타박이나 트집은 대화의 진행을 막는 장애물이 될지언정 아무런 이익도 주지 못한다는 사실을 명심해야 한다.

외래어

외국의 단어를 빌어 국어로 사용하게 된 단어를 말한다. 중국에서 들어온 한자어도 엄밀하게 말하면 외래어라고 할 수 있겠지만, 요즘은 비교적 새로 들어온 유럽어나 영미어를 가리켜 외래어라고 부른다. 특히 우리나라는 일제의 지배를 받아온 이후 일본어가 우리 생활에 침투되어 상당한 비중을 차지하고 있다.

이러한 외래어를 통틀어 수입어라고도 부르는데, 우리나라 신문·잡지에서 사용되고 있는 언어 가운데 외래어가 차지하는 비중이 날이 갈수록 늘어간다. 이 가운데 영어가 차지하는 비중이 압도적인 숫자를 점유하고 있다.

신조어

새로 나타난 사물이나 생각, 지금까지 있었던 사물이나 생각에 대해서 새로 만들어낸 말을 신조어新造語라고 한다. 지금까지 사용하던 말에 새로 특정한 의미를 가하여 사용하는 말도 있다. 불가佛家에서 사용하던 '대중'이라는 말이 좋은 예이다.

신조어 가운데 특히 그 내용이 신기했다거나, 그 표현이 꼭 알맞았다거나, 그 표현이 유머러스했다거나, 그 발음이나 액센트가 특이했기 때문에 한동안 많은 사람들이 즐겨 사용하게 된 말은 '유행어'라고 부른다. 유행어는 일정 기간이 지나면 사라져 버리지만 그 가운데는 일상어로 남아 있는 것도 있다.

은어

신분이나 지역 등으로 이어진 소사회 집단의 내부에서 생겨 그 안에서 사용되는 특수어를 말한다. 영어로 '슬랭'이라는 말과 같은 것이다. 지역적인 언어집단에서 사용되고 있는 특수어인 사투리를 '지역방언'이라고 부르며, 은어를 '사회방언'이라고 부르는 학자도 있다.

은어는 학생들이나 젊은이들 사이에서 즐겨 사용하지만, 군인들의 은어, 대학생들의 은어, 고교생들의 은어, 교도소 감방 안에서의 은어, 산삼을 캐는 이들의 은어, 지식인들의 은어, 그 성격과 정도로 계층에 따라 구분되어진다. 그리고 학자들 사이에서나 기술자들 사이에서 사용되는 술어는 전문어라고도 불리는 특수어로서 물론 은어는 아니지만, 특정 사회집단 속에서 공통된다는 점에서는 엘리트들의 은어 역할을 하는 것이다. 또 각자의 직장에만 통용되는 직장어도 그러한 점에서는 은어와 유사하다고 할 수 있다.

명확하게 발음하라

의사전달에 있어서 가장 중요한 것은 명확한 발음이다. 말하는 사람의 발음이 명확한가 아닌가에 따라서 그 사람의 스피치에 끼치는 영향은 매우 크다. 발음이 명확하지 않으면 그의 이야기가 아무리 무게 있고 귀중한 내용이라 해도, 그 가치가 곧 땅에 떨어지게 되며 그의 지위나 인격을 재평가하게 된다.

발음의 장단으로 뜻이 바뀐다

글자로 표기하면 똑같은 말이라도 그 말의 모음을 길게 발음하느냐 짧게 발음하느냐에 따라 뜻이 바뀐다. 가령 같은 '말'이지만 짧게 발음하면 '말馬'이 되고, 길게 발음하면 '말語'이 되니 특히 주의해야 한다.

눈(目)	눈ː(雪)
밤(夜)	밤ː(栗)
배(船)	배ː(倍)

위의 예는 그 말 자체가 본래 지니고 있는 장음長音이며, 이밖에도 다음과 같은 몇 가지의 장음이 있다.

변성장음

두 개의 음절이 준말로 되면서 장음을 이루는 것이다.

다음(次)	담:
그 애(兒)	개:
사이(間)	새:
처음(初)	첨:
시원치 않다	션:찮다

변칙어 간의 장음

동사나 형용사의 어간에 변칙 변화를 하여 준말이 될 때 그 변칙어 간은 장음이 된다.

무어냐	뭐:냐
보았다	봤:다
되었어요	됐:어요

동화음의 장음

이웃하는 음을 닮아서 자음접변하는 경우의 장음을 말한다. 이것은 우리말 발음의 자연법칙인데 이것을 소리나는 대로 발음하지 않고 억지로 원음에 맞춰 발음하려고 한다면 오히려 역효과가 나타나기 쉽다.

혼란(混亂)	홀:란

천리(千里)   철:리

인류(人類)   일:류

격려(激勵)   경:려

관용장음

한자음이지만 관용적으로 우리말처럼 사용되는 장음이 있다.

환:갑(還甲)

비:대(肥大)

촌:락(村落)

강:남(江南)

한자어의 발음은 다양하다

한자漢字에는 음과 훈이 있어서 발음을 하는 데 혼란을 겪는 일이 많다. 상당한 식자층의 사람들도 한자어의 발음을 틀리게 하여 망신을 당하는 수가 많으니 특히 유의하여 공부해 두지 않으면 안 된다.

'자전거自轉車'를 '자전차'로 발음하는 사람은 상상외로 많다. '생략省略'을 '성략'으로, '차례茶禮'를 '다례'로, '항문肛門'을 '홍문'으로, '경칩驚蟄'을 '경첩'으로, '갱도坑道'를 '항도'로 발음하는 사람이 아직도 우리의 주위에는 많이 있다.

그리고 한자어의 선택도 뜻을 명확히 알고 하지 않으면 뜻하지 않은 망신을 당할 수가 있다. 어느 유명한 아나운서가 '막역한 친구'라는 말을 '막연한 친구'라고 표현한 실수담을 들은 일이 있다. 더구나 그 아나운서는 '막연한 친구란 서로 허물없이 썩 친한 친구'라는 주석을 달았다고 하니 포복절도할 일이 아닐 수 없다. '막연한 친구'라면 어렴풋이 잘 기억조차 할 수 없는 친구를 뜻하니 말이다.

음성화·경음화되어 가는 우리말

표준어를 사용한다는 서울 사람들이 즐겨 쓰는 말을 들으면 거의가 음성화(陰性化 : 어두운 소리 되기)되어 있음을 알 수 있다. '허구헌 날', '헌데', '갈수록 태산이야', '제대루 되었는지' 등의 말을 쓰고 있는 것이다.

우리말의 모음 중 'ㅏ'와 'ㅗ'는 양성이고, 그 밖의 것들은 음성이다. 조선 초기만 해도 우랄알타이어족의 특징인 모음조화가 잘 지켜졌던 것이 우리말이다. 하지만 세월이 흐르면서 점점 불규칙한 음성 모음의 조화를 이루게 되었다. 요즘엔 표준말로 정해진 말들 가운데서도 양성인 것이 함부로 음성으로 발음되고 있으며, 이러한 현상은 대화에서 상당히 많은 부분을 차지하고 있다.

그리고 세상이 각박해지면서 말도 영향을 받아서인지 우리말의 흐름에 또 하나, 경음화(硬音化: 된소리 되기) 경향이 있게 되었다.

'ㄱ→ㄲ, ㄷ→ㄸ, ㅂ→ㅃ, ㅅ→ㅆ, ㅈ→ㅉ'으로 바뀌는 된소리의 발음 경향은 이제 우리나라 사람들의 특징처럼 되어 버렸다.

ㄱ → ㄲ ·········· 앞길 → 앞낄 / 옷감 → 옷깜

ㄷ → ㄸ ……… 맞돈 → 맞똔 / 갈대 → 갈때

ㅂ → ㅃ ……… 국밥 → 국빱 / 산불 → 산뿔

ㅅ → ㅆ ……… 산새 → 산쌔 / 맏손자 → 맏쏜자

ㅈ → ㅉ ……… 집주인 → 집쭈인 / 신장 → 신짱

이러한 변화는 고어가 현대로 오면서 된소리가 되어 표준어로 굳어진 다음의 예를 보면 알 수가 있다.

ㄱ장 → 까지   겁질 → 껍질

가마괴 → 까마귀   곳다 → 꽂다

ㄳ ㄳ ㅎ 다 → 깨끗하다   져다 → 꺾다

'의'의 발음에 조심하라

표준말에서 쓰이는 '의'는 다음 세 가지로 발음하는 것이 보통이다.

• 낱말의 첫 소리일 때에는 '으이'에 가까운 발음을 한다.
  - 의사당, 의무, 의협심, 의논, 의지

• 낱말의 끝에 오는 소리일 때는 '이'에 가까운 발음을 한다.
  - 백의, 대의, 의의, 성의, 동의, 논의

• '의'가 소유격 조사로 쓰일 때에는 '에'에 가깝게 발음한다.

- 군인의 길, 학생의 본분, 국민의 대변자, 사랑의 종

본음을 바로 내도록 하라

발음이 서툰 사람은 본음本音을 바로 내지 못하여 그 음에 가까운 소리나 자기 임의의 발음을 하여 표준음에 벗어나는 일이 허다하다. 이러한 오류는 자음과 모음의 사용을 잘못하는 데서 오는 것으로 다음과 같은 예가 있다.

자음을 잘못 사용하는 데서 오는 오류

- 자음 'ㄱ', 'ㅋ', 'ㅎ'과 모음 'ㅑ', 'ㅕ', 'ㅛ', 'ㅠ', 'ㅣ'와 합성된 음의 말을 발음할 때에 'ㄱ'을 'ㅈ'으로, 'ㅋ'을 'ㅊ'으로, 'ㅎ'을 'ㅅ'으로 발음하는 사람이 있다. 특히 충청도 사투리에서 이러한 경향이 두드러진다.

  ㄱ → ㅈ ·········· 김치 → 짐치

  ㅋ → ㅊ ·········· 키질 → 치질

  ㅎ → ㅅ ·········· 형(兄) → 성

- 자음 'ㄴ', 'ㅁ'이 'ㄱ'과 이웃할 때 자음 'ㄴ', 'ㅁ'을 'ㅇ'으로 발음하는 사람이 있다.

  ㄴ → ㅇ ·········· 한글 → 항글

  ㅁ → ㅇ ·········· 감기 → 강기

- 자음 'ㄴ'이 'ㅁ', 'ㅂ', 'ㅍ'과 이웃할 때 'ㄴ'을 'ㅁ'으로 발음하는 사람이 있다.

  ㄴ → ㅁ(ㅁ) ·········· 전무 → 점무

  ㄴ → ㅁ(ㅂ) ·········· 눈병 → 눔병

  ㄴ → ㅁ(ㅍ) ·········· 단풍 → 담풍

- 자음 'ㅅ'이 'ㅁ'과 이웃할 때 'ㅅ'을 'ㅁ'으로 발음하는 사람이 있다.

  ㅅ → ㅁ ·········· 덧문 → 덤문

- 자음 받침 'ㄹ'을 'ㄷ'으로 발음하는 사람이 있다. 혀가 짧은 언어장애자에 이런 경향이 많다.

  ㄹ → ㄷ ·········· 날마다 → 낟마다

모음을 잘못 사용하는 데서 오는 오류

- '아'를 '애'로 발음하는 사람이 있다. 특히 나이 든 사람 사이에서 이러한 경향이 두드러진다.

  아 → 애 ·········· 학교 → 핵교 / 안경 → 앵경

- '애'를 '에'로 발음하는 사람도 간혹 볼 수 있다. 이러한 경향은 사회적 습관에서 오는 말버릇에서 범하는 오류라고 할 수 있다.

  애 → 에 ·········· 해방 → 헤방 / 백두산 → 벡두산

- '어'를 '에'로 발음하는 사람을 흔히 볼 수 있다. 이러한 경향은 중부

지방의 공통된 사투리라고 할 수 있을 것이다.

어 → 에 ·········· 어미 → 에미 / 부스러기 → 부스레기

- '오'를 '우'로 발음하는 사람이 있다. 이것도 서울을 중심으로 한 중부 지방의 사투리에서 많이 나타난다.

오 → 우 ·········· 좋다 → 주타 / 돈 → 둔

- '으'를 '우'로 발음하는 사람도 있다. 이것도 중부지방의 방언군에 속한다.

으 → 우 ·········· 하늘 → 하눌 / 오늘 → 오눌

아름답게 발성하라

사람의 목소리에는 여러 가지가 있다. 들어서 기분 좋은 목소리, 어쩐지 까칠까칠한 목소리, 생리적인 불쾌감을 느끼게 하는 목소리 등 그 종류가 다양하다.

좋은 목소리란 표현력이 풍부하고, 잘 파고들며, 깨끗한 울림이 있는 목소리를 말한다. 목소리가 억양이 풍부하다면 그것에 의해서 의미나 감정도 잘 전달된다. 깨끗한 목소리는 따뜻함도 있으며, 그 사람의 인품을 더욱 높여준다. 그렇다면 어떻게 해야 좋은 목소리가 나올까?

목소리의 3요소

육체적인 요소

건강하고 체력이 튼튼한 사람은 강하고 잘 울리는 목소리를 낸다. 성대가 짧고 후두도 작으면 높은 목소리를 내며, 그 반대라면 낮은 목소리를 낸다. 갓난아이가 태어나면서부터 소리를 내지 않는 경우가 있다. 의사에게 보이면 귀가 좋지 않다는 진단을 내리는 걸 종종 볼 수 있는데, 귀·코·이 등의 결함도 목소리에 큰 영향을 준다. 따라서 스피치의 결점이 그러한 신체적인 요소에서 기인된 것이라면 치료에 의해서 어느 정도는 고칠 수 있다.

미국 대통령 케네디의 발성지도를 담당했던 데이비드 B. 맥클로스키David Blair McClosky 박사는 이러한 신체적인 음성장애자들의 치료를 물리적이 아닌 음성훈련을 통한 치료로 90퍼센트 이상 완치시켰지만, 원천적인 신체적 결함에 대해서는 의학적인 치료가 앞서야 한다는 데 동의하고 있다.

환경적인 요소

부산에서 태어난 사람이라도 오랫동안 서울에서 생활해 왔다면 점점 경상도 사투리는 사라져 간다. 요즘은 라디오·텔레비전의 보급으로 순수한 지방 사투리가 줄어드는 것 같다.

사람이 말을 깨우치는 것은 주위와의 접촉을 통해서이다. 어린 아이가 말을 깨우치는 것을 보면 주위의 어른들이 말하는 것을 듣고 그것을 반복하면서 익혀 간다. 부모형제가 놀라울 정도로 닮는 것도 유전에 의한 육체적 요소와 환경에 의한 요소가 합쳐지기 때문이다. 따라서 가정환경이 나쁘면 그것이 언어장해가 되어 나타나는 일도 있다. 부모의 사이가 좋지 않은 가정에서 자란 어린이는 말하는 방법이 긴장 되기 일쑤이며, 여자들만의 가정에서 자란 남자아이는 말할 때 여성적 인 울림이 나오곤 한다.

그러나 이와 같이 환경에 의하여 몸에 밴 말버릇은 연습과 훈련 에 의해서 고쳐질 수 있다. 자기의 음성이 좋지 않다고 생각되는 사 람은 자기의 나쁜 말버릇을 고치기 위한 노력을 게을리해서는 안 될 일이다.

개인적인 요소

'눈은 마음의 창'이라 했던가. 사람의 목소리도 그 사람을 비추는 거 울이다. 신변에 가까이 있는 사람들의 목소리를 들어 보라. 그리고 그 사람의 성격을 생각해 보라. 그 사람의 목소리, 말하는 방식, 그 사람 의 성격과의 사이에 상통하는 바가 있을 것이다.

목소리는 그 사람이 남에게 주는 첫인상의 커다란 요인이기도 하 다. 목소리가 사람에게 불쾌감을 준다면 대인관계가 쉽지만은 않은 게 사실이다. 기회를 만들어 자기의 목소리를 테이프에 녹음해서 들어보 면 여러 가지 재미있는 사실을 발견할 수 있을 것이다.

발성기관

목소리를 낼 수 있는 발성기관은 대체로 두 가지 부문으로 구별된 다. 하나는 발성지점이고, 또 하나는 발성을 유도하는 조절기관이다.

예를 들면 입술·잇몸·입천장·성문들은 발성지점을 말하는 것이고, 이런 지점을 조절하는 것은 아랫입술·아랫니·혀·목젖·성대들이다.

그런데 음성은 호흡기관을 주로 이용한다. 이곳은 폐·기관지·기관·후두·인두·구강 및 비강 등을 들 수 있다.

폐

폐는 공기가 들어가는 신축성이 있는 좌우 두 개의 부대와 같은 것이다. 이것을 움직이게 하는 것은 그 밑에 있는 횡경막이다. 그 신축에 따라 폐 속의 공기가 움직이는데, 가슴과 어깨가 연달아 움직이기도 한다.

기관지

폐 속에 있으며 적은 공기가 들어 있는 폐포가 연결되어 두 개의 기관지를 이룬다. 이것이 합쳐져 나중에는 하나의 기관이 되며, 그 끝 쪽이 후두에 연결된다. 요컨대 기관지와 기관은 폐 속에 있는 공기의 출입을 위한 통로로 볼 수 있는데, 그 기강이 어떤 때는 음성 공명함의 작용을 하는 수가 있다. 이 기관은 연골로 되어 있지만, 발성하는 자가 그 모양을 변경시킬 수는 없으니 공기의 출입시에 그 길이의 신축이 가능하므로 그 위에 붙어 있는 후두의 상하운동에 영향을 줄 수 있다.

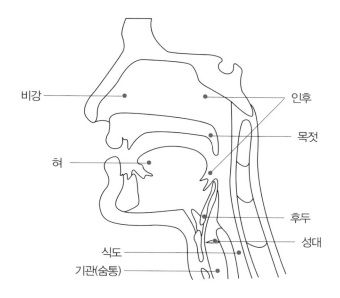

비강 ——— • • ——— 인후

——— 목젯

혀 ——— •

후두

——— 성대

식도 ———

기관(숨통) ———

후두

후두는 기관의 인후의 바로 밑에 있는 것인데, 여기에 말소리를 내는 성대가 있다. 후두가 있는 전체 지역을 후강이라고 하는데, 그 역할은 다음과 같다.

- 성대진동이 있으면 유성음, 즉 흐린 소리가 되고, 성대진동이 없으면 무성음, 즉 맑은 소리가 난다.
- 성대진동의 성질에 따라 음성의 고저·강약·장단이 결정된다.
- 음성의 개성이라고 할 수 있는 음색을 좌우한다.
- 성문이 닫힐 때는 파열음이 생기고, 개방 정도에 따라 마찰음이 나오기도 한다.
- 음성에는 관계가 없으나 호흡을 중단시킬 수도 있다.

인후

인후는 연골로 되어 있는데 이것을 환상연골이라고 한다. 그 모양은 반지와 비슷하며, 앞은 폭이 좁고 뒤는 폭이 넓은데 그 위에 커다란 갑상연골이란 것이 있다. 이 갑상연골은 두 개의 판장板壯으로 되어 있는데, 그것이 앞에서 서로 결합될 때 조금 돌출하는 돌기형을 이루어 남자는 성년이 되면 90도 각도가 되기 때문에 여자나 아이들의 평균 120각도에 비하면 앞목이 상당히 튀어 나왔다고 볼 수 있다. 이것을 우리말로는 '명치'라고 하며, 영어로는 '아담의 사과', 즉 남자 어른에게만 있는 사과라는 뜻으로 불리고 있다.

성문과 성대

성문은 좌우 두 개의 진성대와 가성대의 두 층계로 되어 있다. 진성대는 발성하는 데 직접 작용하여 개폐로써 진동 유무와 그 정도 및 긴장도를 취급하고, 가성대는 발성에는 직접 관계가 없으나 진성대를 보호하는 역할을 하고 있다.

그런데 성대의 작용은 다음 네 가지로 나눌 수 있다.

- 후두의 모든 근육 상태가 휴식할 때 단순한 숨을 내어 쉰다. 그런 때 발음기호로는 'f', 's' 등의 무성자음을 내게 하는 역할을 한다.
- 공기를 강하게 빨아들일 때, 예를 들면 연설이나 웅변할 때 중간에서 짤막하게 휴식하는 경우에는 피열연골이 성문을 크게 벌리게 하는 역할을 한다.
- 성문을 완전히 폐쇄시켜 아무 숨도 통하지 못하게 하는 작용을 한다.

- 공기가 성문을 흘러나올 때 성대는 진동한다. 이러한 때에는 곧 유성음, 예를 들면 'v', 'z'와 같은 소리가 나오게 된다. 성대는 숨소리가 통하는 상하운동을 하는 것이 아니라, 이 상하운동에 대하여 직각 방향으로 움직이는 개폐운동을 한다.

인두와 목젖

인두는 기관과 마찬가지로 공기의 통로 역할을 하는데, 공명이나 음색에 영향을 줄 수 있다. 그런데 여기에는 회염연골이라는 것이 있어서 음식이 통과할 때에는 후두를 막고, 발음할 때에는 후두를 열어 준다. 인두의 상부에는 목젖이 있는데, 이것이 올라가면 공기가 비강으로 통하는 길을 막지만 콧소리를 낼 때에는 목젖이 아래로 처져서 혓바닥 뒤와 접촉하기 때문에 공기가 입으로 나가지 못하고 코로 빠져 콧소리가 난다.

구강 및 기타

구강은 성문에서 나오는 유기음 또는 무기음을 조절하는 입안인데, 입천장 뒤쪽 끝에 달려 있는 목젖이 인후의 뒷벽에 올라 닿아서 비강으로 공기가 통하는 것을 막고, 또 두 입술로 입안의 공기가 바깥으로 나가지 못하게 막을 수도 있게 되어 있다. 입안에는 입술과 혀와 연구개가 말소리를 조절하는 작용을 하고, 아래턱도 움직이면서 혀의 근육과 연결되어 입안의 공명에 영향을 주고 있다. 입천장은 앞 반이 단단한 경구개로 되어 있는데, 그 앞은 잇몸과 이가 연결되어 발음에 영향을 준다.

음성의 4분류

음성의 특성은 여러 가지가 있지만, 여기서는 다음과 같이 네 가지로 분류해 본다.

음량

음량이란 목소리가 크냐 작으냐를 말하는 것이다. 풍부한 음량은 스피치의 절대적인 원동력이다. 그러므로 음량이 약하면 목청이 갈라지거나 쉽게 쉰다. 따라서 청중에게 실망과 조롱의 대상이 된다. 음량이 적은 사람은 고성 발성훈련이 필요하다.

음폭

음폭은 목소리가 굵으냐 가느냐를 말하는 것이다. 굵직한 음성은 남성의 특징이며, 가는 음성은 여성의 특징이다. 그러나 비교적 음폭이 좁으면 신뢰감이나 위엄이 서지 않는다. 음폭이 좁은 사람은 파열음(ㄱ, ㄲ, ㅋ, ㄷ, ㄸ, ㅌ, ㅂ, ㅃ, ㅍ)의 연습이 필요하다.

음질

음질이란 목소리가 맑으냐 탁하냐를 말하는 것이다. 대부분 남자는 탁한 편이며 여자의 경우는 맑은 편이다.

음질이 탁하거나 째지면 듣는 사람에게 불쾌감이나 싫증을 느끼게 한다. 음질이 탁한 사람은 유음(ㄹ, ㄹㄹ)의 연습이 필요하다.

음색

음색이란 다른 사람과 구별되는 목소리의 특질로서 듣기가 좋으냐 나쁘냐를 말하는 것이다. 음색은 특히 악센트나 어미처리에 많은 신경을 써야 한다.

발성학적 발음훈련

아무리 자연성自然性이라고 하더라도 듣는 사람을 향하여 이야기하는 이상, 정확한 발음이 당연히 요구된다. 세계적인 언어학자 덴마크의 옷토 예스페르젠도 "아무리 매력 있는 목소리의 소유자라고 하더라도 발음이 부정확해서는 무엇을 떠벌이고 있는지 듣는 사람은 이해하기 곤란하다"고 그의 저서 『언어학Language』에서 밝히고 있다.

발음연습에서 중요한 일 중의 하나는 타인의 완전한 발음을 듣는 것으로서, 이는 귀로 어음語音의 감각을 가다듬어 나가는 방법이다. 부정확한 발음으로 지껄이는 동료 사이에 오래 있으면 자기의 발음도 점점 나빠지게 된다. 또 한 가지는 자기의 목소리를 고쳐 나가는 훈련이다. 이때 녹음기를 이용하는 것도 좋은 방법이다.

그리고 발성학적인 발음훈련을 할 때에는 다음의 일곱 가지 사항을 주의하면서 연습하도록 힘써야 한다.

- 입 모양의 개폐를 명확히 하고 발음한다. 그래야 모음의 구별이 뚜렷해진다.
- 혀 · 입술 · 턱의 활동을 활발히 시킨다. 혀끝을 위로 말고 소리를 내

면 윤택 있는 구강공명을 만들 수 있다. 특히 '다'행의 발음은 혀로 윗니의 뒤를 두드리듯이 '파'행은 두 입술을 뚜렷이 닫고 '가'행은 턱을 잘 놀리도록 한다.

- 말머리에 힘을 주지 말도록 한다. 특히 '가'행과 '다'행에서 주의를 요한다.
- 말끝을 빨리 하지 않도록 한다. '가겠오', '먹었나' 따위의 말을 빨리 끝내면 명확하게 들리지 않는다.
- 말끝을 흐리지 않도록 한다. '떠났다', '달려라' 같은 말의 말끝을 흐리면 이것도 역시 명확하게 들리지 않는다.
- 한 말 한 말, 한 구절 한 구절을 똑똑히 발음한다. 단음의 발음은 정확하면서 음절이 겹치면 부정확해지는 사람이 있다. '어디야?'를 '어리야?'로 발음하는 사람이 그 예라고 할 수 있다.
- 파열음, 즉 터지는 소리가 나올 때에는 부드러운 소리로 한다. 된소리나 센소리로 하면 침이 튀어 나와 상대방의 기분을 상하게 하기 때문이다.

발성학적 발음이란 허파에서 나온 공기가 발음기관의 어떤 부분을 움직여서 음파로 전환되고, 이 음파가 전달되어 고막을 진동시켜 듣는 사람이 그 소리를 느끼게 하는 생리적·물리적 작용이다. 이러한 발음은 크게 모음과 자음으로 나눌 수 있다.

모음

모음은 허파에서 나오는 숨이 목청을 떨어 울려 입안의 아무 데에도 장애를 받지 않고 입 밖으로 흘러나오는 소리를 말한다. 모음의 특징은 지속적으로 발음할 수 있다는 것이며, 음향학적으로는 악음樂音이라는 것이다. 우리말의 모음은 9개의 단모음과 12개의 중모음으로 나뉘어 진다. 이것은 음소상의 분류이다.

- 단모음 …… ㅏ, ㅓ, ㅗ, ㅜ, ㅡ, ㅐ, ㅔ, ㅚ
- 중모음 …… ㅑ, ㅕ, ㅛ, ㅠ, ㅒ, ㅖ, ㅘ, ㅙ, ㅝ, ㅞ, ㅟ, ㅢ

자음

자음은 허파에서 나오는 숨이 목청을 떨어 울려서 입 밖으로 나올 때에 입안의 목젖, 입천장, 혓바닥, 이빨, 입술, 코 등에 닿아서 생기는 소리를 말한다. 자음의 특징은 단발적 또는 순간적으로 발음되며, 음 향학적으로는 잡음雜音이라는 것이다.

우리말의 자음은 음소상 15개의 단자음과 10개의 차성중자음, 그리고 4개의 혼성중자음으로 나뉘어진다.

- 단자음 ……… ㄱ, ㄴ, ㄷ, ㄹ, ㅁ, ㅂ, ㅅ, ㅇ, ㅈ, ㅎ, ㄲ, ㄸ, ㅃ, ㅆ, ㅉ
- 차성중자음 … ㄳ, ㄵ, ㄶ, ㄺ, ㄻ, ㄼ, ㄽ, ㄿ, ㅀ, ㅄ
- 혼성중자음 … ㅊ, ㅋ, ㅌ, ㅍ

그리고 자음을 조음기관과 소리를 내는 모양에 따라 다음과 같이 분류하기도 한다. 이러한 분류에 따른 꾸준한 발음훈련에서 훌륭한 소리가 나오는 것이기 때문에 참고하면 도움이 될 것이다.

- 양순음(입술소리) …… ㅂ, ㅃ, ㅍ, ㅁ

- 연구개음(혀뿌리 소리) …… ㄱ, ㄲ, ㅋ, ㅇ

- 설단음(혀끝소리) …… ㄷ, ㄸ, ㅌ, ㄴ, ㄹ

- 경구개음(잇소리) …… ㅈ, ㅉ, ㅊ, ㅅ, ㅆ

- 성문음(목구멍 소리) …… ㅎ

- 파열음(터짐소리) …… ㄱ, ㅋ, ㄲ, ㄷ, ㄸ, ㅌ, ㅂ, ㅃ, ㅍ

- 유음(흐름소리) …… ㄹ

- 마찰음(갈이소리) …… ㅅ, ㅆ, ㅎ

- 파찰음(터짐갈이 소리) …… ㅈ, ㅊ

- 통비음(콧소리) …… ㅁ, ㄴ, ㅇ

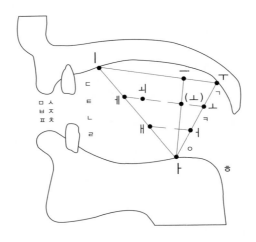

홀소리 및 닿소리 틀

발성학적 조음훈련

발음훈련만으로 발성이 완전해진다고는 할 수 없다. 목소리의 높낮

124

이, 강약, 속도 등의 조음훈련이 뒤따라야 훌륭한 발성을 할 수 있다.

목소리의 고저

목소리의 높고 낮음은 내용을 강조할 때 많이 쓰이나, 너무 큰 소리를 내어도 듣는 사람이 불쾌감을 느끼며, 너무 낮은 소리를 내면 답답한 느낌이 들기 쉽다. 그러나 이러한 목소리의 높낮이는 음성훈련의 유무에 따라 큰 차이가 나타나기도 한다.

일본의 음성학자 다구찌 류사브로田口 柳三郎 박사는 목소리의 파형 커브를 다음과 같이 그래프로 그렸다.

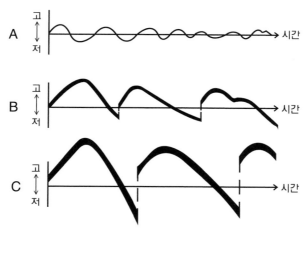

목소리의 파형 커브

도표A는 음성훈련을 받지 않은 사람의 예이다. 소리의 높낮이에 폭이 좁고 변화가 없다. 말하자면 일률적인 억양이 없는 이야기 방식이다. 이래서는 스피치를 매력 있는 것으로 말들 수가 없는 것이다.

도표B는 약간 훈련된 사람의 예이다. 하나의 이야기가 최초의 부분, 중간의 부분, 최후의 부분과 세 개의 언덕으로 구성되어 있다.

도표C는 훈련이 잘 되어 있는 사람의 예이다. 소리의 높낮이 변화가 크고, 이야기의 언덕이 높고 깊게 되어 있다. 길게 소리를 계속하지 않고, 고음에서 최저음까지 내려가서는 거기서 음을 딱 끊고 획 뒤바꿔 또다시 고음으로 시작된다.

이러한 규칙적인 상하작용이 듣는 사람의 귀에 음악과도 같은 리드미컬한 쾌감을 준다. 음성의 높낮이 문제는 함부로 소리를 낮추었다 높였다 하는 것이 아니라 리듬으로써 높였다 낮추었다 한다는 점이 중요한 것이다.

목소리의 강약

소리의 강약은 말을 부드럽게 또는 날카롭게 표현하는 데 쓰이나, 너무 강하게 무리하면 쉰 목소리가 나고, 약하면 잘 들리지 않으니 많은 훈련이 필요하다.

가령 파티가 끝난 뒤에 "나는 파티가 즐거웠다"라고 말할 때, '나는'에 힘을 준다면 다른 사람은 파티가 그다지 즐겁지 않았다는 의미가 포함되며, '파티가'에 힘을 준다면 환경이나 주최자는 시원치 않았으나 파티만은 즐거웠다는 의미가 되고 만다. 그리고 '정직하고 용감하게 행동합시다'라는 말을 할 때에 평탄한 음조로 말하지 않고, '정직하고' '용감하게'를 강조해서 힘을 준다면 호소하려는 의미가 뚜렷해진다.

이렇듯 이야기의 목적이 요약되어 있는 곳을 강조하는 데는 소리를 높이는 과장법도 있지만 이와 반대로 소리를 낮추는 격하법도 있다. 예를 들면 "그의 부인은 실은 박색이야"라고 말할 때 '박색이야'를 낮춤으로써 강조하는 방법이 그 예이다.

인간이 희로애락을 표현할 때에 가장 중요한 것이 이러한 강약의 변화이기 때문에 평소에 훈련을 쌓아둘 필요가 있다.

목소리의 속도

목소리의 속도란 음절과 음절, 낱말과 낱말, 또는 어귀와 어귀 사이의 쉼을 나타낼 때 걸리는 시간의 빠르고 느린 정도를 말한다. 특히 소리의 속도는 대화의 흥미와 단조로움을 좌우하는 것이기 때문에 훈련으로 익숙해지도록 해야 된다.

똑같은 속도로 이야기를 하면 듣는 사람은 곧 권태를 일으키게 된다. 따라서 스피치는 이야기의 장면이라든가, 듣는 사람의 이해능력, 감정의 반응에 맞춰 속도 조절을 하지 않으면 안 된다.

예스페르젠과 톰슨도 그들의 저서 『스피치의 기초적 경험』 가운데서 대화의 속도 변화에 관한 주요 원칙을 다음과 같이 정리하고 있다.

- 속도를 늦춰야 할 곳: 강조하고자 하는 점, 다짐하는 점, 엄숙한 사실, 억압당한 감정, 의혹을 자아내기 쉬운 사항, 숫자, 사람의 이름, 지명 등.
- 속도를 빨리 해야 할 곳: 누구나 아는 사실, 그다지 중요하지 않은 사항, 손에 땀을 쥐는 이야기의 클라이맥스, 억압되지 않은 감정 등.

발성학적 호흡발성

호흡이란 인간의 생리적 현상에 의하여 '허파의 수축작용과 가로막의 작용으로 숨을 쉬는 것'으로 호흡은 모든 발성의 원천이 된다. 음성은 허파로부터 내뿜는 숨결을 타고 나오며, 호흡이 헛되게 빠져나가지 않을 때 완전한 음성이 되는 것이다.

호흡의 종류

좋은 음성을 자유롭게 구사하려면 적절한 호흡훈련이 필요하다.

- 폐첨호흡: 숨을 들여마실 때 어깨와 가슴이 위로 올라가 폐를 수축시키는 호흡이다. 심한 운동 뒤에 하는 호흡이나 임신부의 호흡이 이에 속한다.
- 흉식호흡: 늑골운동에 의하여 행하여지는 호흡으로, 아랫배를 당겨서 붙이고 앞가슴만으로 쉬는 호흡이다.
- 복식호흡: 인간의 자연적인 호흡으로 뱃속 깊이 들이쉬었다 내쉬었다 하는 호흡이다. 특징은 숨을 들이쉴 때 아랫배가 나오고, 숨을 내쉴 때는 아랫배가 들어가는 동작이 크다는 점이다.

호흡훈련

호흡훈련은 노래할 때와 마찬가지로 코에서 잡음이 나오지 않도록 조용하게 숨을 들이마시고 입으로 되도록 천천히 내쉰다.

- 제1운동

- 손바닥을 안쪽으로 향하고 두 팔을 빨리 위로 올리면서 숨을 들이마신다.
- 두 팔을 천천히 아래로 내리면서 숨을 내쉰다.

• 제2운동
- 손바닥을 아래쪽으로 향하고 두 팔을 앞으로 뻗는다.
- 두 팔을 빨리 아래로 내리고 숨을 들이마신다.
- 다음에 두 팔을 조용히 다시 앞으로 뻗으면서 숨을 내쉰다.
- 숨을 모두 들이마셨으면 팔을 아래로 내린다.

• 제3운동
- 손을 주먹 쥐듯 오므리고 가슴 위에 놓는다.
- 팔을 그대로 움직이지 않고 빨리 숨을 들이마신다.
- 그대로 두 팔을 앞과 옆으로 교대하면서 세 차례 내민다.
- 조용히 숨을 모두 내쉬고 나서 두 팔을 아래로 내린다.

• 제4운동
- 하늘을 향해서 눕고 손을 허리에 댄 뒤, 손에 힘을 빼고 다리를 움직이지 않은 채 앉은 자세가 되도록 윗몸을 일으킨다.
- 이때 다리가 움직이기 쉽기 때문에 무거운 책을 2~3권 올려놓으면 좋을 것이다.

이상 네 가지 운동을 3회씩 아침 식사 전에 행하도록 한다. 복장은 되도록 가볍게 입는 것이 좋으며, 가능하다면 벌거벗고 하는 게 가장 이상적이다. 이러한 호흡훈련은 단지 목소리를 위해서만이 아니라 신체의 건강에도 여러 가지 좋은 영향을 준다.

건강한 음성관리법

목소리를 좋게 하고 듣기 좋은 목소리로 만들어 그것을 오래도록 건강하게 유지하기 위해서는 평소에도 그 점을 염두에 두고 다음 사항을 실행하도록 힘써야 할 것이다.

적당한 운동을 한다

몸이 약해서는 좋은 목소리가 나오지 않는다. 몸에 힘이 없다면 박력 있는 스피치를 기대할 수 없다. 생활에 시달리는 현대인은 운동량이 부족하다. 가장 손쉬운 걷기 운동부터 해보자. 젊은이들은 커다란 공을 던지는 운동이라든가, 에어로빅 같은 체조도 좋다. 가슴을 넓혀주고, 관절을 원활하게 해주기 때문이다.

충분한 잠을 잔다

수면이 부족하면 좋은 목소리가 나올 수 없다. 그리고 혀가 잘 돌아가지 않는다. 잠을 잘 잔다는 것은 피로를 풀어준다는 말이다. 혹사당한 목청도 잠을 잘 자면 이튿날 아침엔 완전히 회복된다. 걷기 운동은 몸을 튼튼하게 만들기 위한 이유도 있지만, 숙면에 도움을 받을 수도 있다.

물을 벌컥벌컥 마시지 않는다

말하다가 목이 타면 찬물을 벌컥벌컥 마시는 경우가 있는데, 그것은 사실 좋지 않은 행동이다. 찬물은 목청에 좋지 않기 때문이다. 마시려면 따뜻한 커피나 홍차 따위를 마시는 게 낫다. 외국의 방송국 스튜

디오에서는 항상 뜨거운 커피가 준비되어 있다. 무의미하게 준비된 것이 아니다. 오렌지주스라든가 콜라, 특히 단 것은 정말 좋지 않다. 이것은 이야기하는 도중에 침이 나와 곤란하기 때문이다.

매운 음식을 먹지 않는다

우리나라 사람들은 매운 음식을 좋아하는 편이어서 고추장을 즐겨 먹는다. 그러나 고추장·고춧가루·마늘 등 매운 음식은 목청을 자극하기 때문에 특히 말하기 전에는 되도록 먹지 않도록 해야 할 것이다.

알코올을 멀리 한다

남의 앞에서 이야기할 때 술에 취한 사람을 가끔 볼 수 있는데, 이것은 실례일 뿐만 아니라 목소리를 나쁘게 만드는 원인이기도 하다. 술을 즐기는 사람이라면 목소리의 건강을 위해서 맥주 한 컵 정도로 만족하는 습관을 들이도록 노력해야 할 것이다.

담배도 좋지 않다

담배는 목청에 나쁘다. 하루 10개비 이내로 제한하고, 연기가 목구멍으로 들어가지 않도록 내뿜는 흡연 습관을 길러야 한다.

보디랭귀지를 기억하라

대화는 '듣는다'는 것만으론 불충분하며 '보인다'는 것이 필요하다. 눈빛, 얼굴빛, 손동작, 몸짓, 자세, 복장 등 몸가짐을 단정히 하고 이야기 하면 대화의 매력은 증대된다.

품위 있는 몸가짐 10포인트

일상적인 대화에서 주의해야 할 것은 몸가짐이다. 특히 사교대화에서 갖춰야 할 품위 있는 자세를 습관화할 수 있도록 다음과 같은 열 가지 주의점을 제시해 둔다.

- 말 한마디에 여러 번 손을 흔들지 마라 – 경박한 인상을 준다.
- 손짓은 어깨 위까지 올라가는 동작은 하지 마라 – 지나친 과장을 하는 것 같아 신빙성이 없어 보인다.
- 손짓할 때 상대방을 향해 손바닥을 내보이지 마라 – 상대방의 말을 제지하거나 중단하는 것 같다.
- 발을 구르거나 흔들지 마라 – 침착성 없는 인상을 준다.
- 온돌방에 앉았을 때에는 발바닥을 쓰다듬지 마라 – 품위 없는 짓이 된다.
- 턱을 너무 내밀지도 당기지도 마라 – 턱을 내밀면 거만하고 콧대가 센 인상을 주며 턱을 당기면 딱딱하고 긴장감을 준다.
- 윗사람 앞에서 머리를 자주 긁적거리거나 지나치게 굽실거리지 마라 – 비굴한 인상을 준다.
- 손아래 사람 앞에서 콧속을 후비지 마라 – 더러워 보이며 품위 없는 행동이다.

- 부질없이 머리를 흔들지 마라 - 경박스러워 보이며 자신이 없어 보인다.
- 수염을 쓰다듬거나, 넥타이를 만지작거리거나, 테이블을 토닥거리나, 성냥개비를 똑똑 부러뜨리지 마라 - 어딘지 초조해 보이며 또 경박스럽게 보이기도 한다.

표정을 살리는 다섯 가지 포인트

자세를 가다듬었으면 다음 주의할 것은 얼굴의 표정을 짓는 일이다. 말하는 사람이 듣는 사람에게 가장 많이 보여지는 곳은 얼굴이다. 듣는 사람은 말하는 사람의 표정을 보면서 진위를 확인하려는 버릇이 있다.

표정의 중심은 눈이다. '눈은 입만큼 말을 한다'던가. 히틀러의 가장 대표적인 매력은 파르스름한 회색의 눈동자였다. 이것이 이성적인 독일인을 미칠 듯이 반하게 하여 그들의 판단력을 마비시켜 버렸다. 그래서 그의 막후 참모도 파르스름한 눈동자의 소유자인 괴벨스가 되었었는지도 모를 일이다. 히틀러의 정열적인 목소리, 힘찬 제스처, 그리고 매력 있는 눈초리는 배우의 연기 이상으로 감동적이었던 모양이다.

당신과 듣는 사람의 시선을 연결하라

듣는 사람과의 시선 연결은 유대를 강화하는 중요한 기술이다. 다소곳이 테이블 위만 지켜본다든가, 천장 한 모퉁이만 쳐다본다든가,

메모에만 시선을 둔다든가, 메모와 허공과를 번갈아 힐끔힐끔 보는 태도는 거리감을 생기게 한다. 그리고 듣는 사람의 반응을 알려면 우선 듣는 사람의 얼굴을 보아야 한다.

시선을 골고루 나누어 주라

특히 말하는 사람으로부터 이탈되기 쉬운 위치에 있는 먼 곳에 있는 사람들에게 시선을 주의할 필요가 있다. 대중 앞에서 말할 때 힐끔힐끔 내빈석이나 주최석에만 시선을 보낸다면 그 밖의 사람들은 슬금슬금 나가기 시작할 것이다. 누구나 자기를 무시하는 사람의 이야기는 듣고 싶지 않으니 말이다.

눈동자를 함부로 굴리지 마라

눈만으로 힐끔힐끔 쳐다보지 말고 눈이 가는 곳에 얼굴이 따라야만 자연스럽고 따뜻한 느낌을 줄 수 있다.

시선은 둘 곳에 두라

"높은 산에 올라…"라는 말을 할 때, 시선을 위로 보내는 것은 좋지만 어느 각도에서 적당히 변화시키지 않으면 높이의 이미지가 흐려지고 만다.

대화의 내용과 시선을 통일하라

이야기의 내용에 A와 B라는 두 사람의 예를 들었을 때에는 A를 이야기할 땐 약간 오른쪽을, B를 이야기할 땐 약간 왼쪽을 바라보면서 말하면 실감이 있어 좋다.

제스처의 여섯 가지 특성

"만인에게 통하는 공통어는 손짓이다"라는 말이 있다. 좁은 의미에서의 제스처, 넓은 의미에서의 보디랭귀지Body Language는 다음 여섯 가지의 특성을 지니고 있다.

자연성

제스처는 전체가 자연스럽게 조화를 이루어야 한다. 지나친 긴장은 제스처를 딱딱하고 어색하게 만든다. 따라서 말을 시작하기 전에 몸의 근육을 풀고 긴장에서부터 해방되어야 한다.

변화성

제스처는 새롭고 생기 있게 변화를 주어야 한다. 너무 자주 사용해도 효과가 적으며 게다가 동일한 제스처의 반복은 듣는 사람에게 권태를 느끼게 한다. 따라서 말하는 사람은 참신하고 생기 있는 제스처의 연구와 연마를 위해 힘써야 한다.

명확성

제스처는 말하는 사람이 나타내고자 하는 것이 듣는 사람에게 정확히 이해가 되도록 분명하게 해야 한다. 특히 연속적인 제스처는 더욱 그 한계를 뚜렷하게 표현해야 한다.

일치성

이야기의 내용과 제스처는 의미상으로나 시간상으로 일치해야 한다. 장례식에서의 조사에 제스처를 쓴다면 웃음거리가 될 것이다. 그리고 제스처는 강조하려는 포인트와 같이 또는 약간 먼저 사용해야 한다.

융통성

제스처는 장소와 듣는 사람에 따라서 융통성 있게 조절되어야 한다. 장소의 넓이, 분위기, 또는 듣는 사람의 수준과 숫자에 따라 제스처의 모양·크기·횟수 등도 달라져야 한다.

생동성

제스처는 말하는 사람의 주장과 신념을 듣는 사람에게 강조하는 것이므로 생동적이고 활기찬 것이어야 한다. 제스처에 활기와 박력이 없으면 듣는 사람에게 신뢰감과 안정감을 줄 수가 없다. 따라서 말하는 사람은 제스처의 크고 작음을 막론하고 생동적이며 활기차게 사용해야 한다.

제스처의 세 가지 사용법

대화에서 사용되는 기본적인 제스처 세 가지를 소개한다. 그러나 연극에서와 같은 과장된 몸짓이나, 판토마임 같은 제스처는 대화에서 부적당하다. 다음 세 가지는 손과 손가락, 물건을 사용하는 간단한 제스처이다.

손과 손가락을 사용

"이 만큼 큰 잉어"라고 표현을 할 때는 두 손을 양쪽 옆으로 벌려 표현한다. 그리고 "두 가지 주의할 점이 있다"고 하면서 손가락 두 개를 V자 모양으로 세우는 동작도 있다.

"키가 7척이나 되는 거인"이라고 말할 땐 한쪽 손을 머리 위로 번쩍 들어 키의 높이를 나타내며, "무조건 졌어!"라고 항복을 표시할 때에는 두 손을 어깨 높이 위로 번쩍 든다.

어깨를 활용

어깨를 움츠리며 놀라움을 표현하는 제스처는 널리 알려진 동작이지만, 어깨를 축 늘어뜨리면 피곤이나 비관을 표현하는 것이다. 그리고 한쪽 어깨를 삐죽 앞으로 내밀면서 으스대는 제스처도 있다.

실물을 제시

대화 속의 예를 실감이 나도록 실물을 사용하는 제스처이다. "그는 만년필을 꺼내어 수첩에 적었습니다"라고 말한다면 실제로 주머니 속에서 수첩과 만년필을 꺼내는 시늉을 하여 실감을 돋구는 것이다.

개성 있는 차림새

차림새도 대화에서 무시할 수 없는 요소다. 아무리 훌륭하고 고상한 이야기를 하더라도 그 사람의 셔츠 칼라가 구겨 있거나 때가 묻어 있다면 듣는 사람에게 실망을 준다. 그렇다고 값지고 화려하며 딜럭스한 복장을 하라는 이야기는 아니다. 자기에게 맞는 복장이 무엇보다도 중요하다. 학생은 학생답게, 정치가는 정치가답게, 여자는 여자답게, 학자는 학자답게 차림을 갖추라는 말이다. 이것은 많은 사람들 앞에서 뿐만 아니라 어떠한 경우의 대화에서도 마찬가지이다.

Chapter 09

적절한 '수사'가 대화를 살린다

훌륭한 대화 조건

대화는 균형미를 주어 정돈된 기분과 유쾌한 가락을 느끼게 하는 동시에 전체가 잘 어울려야 한다는 '조화의 원칙'과 나타내고자 하는 내용에 다른 내용을 보충 표현함으로써, 그 내용을 보다 충실하고 풍부하게 혹은 암시성을 불어넣어 듣는 사람으로 하여금 상상의 기회를 주려는 '증의增義의 원칙', 그리고 구체화함으로써 명확하고 확실한 인상을 주거나 실감나게 하려는 '구상具象의 원칙' 등이 연구되어야 훌륭한 대화가 될 수 있다.

이것을 대화의 수사修辭라고 하며, 한 사물을 다른 사물에 비겨서 표현하는 비유법比喩法과 이야기의 가락을 강하게 하여 듣는 사람의 인상을 깊게 주는 강조법强調法, 그리고 이야기의 단조로움을 피하고 듣는 사람이 흥미롭게 듣도록 하는 변화법變化法 등 세 가지로 크게 분류된다. 이 수사법을 자유자재로 구사할 수 있으면 그는 명스피커로서의 자격을 갖춘 것이다.

비유의 기교

직유법

표현하고자 하는 사물을 다른 사물에 직접 비교하여 그 뜻하는 바와 인상을 실감나고도 명료하게 형용하는 기법으로 '같이', '듯이', '처럼', '마치', '가령', '양', '꼭', '마냥', '모양', '인양', '흡사', '다름없이', '말하자면', '예를 들면', '이것을 비유해 말씀드린다면' 등의 말이 연결되어 있는 것이 그 특징이며 비유법 중 가장 초보적 단계이다.

은유법

비유의 말을 생략하여 두 사실을 동일체로 단언하듯이 표현하는 기법이다. 직유법과 같은 연결어 없이 직접적으로 두 개의 유사한 사물을 비유한다. 훨씬 강력하고 긴밀하여 생기 있는 표현을 하는 데 효과가 크다.

풍유법

비유의 말만 제시함으로써 듣는 사람으로 하여금 그 본뜻을 추측도록 하는 풍자적 기법이다. 정면에서 자기의 주의주장과 소신을 직접 나타낼 수 없는 정치적인 발언을 하는 데 가장 효과가 크며 남을 설득하거나 비꼴 때 많이 사용한다.

의인법

무생물과 동·식물 또는 비정의 사물에 사람의 의지·감정·사상

등 인격적 요소를 부여하여 표현하는 기법이다.

의태법

모습이나 움직임을 그 느낌이나 특징을 따라 표현하는 기법이다. 이것은 모든 물체의 자태를 느낀 그대로 나타내기 때문에 듣는 사람에게 많은 실감을 던져 준다.

성유법

사물의 소리나 사람의 음성을 그대로 흉내내어 상태를 더욱 실감나게 나타내는 기법이다. 이것은 듣는 사람으로 하여금 지루한 설명 따위가 따르지 못할 만큼 더욱 생생한 느낌을 맛보게 하여 인상에 큰 효과를 가져다준다.

대유법

나타내려는 사물의 명칭을 다른 명칭으로 대신 사용함으로써 은연중 본래의 사물을 나타내는 기법이다. 그 가운데 사물의 일부분만을 보여 전체를 대신하는 것을 제유법이라고 하며, 사물의 전체를 보여 일부분을 대신하는 것을 환유법이라고 한다.

상미법

말하는 사람이 표현하려는 본의의 것을 숨기고 암시로만 그치는 기법이다. '비둘기'가 '평화'를 나타내듯이 하나의 낱말이나 구절이 상징성을 내포하도록 표현하는 것이다.

중의법

한 말이 두 가지 이상의 다른 뜻을 곁들여 기지적_{機智的}으로 나타내는 기법이다. 대화에 특이한 변화와 매력을 주어, 듣는 사람으로 하여금 뜻깊은 여운을 느끼게 한다.

모순법

서로 모순되는 말의 연결로 특별한 의미를 비유하여 표현하는 기법이다. 반대적인 의미가 연결되어 오히려 박진감을 주며 듣는 사람에게 미묘한 뉘앙스를 던져준다.

강조의 기교

영탄법

크게 감명받거나 또는 비통한 상황을 당했을 때 벅찬 기분을 감탄어(감탄사 · 감탄형 어미 · 감탄 조사 등)를 사용해서 감정의 흥분을 표시하여 듣는 사람에게 강하고 깊은 인상을 남기는 기법이다.

과장법

어떠한 사물을 사실보다 크게 표현하거나 또는 그것을 작게 표현하는 기법이다. 중요한 부분이나 주장하고 싶은 부분을 과장함으로써 말하는 사람의 기분을 실감나게 느낄 수 있으며, 듣는 사람에게 흥미와 공명을 불러일으키게 한다.

점진법

말 한마디 한마디가 마치 층계를 오르내리는 것처럼 점차적으로 그 뜻이 강해지거나(점층법) 약해지는(점강법) 기법으로, 듣는 사람을 설득·감동시킬 때 많이 이용한다. 웅변에서는 이것을 클라이맥스 또는 안티클라이맥스로 애용하고 있다.

대조법

나타내고자 하는 사물과 반대되는 사물 혹은 고저강약의 한도가 서로 다른 사물을 비교시켜 표현하여 사물의 상태나 흥취를 더 한층 강하고 인상을 선명하게 하는 기법이다. 가장 오랜 옛날부터 사용된 수사법으로 대치법 또는 대우법이라고도 한다.

역설법

이치에 어긋난 듯한 표현으로 숨은 진리를 강조하거나, 비난·경멸로 찌르는 표현이다. 하나의 궤변(아이러니, 패러독스)이라고도 할 수 있는데 우리는 간혹 이 궤변을 진리와 같이 여기는 경우가 많으며, 또한 이 궤변에도 다른 각도의 진리가 포함되어 일리가 있기 때문에 상대방을 공격하거나 역습할 때 효과적이다.

열거법

비슷한 말의 구절이나 내용상 긴밀성이 있는 말을 연결하여 되풀이하거나 나열해 놓은 기법으로서, 말하려는 바를 다방면으로 표현하여 전체적으로 강력한 효과를 발생할 수 있다.

명령법

문법상의 명령형과 같은 수사법으로서, 말하는 사람의 주의주장을 보다 강하고 힘차게 표현할 수 있다.

반복법

두 번 세 번 같은 구절, 같은 말을 되풀이해서 인상을 깊게 하는 표현기법이다. 뜻을 강조하고 흥취를 돋구는 데 효과가 있다.

미화법

사물을 구체적으로 묘사하지 않고, 아름다운 것은 더욱 아름답게, 추한 것도 아름답게 미화하는 표현 기법이다.

억양법

말의 높낮이를 처음엔 일단 올렸다가 나중에 내리거나, 먼저 내렸다가 나중에 올림으로써 본래의 내용을 강조하는 기법이다. 또 처음엔 칭찬으로 추켜세워 놓은 다음에 내려 깎거나, 처음에 내려 깎은 다음에 칭찬해주는 것이 이 수사법의 묘미로서 상대방을 공격하거나 변호할 때 많이 애용된다.

단절법

접속되는 어귀를 일부러 짧게 자르고 하나하나 독립시킴으로써 강조의 효과를 나타내는 기법이다.

변화의 기교

인용법

격언·고사·명귀·시가·속담·명구 등을 끌어다가 자기의 주장에 권위를 주거나 정확성을 증명하거나 또는 내용의 충실성을 기하는 기법이다. 이것을 다시 직접 인용하는 명인법明引法과 간접 인용하는 암인법暗引法으로 나눌 수 있다.

생략법

말을 간결하게 줄여서 그 핵심이 되는 부분만을 요령 있게 이야기함으로써, 말에 '함축의 미'와 '여운의 멋'을 풍기는 기법이다. 이 방법은 말을 많이 하는 것보다 오히려 더 풍부한 인상과 효과를 줄 수가 있다.

도치법

바른 말의 순서를 뒤바꾸어 강조하려는 부분을 앞에 놓는 기법이다. 이것은 듣는 사람의 흥미를, 관심거리를, 분노를 도치 또는 유도하여 이야기의 목적으로 삼는 방법이다.

설의법

의심의 여지가 없는 말을 고의로 의문 형식을 취해 듣는 사람으로 하여금 생각할 여유를 주어 스스로 결론을 내리게 하는 기법이다. 의문형의 어미로 표현되어 듣는 사람의 주의를 끄는 데 효과가 있다.

문답법

사물의 설명을 두 인물의 대화 형식으로 엮어 표현하는 기법이다. 처음에 정의를 세워 놓고 나중에 물어보는 형식으로 말한 뒤 다시 그 물음에 답하는 식의 표현법이다.

경구법

기발한 말귀로 사람을 놀라게 하거나, 익살 · 암시 · 교훈의 뜻을 내포시키는 기법이다. 이 수사법은 기발한 몇 마디 속에 참과 진리가 깃들어 있는데 속담 · 격언 · 명언 등이 거의 이 기법에 포함된다. 이 경구법을 골계법 또는 재담법이라고도 한다.

완곡법

간단히 말할 수 있는 것을 일부러 돌려서 말하거나 노골적이 아니게 표현하는 기법이다. 이 수사법은 말하는 사람의 교양과 에티켓을 돋보이게 하는 효과가 있다.

부판법

같은 말의 반복이나 이야기의 평탄함을 피하여 기복과 변화로 표현하는 기법이다. 단조로움을 피함으로써 듣는 즐거움을 주는 효과가 크다.

연쇄법

앞의 말이나 뜻을 이어받으면서 쇠사슬처럼 얽어매 나가는 기법이

다. 말의 뜻과 어조를 인상깊게 하는 표현법으로서 '꼬리잡이법'이라
고도 한다.

비약법

이야기해 나가던 화제를 갑자기 다른 화제로 바꾸거나, 시간적·공
간적으로 또는 상상으로 비약시키는 기법이다. 듣는 사람이 지루한 표
정일 때 이 수사법이 자주 이용된다.

Chapter 10

The
Psychology
of
Speech

표현법을 **체계화시켜라**

화술의 왕도는 있는가

지금 이 시간에도 많은 사람들이, "나는 세련되고 훌륭하게 말할 수 있는 재질이 없나봐" 하고 고민한다. 또 "나도 말을 잘 할 수 있는 비결이 있을 텐데…" 하고 화술의 왕도를 찾기에 골몰한다.

그러나 마음만 먹는다고 저절로 말이 잘 되는 것은 아니며, 더구나 수많은 화술 교본들을 뒤적여 보아도 뚜렷한 원리를 발견하기란 여간 어려운 노릇이 아니다. 오히려 추상적인 이론서에 싫증을 내고, "그 많은 법칙들을 어떻게 외며, 또 외어봤자 아무 소용도 없다"고 단정적으로 체념해 버린다.

그렇지만 여기에 소개하는 음성 표현의 다섯 가지 기본 원리와 제2편에 나오는 다양한 기술을 터득한다면 당신도 훌륭한 화술을 구사할 수 있다.

음성 표현의 5대 원리

학교를 다니던 어린 시절, 우리가 노래를 어떻게 배웠는지를 생각해보자. 음악 선생님이 먼저 노래 한 구절을 부르고 학생들이 따라서 부른다. 이렇게 몇 번이고 반복해서 배운 노래는 혼자서도 부를 수 있지만, 배우지 않은 노래는 부를 줄 모른다.

그러나 악보 보는 법을 배운 사람은 악보만 있으면 배우지 않은 노래도 부를 줄 안다. 스피치도 마찬가지다. 여기에 소개하는 음성 표현의 5대 원리는 음악의 악보에 해당한다고 하겠다. 그럼 스피치를 효과적으로 할 수 있는 음성 표현의 5대 원리를 알아보기로 한다.

강조 표현

_ 말의 한 구절이나 전체는 보통으로 표현하고, 그 중에서 가장 중요한 부분만을 강조한다.

화술 표현이 서툰 사람들을 유심히 관찰하면 두 가지 타입이 있다.

그 하나는 말의 억양이나 속도에 전혀 변화를 주지 않고 단조롭게 지껄이는 타입이고, 다른 한쪽은 처음부터 끝까지 고래고래 소리를 지르는, 즉 말 한마디 한마디를 전부 강조하는 타입이다.

단조로운 표현은 청중을 졸게 만들며, 시종일관 큰 소리는 청자에게 부담감을 줄 뿐 아니라, 말하는 사람 자신도 힘이 많이 소모된다. 그렇다면 어떻게 말해야 할까? 말의 한 구절이나 전체는 보통으로 표현하고, 그 중에서 '가장 중요한 부분'만을 강조하는 게 효과적이다.

따라서 "높은 산으로 뛰어 올라갔습니다"는 전체이니까 보통으로 표현하고, 그 중에서 가장 중요한 부분만을 강조하라고 했으니까 '뛰어'만 강조하면 된다.

그럼 원리에 맞춰서 다시 말해 보자. 다음에 표현한 말 중에 진하게 한 부분은 큰 소리, 즉 강조 부분이다.

높은 산으로 **뛰어** 올라갔습니다.

이런 식으로 말한다면 듣는 사람이 졸다가도 '뛰어' 소리에 잠이 깨어, 옆사람 보고, "뭐가 뛰어 올라갔데?"하고 묻게 될 것이다.

이렇듯 말의 한 구절이나 전체를 보통으로 표현하면 듣는 사람이 부담감을 느끼지 않을 뿐더러, 가장 중요한 부분만을 강조하게 되니 중요한 요점을 빨리 이해할 수 있어 효과적이다. 이때의 중요 부분은 한 어구 안에서는 중요한 낱말이고, 전체 이야기 속에서는 중요한 어구나 클라이맥스가 된다.

흔히들 강조라고 하면 소리를 크게 내는 '높임 강조'만을 생각하기 쉬우나, 중요한 부분을 보통보다 목소리를 낮추어 표현하는 '낮춤 강조'도 있다. "이건 비밀인데 말이야"라고 할 때, '이건 <u>비밀</u>인데 말이야' 하고, '비밀'을 낮추어 표현하는 것이다.

이 높임 강조와 낮춤 강조는 원심력과 구심력의 차이라고 할 수 있다.

큰 음성은 연사로부터 청자를 향하여 일직선으로 나아간다. 반대로 강조점에서 작은 목소리는 청자의 주의를 연사에게로 향하게 한다.

강조에는 크게 나누어 '높임 강조'와 '낮춤 강조'가 있지만 '복합 강조'도 있다.

"큰 사람과 작은 사람이 나란히 서 있습니다"라는 예를 들어 보겠다.

이렇게 표현하면 말의 뜻뿐만 아니라, 목소리의 표현도 크고 작음을 나타내게 되어 더욱 효과적이다.

물론 그 활용법은 다르다. 일대일 대화나 방송 등 개인화술에서 비밀이야기나 사랑의 고백을 할 때는 '낮춤 강조'를 많이 쓰고, 일대일라도 멀리 떨어져 있는 경우나 대중화술에서는 '높임 강조'를 많이 사용한다.

단, 강조해야 할 낱말에 강한 발음이 왔을 때는 강조를 안 해도 자동강조의 효과가 타나난다. 예를 들어 '톨스토이', '총동원', '통일', '깡패', '꽹과리', '폭탄' 등등의 낱말은 큰 소리로 강조를 안 해도 발음 자체가 강하기 때문에 강조 효과가 난다.

간격 표현

_뜻으로 보아서 한 어구를 단위로 띄어 말하며, 한 어구 안에서의 낱말과 낱말은 붙여서 표현한다.

우리의 언어생활에 있어서 가장 중요한 것은 '말하기'와 '듣기'이다. 그럼에도 불구하고 과거 우리나라의 국어교육은 언어교육이라기보다는 쓰기, 읽기를 중심으로 한 문자교육, 즉 국어가 아닌 국문학 교육인 실정이었다. 그 예로 작문이나 문법 시간은 있어도 화법話法 시간은 없었다. 국어시간에도 물론 읽고 쓰기 중심이었다.

최근에 와서 초등학교에서부터 고등학교에 '화법' 시간이 개설된 것은 다행이지만, 그 활용 방법이 문제이다. 특히 '띄어쓰기'는 철저하게 교육시키면서도 '띄어 말하기' 교육은 소홀히 하는 실정이다. 그 결과 성장해서 사회적인 지위가 높은 사람이 되었는데, 꼭 초등학생이 책 읽는 것처럼 띄엄띄엄 말하는 '언어의 불구자' 같은 딱한 사람도 보게 된다.

이런 사람들의 언어표현의 특징은 낱말 하나하나를 띄어서 말한다는 것이다. 즉, 문법책에 나오는 '띄어쓰기' 이론에 맞추어 소리내는 '띄어읽기'이다. 그러나 실제에 있어서 우리의 언어생활은 말할 때 낱말 하나하나를 띄어서 표현하지는 않는다.

말과 글은 표현상에 있어서 많은 차이가 난다. 특히 띄어 말하기는 그 표현을 어떻게 하느냐에 따라서 의미와 감흥이 전혀 달라진다는 사실을 명심해야 한다.

예컨대 '안동시장애인모집'이란 현수막이 걸려 있다. 한 노인이 현수막을 보고 "세상에 시장이 미쳐도 보통 미친 게 아니군. '안동시장애인 모집'이라니……." 라고 말했다. 이 말을 들은 젊은이가 현수막을 보니 '안동시 장애인 모집'이었다.

그럼 '띄어쓰기'와 '띄어 말하기'를 비교해 보자.

띄어쓰기	띄어 말하기
단어 중심	어구 중심
① 어서∨이야기를∨해.	① 어서얘길해.
② 오는∨말이∨고와야∨가는∨말이∨곱다는∨옛말이∨있습니다.	② 오는말이고와야∨가는말이곱다는∨옛말이있습니다.
③ 친애하는∨여러분!∨세계의∨정세를∨돌이켜∨봅시다.	③ 친애하는여러분!∨세계의정세를∨돌이켜봅시다.

글에서는 낱말 하나하나를 띄어서 쓰지만, 말에서는 의미상 또는 호흡에 맞춰 어구를 한 단위로 띄어서 말하며, 한 어구 안에서의 낱말과 낱말을 띄어쓰기에 관계없이 붙여서 표현하는 것이 통례이다.

감정 표현

_ 단순한 목소리만을 내지 말고, 말하려는 내용을 머릿속에 그리며 감정이 깃든 목소리로 열성껏 표현한다.

감정이 깃들지 않은 단순한 목소리의 표현은 살아 있는 화술이 아니다. 특히 감독자가 없는 상점의 여점원이나 교환양의 타성에 젖은 답변, 게다가 상업적인 주례자의 말씨에서는 감정부재, 열성부재가 느껴진다. 이것은 말하는 사람의 진심과 열성이 깃들지 않은 상투적인 언어표현에서 오는 나쁜 결과이다.

미국의 스피치 교육자 데일 카네기도 "말속에 자기를 투입하라! 그의 말에는 진심이 들어 있다. 이것이 바로 스피치의 비결이다"라고 가르치고 있다.

같은 의미의 말이라도 감정과 열성이 깃든 말과 건성으로 하는 말은 그 효과면에서 엄청난 차이가 난다. 그렇다면 어떻게 표현해야 감정이 잡힌 화술이 될까? 감정표현이란 글자를 정확히 발음하는 데 있지 않고, 그럴 듯하게 실감나게 표현하는 데 묘미가 있다. 진실과 감정, 그리고 열성이 깃든 말이란 큰 것은 크게, 작은 것은 작게, 빠른 것은 빠르게, 슬픈 것은 슬프게 등등 인간의 감정이나 사물의 상태를 사실처럼 느끼도록 표현하는 것이다.

미국의 심리학자 알버트 메라비안이 조사한 커뮤니케이션의 효과에서, 같은 말도 음성을 어떻게 표현했느냐에 따라 38퍼센트의 효과가 좌우된다고 한다. 같은 말이라도 감정이 깃든 화술만이 사람을 감화 · 감동시킨다.

비즈니스맨의 성공담이나 해외 건설자들의 체험담이 사람들에게 감동을 주는 이유는 무엇일까? 그들은 말할 때에 자기가 땀흘리며 일하던 모습을 먼저 떠올린다. 그 떠오르는 모습을 말로 표현하게 되니까 감정이 깃든 실감나는 화술이 되는 것이다.

탤런트가 명연기를 할 때도 먼저, 자신이 실제로 배역의 인물이 된 것처럼 상상하고 말을 한다. 감정 표현이 내용 표현 못지 않게 중요하다는 사실을 명심하자.

원근 표현

_적은 청중이나 가까운 곳의 사람에게는 목소리를 작게, 많은 청중이나 먼 곳의 사람에게는 목소리를 크게 표현한다.

그림에 있어서 원근법이 입체적 표현의 시각적인 효과라고 한다면, 화술에 있어서 목소리의 원근법은 청각적인 효과이다.

그림의 원근법은 어떤 것일까? 잘 아는 바와 같이 가까운 곳의 사물은 크게, 먼 곳의 사물은 작게, 또 가까운 곳의 사물을 진하게, 먼 곳의 사물은 흐리게 그리는 것이다. 그래야 입체감이 난다.

예를 들어 여자가 맞선을 볼 때나 TV 출연을 할 때는 은은한 화장을 한다. 그런데 배우가 연극을 하거나 가수가 밤무대에 설 때는 색채 화장을 짙게 한다. 그 이유는 맞선이나 TV는 가까운 거리에서 보기 때문이고, 연극이나 밤무대는 먼 곳에서 여러 사람이 배우를 보기 때문이다. 이것이 바로 그림의 원근법 응용이다.

그렇다면 소리의 원근법은 어떨까? 그림의 원근법과는 반대로 먼 곳의 사람이나 많은 청중에게는 목소리를 크게, 가까운 곳의 사람이나 적은 청중에게는 목소리를 작게 표현한다.

음성 표현의 기준은 말하는 사람으로부터 가장 멀리 떨어져 있는 사람이 답답증을 느끼지 않고 들을 만한 크기의 음성이다. 말하는 사람이 아니고 듣는 사람, 듣는 사람 중에서도 앞자리의 사람이 아닌 가장 먼 곳에 앉아 있는 사람이 기준이 된다.

일대일 대화의 경우 "순이야!" 하고 불러보자. 가깝게 있을 때, 보통의 떨어진 거리에서, 아주 먼 곳에 있을 때, 이렇게 세 가지 상황으로 나누어 살펴보겠다.

글자의 크기는 목소리의 크기이며, 특히 주의해야 될 것은 목소리 크기에 비례하여 음절과 음절의 길이도 길어진다는 점이다.

• 일대일의 경우

(가깝다) (보통이다) (멀다)

순이야 순이야 순이야

• 일대다수의 경우

(청중이 적다) (청중이 보통) (청중이 많다)

여러분 여러분 여러분

이 소리의 원근법이 서툴면 가까운 상대나 적은 청중에게는 그런 대로 전달이 잘 되지만, 멀리 떨어져 있는 상대나 많은 청중에게는 전달이 실패하고 만다.

청중이 많을 때는 목소리가 커지는 것만큼 비례해서 말의 속도가 느려져야 한다. 그런데 대부분의 화자話者가 말의 속도에 신경을 쓰지 않는 것 같다. 물론 적은 청중에게는 말의 속도도 빠르고 목소리의 크기가 작아도 된다.

동격 표현

_동격은 앞의 말보다 뒤의 말을 강조하되, 의미상으로 부득이한 경우에는 타당성에 우선한다.

동격 표현이란 무엇일까? 동격同格이란 강조를 위한 수사로서, 같은 낱말이나 어구의 반복, 비슷한 낱말이나 어구의 나열, 정반대되는 낱말이나 어구의 나열 등을 말한다. 예를 들면 '부디 부디', '꼭이야 꼭', '역사와 전통', '민주와 공산', '내 조국 대한민국' 등이다. 좀 더 자세히 살펴보자. "내 조국 대한민국은…"을 다음과 같이 두 가지로 표현해 본다.

"**내 조국** 대한민국은…."
"내 조국 **대한민국은**…."

글로 쓰면 같은 내용의 말이지만, 말로 표현(진한 곳을 큰 소리로)한다면 전혀 다른 의미가 된다. 예를 하나 더 들어본다.

"**안 돼요!** 안 돼요! 안 돼요!"
"안 돼요! 안 돼요! **안 돼요!**"

어느 것이 강한 부정의 의사표시일까? 그야 물론 후자의 경우이다. 한번 말해서 약한 것 같아 다시 한번 강조하는 것이니, 뒤의 것을 큰 소리로 표현해야 함은 당연하다.

그러나 예외도 있다. 미국의 정치가 페트릭 헨리가 말한, "자유가 아니면 죽음을 달라!"는 말을 보자. 연사는 자유를 달라고 한 것일까, 죽음을 달라고 한 것일까? 그야 분명 '자유'를 달라고 한 것이다. 이 경우는 '자유'와 '죽음'이 비록 동격이라고 하더라도,

"자유가 아니면 **죽음을** 달라!"가 아닌, "**자유가** 아니면 죽음을 달라!" 이렇게 말해야 한다.

Part 2
어떻게 원하는
것을 얻는가

" 상대의 입장에 서서, 상대의 감정에 공감하여 같은 입장이 되어 보는 것이 설득의 기본적
태도이다. 사람들은 흔히 상대가 이론으로 이쪽의 말에 반발하면 이론으로 상대를 설득
하려고 하지만, 실제적으로 감정적인 이해가 앞서지 않고는 설득의 묘를 바라기 어렵다.
설득은 감정의 일방통행에 의해서 가능해지는 것이 아니며 진지한 마음의 교류에 의해서
만 실현되는 것이다. 설득을 위한 대화가 효과를 거두지 못할 때는 상대의 미묘한 감정의
흐름을 이해하지 못한 데서 비롯된다. "

설득 유도의 **작전**

인생을 지혜롭게 사는 데는 거미줄 같은 인간관계의 유기적 질서를 보다 더 조화 있게 융화시켜 나아가는 설득의 자세가 필요하다. '나' 아닌 '상대'를 나의 의도대로 조종할 수 있는 사람이 바로 현대의 지혜로운 성공자인 것이다. 이 장에서는 설득의 장애에 부딪혔을 때나, 설득이 꼭 필요한 경우의 화법을 밝혔다. 설득 유도는 인생경영의 지혜를 배가시켜 줄 것이다.

1. 제삼자의 예를 들어 설득하라

어떤 상황과 조건이 주어진 때라도 말재주만으로 설득을 꾀하고자 한다면 거의 불가능에 가까운 일이다. 이른바 설득을 위한 설득을 펴다 보면 상대방은 변명이나 자기의 처지를 이쪽에 이해시키려는 입장에 놓이게 됨으로 설득의 진짜 의도를 깨닫지 못한다.

만일 이쪽에서 직설적인 어조로 강조하게 되면 상대의 응답도 강하게 나오게 되고, 몇 번의 이러한 과정이 되풀이되다 보면 대화를 통한 설득의 불가능을 피부로 느끼게 된다. 따라서 대화를 통해 설득하고자 할 때에는 직설적인 방법보다는 우회하는 방법을 쓸 일이다.

영국의 풍자작가 조지 버나드 쇼George Bernard Shaw는 이러한 우회적 설득의 명수였다. 어느 날 자신이 쓴 연극을 관람하게 되었을 때의 일이다. 관객 가운데 어떤 사람이 계속 휘파람을 불어 연극 공연을 곤란하게 만들자 버나드 쇼는 슬그머니 그 남자의 옆자리로 다가가서 이렇게 물었다.

"연극이 재미가 없나 보죠?"

"정말 지독히 시시한 연극이오."

이 말을 듣고 난 버나드 쇼는 그의 귀에다 속삭이듯 말했다.

"저 역시 동감입니다. 그렇지만 우리 둘이서 저 많은 관객을 상대할
수야 없지 않겠습니까?"

휘파람을 불던 남자는 버나드 쇼의 말을 듣고는 이내 고개를 끄덕
였다. 그리고 다시는 휘파람을 불지 않았다. 버나드 쇼가 이와 같이 우
회적으로 설득한 것은 상대에게 직설적으로 충고하는 것은 벌집을 건
드리는 것과 같다고 판단했기 때문이다. 잘못된 행동을 다른 방향으
로 생각하고 깨닫게 하여 상황을 다시 살펴볼 수 있도록 하는 것이 효
과적인 설득 대화이다.

유베날크는 "상대방과 서로 이견異見이 생겼을 때는 논쟁을 피하라.
서로의 이견은 못과 같아서 때리면 때릴수록 더욱 깊이 박히게 된다"
고 하였다. 이와 마찬가지로 설득하고자 하는 상대가 직설적인 이쪽
의 충고에 반박하고 나서게 되면 설득은 성공하기가 어렵다. 이땐 상
대의 기분을 맞춰주어 우선 나의 의견에 동조하게 만드는 여유가 있

어야 된다. 제삼자의 잘못을 예로 들어 이쪽의 뜻을 전달해 상대로 하여금 수긍하게끔 해야 한다. 다시 말하면 이쪽의 역할을 대행하여 제삼자를 설득함으로써 더불어 설득당하고 마는 배후의 효과를 노리는 것이다.

2. 자기의 부족한 점을 먼저 시인하라

서로의 견해 차이로 대립이 격화되었을 때는 어떠한 설득도 잘 먹혀들지 않는다. 대립이 격화되었다는 것은 자존심이 경직되었다는 뜻이므로, 자존심의 손상을 어느 정도 보상할 수 있느냐에 따라서 대립의 완화 여부가 좌우된다.

미합중국의 독립에 크게 기여한 벤저민 플랭클린은 필라델피아에서 헌법제정에 대한 의회가 열렸을 때, 강한 설득력으로 교착상태에 빠졌던 회의를 타개한 일이 있다. 당시 헌법제정을 위한 회의가 진행되는 도중에 개인의 의견 차이가 심해져 서로 인신공격까지 서슴치 않는 상태가 되자, 플랭클린은 단상에 올라 다음과 같이 말했다.

> "솔직히 말씀드리자면, 나 역시 이 헌법에 전면적으로 찬성하지는 않습니다. 그러나 전적으로 찬성하지 못한다는 확신도 없습니다. 나 자신도 어떤 경우에는 자신의 의지를 변경하지 않으면 안될 입장에 놓인 적도 있었습니다. 이 의회에 출석하신 여러분! 상세한 부분을 살피면 비록 이견이 있을 테지만, 그리고 나 역시 오류를 범하는지 모르지만 누

구라도 완전무결한 사람은 없으니 서로 양보하여 이 헌법에 찬성해주
시지 않겠습니까?"

플랭클린은 자기의 결점을 먼저 내보이고 설득함으로써 대립된 회
의 진행의 타결을 호소한 것이다. 플랭클린의 이 방법이 즉각 효과를
나타낸 것은 물론이다. 의회에 참석했던 의원들은 플랭클린이 '나 역
시 오류를 범하는지 모르지만'이라는 겸손한 말을 솔직하게 받아들여
동지적인 입장을 갖게 된 것이다.

행동과학에 '상호작용에 의해서 영향을 미치는 시스템'이라는 항
목이 있는데, 플랭클린의 설득이 상호작용을 이룬 것이라고 하겠다.

대립이 심하게 격화될 때는 우선 이쪽의 결점을 내보이고 그것을
인정한 다음에 비로소 상대의 감정에 호소할 일이다. 이 원칙과 효과
는 심리학에서도 증명되고 있다. 설득을 꾀하는 사람이 먼저 상대의
자존심을 살려 주는 것이 긴 안목의 설득을 위한 배려이다. 설득의 궁
극적 결과가 이쪽의 의도에 좌우되는 것이라면 잠시동안의 양보도 그
리 어려운 노릇이 아니다. 설득의 유효한 성공을 위해서는 촌보의 후

퇴란 다반사의 일로 보아야 한다.

3. 상대를 자기의 입장에 세워라

"나의 입장이 되어 보면 어떻겠습니까?"라는 말로 상대에게 자기의
상황을 설명하면 효과를 기대할 수 있다. 상대를 자기의 입장에 서 보
라고 하는 말은 정신적으로 상대에게 '역할연기'를 시키는 것이다. 역
할연기란 대역을 맡겨 이쪽의 상황을 실감케 하고 심리적으로 부담
을 주는 것이다.

　미국의 인간관계 전문가인 L. 깁슨의 친구 중에 육군대령이 하나
있었는데, 그 친구의 출세 비결이 바로 앞서 말한 역할연기에 있었다.
그 대령이 젊은 시절 육군 사관학교(웨스트 포인트)에 입학하려고 했던
1929년엔 미국에 대공황이 닥쳐 학비 걱정이 없던 육사에 지원자가
너무 많아서 흔한 말로 '커넥션(백 : 연줄)'이 없으면 입학이 불가능한
상황이었다. 하지만 그는 연줄이라고는 전혀 없었으나 용기를 내서 주
위의 유력자를 찾아다니며 "만약 당신이 저의 입장이 되어 본다면 어
떻게 하시겠습니까?" 하고 단도직입적으로 추천을 의뢰하였다. 그 결
과 그는 많은 사람들의 호응을 얻어내었다. 상대를 설득시키려면 우
선 상대를 자기의 관심거리에 집중시켜 같은 입장에서 관심을 가지도
록 유도할 일이다.

　1976년 4월 켄버런드 공작에게 패배하여 왕위를 잃고서 스코틀랜
드로 피신한 찰스 왕자는 생명의 위협을 느끼면서 피신생활을 계속했

으나 결코 위험한 순간은 그에게 닥치지 않았다. 켄버런드 공작은 엄청난 액수의 현상금을 내걸어 국민들의 황금에 대한 심리를 자극했지만, 찰스 왕자는 5개월 동안 가난한 어부들 틈에서 유유히 기회를 엿보고 있었다. 일반적으로 생각하면 제아무리 도의적인 사람이나 신의를 중시하는 사람이라도 재물에 현혹되면 마음이 흔들리기 마련인데, 그들은 결코 그런 심리를 노출시키지 못했다. 그 이유는 찰스 왕자가 지닌 설득의 힘이었다. 그는 어부들에게 "여러분도 나의 입장에 서 보시오" 하는 단 한마디의 말로써 인간적인 공감을 불러일으켰던 것이다.

인간은 이해와 협력의 심리가 작용하게 되면 다른 어떤 욕망의 힘보다도 강하게 마음을 움직인다. 인간의 만족이란 주고자 하는 심리에서도 얻어질 수 있기 때문이다. 상대의 입장과 자기의 입장이 동등한 것임을 강조하거나 '나의 입장에서 보면 당신도 이해할 것'이라는 설득은 가장 효과적인 테크닉 중의 하나다.

4. 상대의 실수를 감싸줘라

세상을 현명하게 살려면 타인과의 충돌을 피해야 된다. 상대와 논쟁을 피하는 것도 지혜롭게 사는 길이다. 그리고 상대에게 호의적인 반응을 얻어야 될 경우도 생기는 것이 인생이다.

때로는 상대의 잘못을 모르는 체하는 처세가 필요한 경우도 있고, 그 잘못한 이유를 공감하는 듯한 화법도 필요하다. 상대에 의해서 잘못이 감싸지면 이쪽의 배려에 고마움을 느끼는 것이 당연하다. 따라서 다른 사람의 잘못됨을 부득불 꼬집어 말해야 될 때라도, 호의적인 반응을 얻기 위해서는 언제나 이쪽은 상대보다 못하다는 전제를 지킬 일이다.

사람은 자기가 옳다고 인정한 일이 설령 잘못된 결과를 초래했다 할지라도 좀처럼 고치려 들지 않는 심리를 지니고 있다. 어떠한 변증법적인 이론을 도입해서라도 자기의 잘못을 변명하려고 한다. 이 묘한 심리를 자극하는 것이다.

세상을 살아가는 데는 상대와의 논쟁을 의식적으로 피하는 처세가

Part 2
어떻게
원하는
것을
얻는가

필요하며, 때에 따라서는 논쟁을 벌여야 할 상대의 잘못을 감싸주는 아량도 필요하다.

5. 자기 자랑을 마음껏 하게 들어줘라

상대를 설득한답시고 시종일관 자기의 말만 하는 사람이 있다. 그러나 이것은 완전히 역효과를 유발시키는 쓸 데 없는 헛수고임을 알아야 한다.

설득을 위해서는 먼저 상대방에게 충분히 말할 시간을 주어야 한다. 상대방의 잘못된 생각에 대해 반대하고 싶더라도 우선 참도록 한다. 말을 채 끝내지 못한 상대에게 이야기를 중단시킨다면 불쾌감을 일으켜 설득이 멀어질 위험이 있기 때문이다.

상대에게 자기 자랑을 하게 하는 재치가 설득을 유리하게 발전시킨 예를 한번 살펴보자. D기업에서 '유능한 인재를 구한다'는 신문광고를 보고 취업 준비자 박ㅐ군이 응시하겠다고 나선 일이 있다. 나는 그에게 갑작스레 두각을 나타낸 D기업의 사업에 대한 상세한 자료를 먼저 수집해서 면접에 대비하라고 일러주었다. 그는 면접 때 직접 사장에게 다음과 같이 말했다.

"훌륭한 업적을 낳은 회사에서 일할 수 있다면 영광이겠습니다. 전해 듣기론 불과 5년만에 이와 같은 기적을 창조하셨다면서요?"

성공한 사람들은 대개 자기들의 성공담을 이야기하는 것을 기쁨으로 생각한다. D기업의 사장도 예외는 아니어서 자기 노력에 대한 자

랑을 직접적으로 하진 않았지만 박군에게 퍽 호의적인 반응을 보였고 결국 그를 채용하였다.

프랑스의 철학자인 라 로슈프코는 다음과 같이 말했다.

"적을 만들고 싶으면 친구를 이기도록 하고, 우정을 쌓으려면 친구가 이기도록 하라."

인간은 누구나 상대보다 뛰어나 있을 때에는 자신自信을 느껴 우월한 기분에 잠기게 되므로, 이런 순간을 포착하여 설득하면 쉽다.

아번 코트라는 유명한 작가는 사람들로부터 "당신은 일류작가지요?"하는 질문을 받자 "그저 운이 좋았을 뿐이지요"라고 겸손하게 대답했다. 무릇 인간은 매사에 겸손한 태도를 취하는 사람에게 호의적인 반응을 보이는 법이다. 묘하게도 인간 심리란 타인의 성공을 즐거워하기보다 불행을 더 기뻐하는 면이 강하다.

그러므로 상대의 중요감을 인정해주고, 자기자랑을 하게 만들어 충분히 자랑하게 만든 후 설득의 말문을 열면 결과는 절대적인 것이 된다.

6. 상처 주지 않도록 부드러운 어조로 말하라

'동양의 마녀'를 키운 오오마쯔 감독은 일본 여자배구의 신화적 인물이다. 그러나 일본 여자배구의 수준을 세계 최고로 이끌어 올린 오오마쯔 감독도 상대를 설득하는 데는 상상외로 부드럽고 설득력 있는 처세를 했다는 이야기이다.

어느 날 그가 감독을 맡고 있던 '니찌보 가이즈까' 팀의 일원이던 유리꼬 선수가 강도 높은 훈련에 지쳐 그에게 호소해왔다.

"감독님, 저는 더 이상 견딜 수가 없습니다."

보통 이런 경우에 처하게 되면 대부분의 감독은 큰 소리로 꾸짖거나 호령하는데 그는 좀 달랐다.

"처음엔 누구나 그런 생각을 갖게 되지. 더욱이 세계적인 선수가 되려고 한다면 앞으로 이보다 더 어려운 시련에 부딪치게 되고 말이야. 이순간 어렵다는 마음이 들지 않는다면 오히려 더 이상한 거야."

오오마쯔 감독의 반응은 전혀 예상 밖의 것이었다. 유리꼬 선수는 감독이 혼낸다면 큰소리로 맞서서 대꾸하고 돌아서려 했는데, 오히려 부드러운 말에 설득되어 다시 도전하여 마침내 세계 정복의 역사적 기록을 수립한 여성이 되었다.

상대를 꾸짖거나 설득할 때는 상처가 될 말은 하지 않는 게 좋다. 상처가 남게 되면 두고두고 그 상처의 아픈 기억에 사로잡혀 불행한 결과를 초래하게 된다. 꾸짖고 야단쳐 버리고 싶은 충동이 일어날 때라도 이야기가 끝난 뒤의 결과를 고려하는 자세가 필요하다.

만약 꾸짖을 일이 생겼더라도, 설득력 있는 조언이 되지 못하면 의

도와 반대로 지울 수 없는 상처를 남기게 된다. 섣부른 꾸짖음은 역효과를 낳게 된다는 것을 고려하여 상대의 마음에 상처의 흔적을 남기지 않는 배려가 필요하다.

7. 상대의 입장에서 말하라

거절하기 위해서라면 무슨 이유든지 명분이 있기 마련이다. 그 명분에 대해 이쪽에서 재차 설득하여 '예'라는 대답을 얻기 위해서는 상대가 말하는 명분에다 자기를 세워놓고 명분의 이면에 숨어 있는 진실된 감정에 호소하면 효과를 얻을 수 있다.

일본 동경공업대학 교수 하가 야스시의 저서 『자기표현술』에는 다음과 같은 예화가 있다. 유명작가인 K씨가 여행을 떠났다가 음독자살을 했다. 보도진들이 밀려오고 세인의 주목이 온통 K씨의 자살 원인에 집중됐다. 보도진들은 슬픔에 잠겨 있는 미망인에게 자살에 대한 자료를 얻기에 혈안이 되었다. 그러나 미망인은 아무런 말도 못한 채 오열

했다. 기자들은 저마다 기사 마감시간에 쫓겨 급기야 추측 기사를 작성하여 송고하고 말았다.

그러나 D신문사의 저녁신문에는 다른 신문에서 전혀 생각지도 못했던 '사련(邪戀)의 종말'이라는 제목의 기사가 특종으로 보도되었다. 타사의 베테랑 기자들이 D신문사의 둔하기로 소문난 Y기자에게 보기 좋게 뒤통수를 얻어맞은 것이었다. 후에 드러난 일이지만 그 당시 Y기자가 특종을 잡게된 경위는 대강 이러했다.

그날 Y기자는 K씨의 음독자살 뉴스를 듣고 취재를 떠나기에 앞서 자기 집으로 발길을 돌려, K씨의 죽음에 조의를 표하는 의미에서 검은 예복을 입고 사고 현장으로 찾아갔다. 그리고 다른 사람들이 모두 돌아가고 난 후에 빈소에서 홀로 오열하는 미망인에게 심심한 조의를 표하는 예의를 잊지 않았다. Y기자의 태도에 감동한 미망인이 K씨의 음독 원인을 알려준 것은 당연한 결과였다.

다른 기자들과 구별되게 Y기자는 진정한 마음으로 상대의 입장에 서서 슬픔을 공감한 것이다. 인위적으로 자기의 의사에 동조케 하려면 이런 자세가 필요하다. 상대의 입장에 서서, 상대의 감정에 공감하여 같은 입장이 되어 보는 것이 설득의 기본적 태도이다.

사람들은 흔히 상대가 이론으로 이쪽의 말에 반발하면 이론으로 상대를 설득하려고 하지만, 실제적으로 감정적인 이해가 앞서지 않고는 설득의 묘를 바라기 어렵다. 설득은 감정의 일방통행에 의해서 가능해지는 것이 아니며 진지한 마음의 교류에 의해서만 실현되는 것이다. 설득을 위한 대화가 효과를 거두지 못할 때는 상대의 미묘한 감정의 흐름을 이해하지 못한 데서 비롯된다.

8. 구체적인 예화나 실례를 들어라

이야기 듣기를 취미로 하지 않던 사람도 흥미를 돋구는 예화나 구체적인 실례를 대화중에 삽입하면 귀를 기울이게 된다. 가령 대화중에 숫자를 삽입하면 신뢰하고자 하는 욕구가 일어나듯, 구체적인 이야기 소재를 다양하게 끌어 모아 설득하면 효과가 크다. 석가모니도 자기의 얻은 바를 그의 제자들에게 설파할 때 비유법을 사용하여 알기 쉽고 듣기에 좋도록 배려하였으며, 예수도 눈과 귀로 확인할 수 있는 비유를 사용하여 설교를 하였다. 또한 이솝의 이야기는 말하고자 하는 내용을 우화로서 장식하였기 때문에 오늘날까지 널리 애독되고 있는 것이다.

그러므로 상대의 마음을 사로잡으려면 예화의 사용과 함께 구체적인 실례를 활용하여 이야기 스타일로 시작하는 것이 훨씬 전달 효과가 크다.『새터데이 이브닝 포스트』지에 게재된 두 가지 기사를 예

로 들어본다.

- 날카로운 피스톨 소리가 적막을 깨뜨렸다.
- 어떤 사건 — 그 자체는 작지만 그 결과는 결코 작지 않은 사건 — 이 7월 첫 주일에 '덴버'의 '몬트류' 호텔에서 발생했다.

이 두 기사의 첫머리 문장은 이야기 스타일로 시작되었기 때문에 사람들의 흥미를 자극시켰고, 또 구체적인 사실이 뒤따랐기에 흥미가 배가되었다.

웅변의 천재로 이름을 떨친 히틀러도 사실상 그의 각료인 괴벨스와 비교하면 어설프기 짝이 없는 말솜씨를 지니고 있었다. 히틀러의 목소리는 째지는 듯한 음성에 말끝마다 멈추곤 하는 나쁜 버릇이 있었다. 이에 비해 괴벨스는 날카로우면서도 능숙한 웅변가였다. 그런데도 많은 사람이 히틀러가 연설하면 미칠 듯이 그의 말에 흥분하고 열광하였다. 왜일까? 그것은 히틀러가 청중들을 설득하고 선동하는 말의 내용 때문이었다. 그는 충분한 예화, 공감할 수 있는 실례를 효과적으로 배합하여 연설문을 용의주도하게 준비했었던 것이다.

9. 설득의 장애를 새롭게 변화시켜라

설득하려고 할 때 가장 장애가 되는 것은 상대가 설득에 대해 거부반응을 나타내는 것이다. 이러한 거부반응은 인간적인 본능이라고 할 수 있다. 인간은 본능적으로 타인의 존재나 사상에 대해 배타적일 뿐 아니라, 자기의 자아가 상대의 주의사상에 유입되는 것을 의식적으로 거부한다. 여기에서 설득의 기술이 필요한 것이다.

따라서 설득에 장애가 발생하면 그 장애에 대해 실망하지 말고, 그 장애를 이해하는 태도를 지녀야 한다. 최대한 자기를 납득시킬 수 있도록 아량을 지니라는 것이다.

어느 건축가는 "건축설계의 어려움보다 인간관계의 구조적인 상관관계가 더욱 어렵다"고 고백하면서, 자기는 상대를 설득할 일이 있을 때에 설득을 가로막는 장애를 모두 자기 것으로 만들어 버린다고 한다. 그는 자신이 신조로 하는 글귀는 "설득의 장애물은 모두 빨갛게 칠해 버려라" 하는 말이라고 덧붙인다. 장애물을 빨갛게 칠해 버린다는 말은 설득의 장애를 자기에게 유리하도록 새롭게 변화시킨다는 뜻이다.

상대가 소심한 편이어서 설득을 받아들이는 태도가 미온적이면 "선생님은 사려가 깊으시군요"하고, 외곬의 고집을 피우면 "신념이 굳은 편입니다"라고 상대에게서 풍기는 장애의 분위기를 좋게 해석해서

말한다. 또한 설득의 말을 잘 듣지 않으려는 사람에게는 뻔뻔하고 거만하다고 판단하기에 앞서 "무척 솔직하신 편입니다" 하는 칭찬의 뜻을 표현하면 바람직한 분위기로 이끌 수가 있다.

저술가인 협파드란 사람은 붓을 들어 상대를 비평하거나 공박할 때는 피도 눈물도 없는 사람처럼 날카로웠으나 정면으로 자기에게 도전하는 사람들에게는 그들의 비난을 모두 기분 좋게 받아들여 결코 상대에게 불쾌한 여운을 주지 않는 것으로 유명했다. 심지어 자기의 견해에 대해 정면으로 도전장을 낸 사람을 집으로 초대하여 먼저 그들의 말에 경청하는 태도를 보였다. 그리하여 결국 비난하던 상대에게 자기의 주장을 옳게 납득시켜 설득해 버리곤 했다.

요컨대 설득하고자 할 때 결코 정면승부를 유혹하는 장애에 집착해서는 안 된다. 설득에 있어 장애란 당연히 나타날 수 있는 거라는 관용의 자세를 가져 도리어 그 장애를 유리하게 바꿔 이용할 일이다.

Chapter 02

거절 격퇴의 **작전**

상대하기조차 싫은 상대, 의식적으로 기피하고 싶은 사람을 마주치면 상대의 마음에 상처를 주지 않고도 격퇴시킬 수 있는 방법이 아쉽다. 생활하면서 부딪치는 수많은 거절의 순간들을 모두 원만하게 처리할 수는 없을까? 이것이 오늘을 사는 현대인의 과제 가운데 하나이다. 대화에 묘를 기해 자극 없이 상대를 격퇴하는 비결에 대해서 알아본다.

1. 대의명분을 내세워 거절하라

대화의 심리작전에서도 거절 작전의 테크닉은 대단히 어렵고 센스를 필요로 한다. 인적 관계, 혹은 정으로 호소하는 상대를 기분 나쁘지 않게 거절하는 데는 대의명분을 적절히 내세워 상대의 기를 꺾어야 한다.

사랑은 하지만 결혼으로 결실을 맺지 못할 특별한 사정이 있는 경우가 있다. 이럴 때 한쪽 편에서 상대를 적당히 이해시키고 결혼 요구를 거절하자면, 사리에 맞는 합당한 명분을 밝혀야 효과가 있다. 연령의 차이라든가, 성격상의 불일치, 외형상의 부조화 등을 내세워 거절하는 것이다.

상대를 기분 좋게 물러서게 하는 테크닉 중에서도 가장 무난하고 효과가 절대적인 것은, 상대의 능력을 과대평가하는 아량과 거절할 수 없는 명분이 전제이다.

사람은 자기의 평가를 좋게 받는다는 그 자체를 사랑한다. 자기가

무능하다는 비난을 받으면 적대감을 보이지만, 일단 대단한 능력을 지니고 있다고 그 실력을 인정하면서 거절할 때엔 반발하지 않고 순순히 받아들인다.

2. 먼저 수긍하고 난 후 거절하라

상대의 부탁을 한마디로 잘라 거절하는 것은 대인관계의 예의가 아니다. 비록 들어줄 수 없는 부탁이라도 우선은 진지하게 듣고서 최대한 받아들이려는 마음가짐이 필요하다.

부탁해온 상대는 이쪽이 가지는 부담보다 훨씬 큰 어려움을 마음에 감춰 두고 있기 때문에 딱 잘라서 거절하면 마음에 큰 상처를 받을 수 있다. 급격한 변화에 대해서 인간의 심리는 민감하므로 기대했던 일이 순간적으로 허물어지게 되면 걷잡을 수 없는 허탈감을 느끼게 된다. 따라서 자기의 입장에서 도저히 들어줄 수 없는 부탁이라도 적절한 이유로 먼저 부드럽게 이해시킨 후 거절의사를 밝히는 게 바람직하다.

그러나 이것보다 더욱 좋은 방법은 상대의 부탁에 우선 수긍하는 것이다. 상대에게 커다란 양보를 하는 것 같은 기분이 들게끔 만들어 놓으면, 누구든지 자기의 무리한 부탁이 싱겁게 받아들여지는 것에 대해 일종의 죄의식을 느끼게 된다. 그 순간에 거절의 의사를 은근히 덧붙이면 마음의 반동작용을 유발시켜 곧 부탁을 철회시킬 수 있다.

미국의 저명한 음악 지휘자 허락크는 성격이 괴상한 연주자들과 별 탈 없이 동역하며 팀을 20여 년간 잘 꾸려나갔다. 그의 비결은 말썽꾸러기 연주자들의 작은 문제에도 공감해 주고 보살피는 것이었다.

어느 날 사라핀이라는 성악가가 목이 아파 독창회의 약속을 어길 수밖에 없다는 통보를 해왔다. 그는 화가 났지만 표면상으로는 온화하게, 그리고 동정적 태도로 사라핀의 건강을 염려하면서 그의 요구를 흔쾌히 수락한다고 말하였다. 허락크가 의외로 쉽사리 승낙하자, 사라핀은 자신이 도리어 미안해져서 조금만 시간을 달라고 그에게 부탁하였다.

그리곤 마침내 사라핀은 지휘자의 배려에 감복하여 아픈 몸을 이끌고 혼신의 힘을 다해 독창회 무대에 섰다. 그전에 지휘자에게 자기의 건강 상태가 좋지 않으니 청중들에게 양해를 얻어달라고 부탁하는 것도 잊지 않았다. 허락크는 상대가 건강을 이유로 거부하는 요구 조건을 들어주는 체하면서, 자기의 요구도 거절할 수 없도록 한 것이다.

타인에게 거절할 수 없도록 하는 방법은 상대의 요구에 대해 옳고 그름을 따지지 않고 상대의 입장을 우선 들어주는 태도를 취해서 상대도 진심으로 이쪽의 거절을 피할 수 없게 하는 것이다.

3. 경어를 적절히 활용하라

경어를 사용하는 것은 자기보다 우위에 있는 사람에게 예의를 밝히는 의미도 있고, 긴밀하지 못했던 관계의 사람들 사이에 서로 존경의 뜻을 나타내는 경우도 있다. 그러나 아주 가까운 사이의 친구나 연인끼리 경어를 사용한다면 얼마나 어색한 일인가? 그만큼 경어는 한편으로 거리감을 내포하고 있기도 하다.

신문사에 근무하던 김金군은 같은 사무실 안의 남南양을 은근히 좋아하게 되었는데, 어떻게 된 일인지 같은 사무실에서 4년여를 함께 생활하면서도 남양의 호감을 사지 못했다고 한다. 기다리다 지친 김군은 어느 날 내게 찾아와서 자기의 목마른 심정을 호소하였다. 김군의 말을 자세히 듣고 보니 그가 남양에게 건네는 말이 모두 경어였다는 사실을 알게 됐다. 그래서 나는 김군에게 아주 적절한 비방을 가르쳐 주었다. 그러자 한 달이 채 못 되어 김군이 반가운 소식을 전해 왔다. 그때 내가 김군에게 가르쳐 준 비방은, 다음 날 출근 즉시 경칭을 모두

빼버리고 평어로 그녀의 이름을 부르라는 것이었다.

또 이와는 전혀 다른 일화도 있다. 언젠가 나는 절친한 대학 강사인 전全군과 명동을 거닐고 있었다. 그때 갑자기 보도 저 편에서 허름한 복장에 약간 취한 듯한 청년 하나가 전군의 앞으로 다가섰다.

"야, 오래간만이구나! 요즘 재미가 어때? 녀석 몰라보겠는걸."

반갑다는 듯이 그는 연신 떠들어대는 것이었다.

전군은 갑자기 당한 일이라 어리둥절하며 기억을 되살리려고 애쓰는 표정이었다. 그리고 전군은 정색을 하면서 말했다.

"아 김병장님, 오래간만입니다."

전군의 경어에 상대는 퍼뜩 정신이 들었던지 어색해져서 돌아서는 것이었다. 전군의 말로는 군입영이 학교 때문에 7년이나 늦어져서 그렇게 어린 청년을 고참으로 모시고 군대생활을 하게 되었다는 것이다.

전군의 경험과 같이 거북한 상대가 친근한 척 접근해 올 때는 경어의 적절한 활용이 효과가 크다. 경어는 그만큼 사람의 감정을 가라앉혀 소원하게 만드는 효과를 지니고 있기 때문이다. 친밀했던 관계라도 필요에 의해 멀어지고 싶을 때는 경어를 일부러 사용하면 최대의 효과를 노릴 수 있다.

4. 대화의 기선을 잡아라

이야기를 지루하게 이끄는 사람이나 화제를 곤란하게 비약시키는 상대와의 대화처럼 난처한 것도 없다. 일방적으로 이끌려갈 수밖에 없을 정도로 상대하기조차 피곤한 노릇이다. 이런 경우에 부딪히게 되면 누구나 상대의 입을 막아 버릴 수 있는 기회를 찾기에 부심하게 된다.

상대가 응대하기조차 피곤한 화제를 떠올리고 지루하게 이야기를 계속하면 상대의 이야기 중에서 선수를 감지하여 대화의 기선을 잡을 일이다. 선수를 친다는 것은 이 경우에 있어 상대가 말하고자 하는 내용을 예측하여 먼저 발설함으로써 상대를 어리둥절하게 만들고 나의 페이스에 말려들게 할 수 있는 기회를 갖는다는 것이다.

내 친구의 부인은 세일즈맨 격퇴에 프로급이라 할 정도로 능숙하다. 누구든지 그녀의 마음에 들지 않는 상품을 가지고 그녀의 집을 노크해서 성공한 예가 전혀 없다. 그녀의 세일즈맨 격퇴 비결은 다른 것이 아니고, 세일즈맨이 미처 자기의 선전문구를 늘어놓기 전에 기선을 잡고 화제를 돌려 버리는 것이다.

가령 T회사에서 나온 세일즈맨이면 T회사의 회사 사정을 소상히 알고있는 것처럼 중역에서부터 사원에 이르기까지 이것저것 묻는다. 또 T회사의 기업실태나 형편을 친밀하게 묻기도 한다. 그리고 마지막으로 T회사의 세평에 대해서 몇 마디 귀띔해 주면 세일즈맨은 자기

회사에 대해 가져주는 관심에 대한 고마움과 긍지를 가지게 되어 자기가 목적한 세일즈의 공식적인 말귀를 잊고 그녀의 페이스에 말려들고 만다.

대화 능력이 뛰어나다는 것은 특별히 다른 의미가 있는 것이 아니다. 대화 능력을 돋보이게 하는 것은 상대도 역시 대화에 능숙한 사람일 경우에 그 상대를 압도할 수 있는 자질이 있는 것이다. 그러므로 대화를 잘하는 사람이라면 기분 좋게 거절할 줄 아는 화법에도 능통해야 한다.

5. 의사표현을 확실하게 하라

상대의 입에 발린 이야기를 듣는 것은 여간 고역이 아닐 수 없다. 적당히 기회를 봐서 상대의 이야기를 그치게 하려고 마음은 먹지만 적절한 방법이 없다. 노골적으로 불쾌한 얼굴을 할 수도 없고 감정적으로 말을 그치게 할 수도 없다. 한마디의 적절한 표현이 매우 절실한 순간

이다. 이때 만약 이쪽에서 "그 이야기는 듣고 싶지도 않아"라고 한다면 과연 상대가 어떻게 받아들일 것인가.

일본의 심리학자 아키모도昭木厚吉 박사가 조사 집계한 바에 의하면 세일즈맨을 격퇴하는 데 가장 효과적인 표현은 "그 이야기는 듣고 싶지 않아요"라는 말이었다고 한다. 그 외에 "그 이야기는 나에게 아무런 도움도 되지 않아요"라든지, "그 이야기가 너무 어려워요", "그 이야기는 나중에 듣겠습니다" 하는 식의 표현은 앞서의 예보다 훨씬 설득력이 부족하다는 통계 결과였다.

아키모도 박사가 실험한 세일즈맨 격퇴 결과를 분석해 보면 '필요하지 않다', '생각이 없다(원하지 않는다)', '값이 너무 비싸다', '살 형편이 못 된다', '지금 있는 것으로 충분하다'는 설문 중에서 총 198명의 데이터가 집계되었는데, 이런 응답으로 세일즈맨을 격퇴한 성공률이 74퍼센트에 달했다고 한다. 그 중에서도 '필요하지 않다'는 반응을 보였을 때가 가장 성공률이 높았다는 결과 보고였다. '필요하지 않다'라고 하는 것은 단정적으로 거부의 자세가 강한 것이다. 다시 말해서 이야기조차 필요치 않다는 무관심한 태도라고 하겠다.

대화에 적용하면 이 말은 "더 이상 듣고 싶지 않다"라고 바꾸어 활용할 수도 있다. 진정 두 번 다시 인간관계를 맺지 않아도 좋은 상대에게는 직설적이고 단정적인 말로 응대하면, 상대는 차가운 얼음을 만지는 기분을 느껴 또다시 말을 해보고자 하는 의욕을 상실하게 된다. 만약 절연해야 될 상대가 있을 때에도 이러한 단정적인 말을 하면 결정적으로 관계가 끝나 버린다.

그러나 이 말은 대인관계를 중요시해야 될 사람에게는 결코 사용되어서는 안될 말이다. 인격을 무시하고 감정적으로 상대에게 모욕감을 주며 재차 상대할 기분도 남기지 않기 때문에, 극단적인 표현을 사용하지 않으면 안될 경우를 제외하고는 바람직한 화법이 아니다.

6. 대화의 진행을 자주 중단시켜라

어떠한 말이라도 계속 방해받아서 중단되면 의기소침해져서 말하고 싶지 않아지는 게 당연하다. 대화하는 도중에 상대의 말에 호응하지 않고 무관심한 태도로 일관한다든지, 대화의 내용에 방해되는 이야기를 새롭게 전개한다든지 하면 대화의 단절은 당연히 이루어진다. 사회생활에서 이같은 태도는 절대 금기 행동이지만, 때로 짓궂은 상대를 물리치는 데는 절대적인 효과를 기대할 수가 있어 활용되는 방법이다.

여기에는 기본적인 몇 가지의 형태가 있는데, 첫째는 상대의 이야기를 방해하는 말과 둘째로 이야기의 방향을 엉뚱한 데로 이끄는 방법 등이 있다.

문학평론가 L씨는 대화의 상대를 무참히 격퇴시키기로 정평이 나
있다. L씨는 이야기 손님이 장황하게 말을 꺼내 놓기가 무섭게 "아 잠
깐만 실례합니다" 하면서 자리를 비웠다가 들어오곤 해서 적어도 7
~8회나 계속하여 이런 결례를 저지르곤 한다. 물론 정중히 접대하여
야 할 상대에겐 그렇지 않지만 불필요한 상대에겐 불유쾌한 행동을 서
슴치 않고 행하여 상대의 이야기를 가로막는 것이다.

그러나 이와는 반대로 진심은 그렇지 않으나 상대의 이야기 속에
끼어들어 전혀 화제가 다른 이야기를 하기 좋아하는 사람도 의외로 많
다. 이런 사람들은 비사교적이라는 평을 듣는다.

H대에서 경제학을 교수하는 C교수가 바로 앞서의 경우에 가장 적
합한 예가 될 것이다. 그가 친구들 사이에 '감초'라는 닉네임을 가지
고 있는 것만 보아도 짐작할 수 있다. 이 C교수는 언제나 상대의 이야
기가 본 궤도에 들어서고 이야기에 흥이 났을 순간에 "그건 그렇고 말
야" 하면서 끼어든다. 처음에는 상대가 C교수의 버릇을 몰라 오해하
고 상대하기를 꺼렸으나, 나중엔 그것이 습관적인 언행이라는 사실을
알고서 겨우 오해가 풀렸다고 한다.

세상에는 C교수처럼 대화 도중에 감초처럼 끼어드는 사람이 생각보다 많아서 원만한 인간관계에 누를 끼치는 폐해가 많이 발생한다. 그러나 이 방법을 역으로 활용하면 꺼리는 상대를 쉽사리 물리칠 수 있으며, 듣고 싶지 않은 화제의 진행도 막을 수 있을 것이다.

7. 비커뮤니케이션어를 사용하라

비非커뮤니케이션어라는 말은 정상적인 의사전달을 가로막는다는 의미를 지닌 것으로, 의식적으로 대화를 회피하고자 할 때 사용하면 효과가 있다. 비커뮤니케이션어라는 것은 그러므로 대화의 진행을 가로막는 별 의미 없는 말을 가리킨다.

예를 들어 '그렇다면', '필경은', '그렇더라도', '그러나', '뭐라 해도' 등의 말로서 '그렇다면'은 반항의 의미를 지닌 반항어라고 할 수 있고, '필경은'은 자기어로서 의지를 스스로 포기하는 말이고, '그것', '저것', '이것 봐' 등은 지시의 뜻을 나타내는 지시 대명사로 실제 우리들의 언어 생활에 무제한 사용되고 있는 말들이다. 그리고 '그런 모양이야', '이와 같은', '그런데 말야' 등은 앞의 말을 극단적으로 자르는 생략어로 쓰이며 우리들의 언어생활에서 불필요하게 남용되는 말이다.

정상적인 의사전달에 있어서는 이러한 말들이 적극 억제되어야 되겠지만, 대화를 필요로 하지 않는 상대에겐 이런 말을 되풀이하여 대화하고자 하는 의욕을 상실케 만들어 도움을 받을 수 있다.

　한 예로, 고등학교 국어교사로 있는 P씨는 말버릇 때문에 국어교사들 사이에 유명해진 사람이다. 언젠가 국어학자들의 모임이 있어 간단히 차를 들며 집회의 주제에 대한 발표회를 갖게 되었는데, 마침 P씨가 선정되어 발표하게 되었다. 나는 가만히 그의 말버릇을 체크해 보기로 했다. 그는 '그리고'라는 말을 너무 많이 사용하고 있었다. 30분 동안의 발표 강연 중에서 내가 체크한 '그리고'라는 단어가 자그마치 58회였다. 심하게 표현한다면 P씨의 주제 발표는 거의 알아들을 수가 없을 정도로 '그리고'란 말에 의해 어지러워졌다. '그리고'는 접속사이기 때문에 적당히 사용하면 다음 말을 이끌어 주는 연결의 역할을 훌륭히 수행할 수 있으나 불과 1분도 채 못 되어 연발하면 그 이야기를 더 이상 듣고 싶지가 않게 된다. 그러므로 싫은 상대를 격퇴하려면 이러한 계통의 말을 자주 되풀이하면 된다.

8. 상대의 허점을 공격하라

말을 조리있게 하는 상대나 이야기 자체에 힘을 잡을 수 없는 사람과 대화를 중단하기 위해서는 세련된 기술이 필요하다. 설령 말하는 데 허점을 노출했다거나 결례를 범한 경우라면 일언지하에 대화의 중단을 요구할 수 있지만, 이야기의 내용이나 어투에 감정을 자극하는 경솔한 내용이 없을 경우에는 단도직입적인 거절도 예의는 아니다. 그러나 재치있는 사람은 이렇게 궁벽한 곤란에 처했어도 이를 원만히 모면하는 슬기를 보인다. 이때 사용할 수 있는 방법은 상대의 허점을 꼬집어 스스로 대화를 기피하게 하는 것이다. 귀찮은 상대에겐 정말 효과적이다.

9. 질문으로 화제를 바꿔라

흥미롭지도 않고 도움도 안 되는 화제로 지루하게 대화를 이끄는 사

람에게는 누구나 싫증을 느끼게 마련이다. 회화의 목적이 엉뚱하게 빗나가도 태연하게 이야기를 계속하고, 또 그 마무리조차 잘 못하는 이런 상대와 대화를 나눌 때는 대화를 컨트롤할 수 있는 능력을 갖춰야 그 자리를 벗어날 수 있다.

그러나 이런 경우에 지루한 분위기를 모면하려는 생각이 앞서 무리하게 이야기의 중단을 요구하거나 이야기의 잘못된 점을 지적하며 시정을 요구하면 대화의 중단과 더불어 인간관계에 커다란 구멍을 내는 결과가 빚어지므로 주의가 요구된다.

이때는 상대가 말하고 있는 화제의 초점을 엉뚱하게 유도하여 다른 화제로 대화의 초점을 돌리는 것과 도중에 새로운 화제를 제공하는 순간을 잘 포착하는 것이 중요하다. 이를테면 상대가 잠시 숨을 들이키기 위해 이야기를 멈췄을 때, "화제를 바꿔서 안됐지만 이런 이야기는 어때"라든지 "그런데 말이야, 이런 경우는 어떻게 하지? 자네 의견을 듣고 싶은데" 하며 정중하게 새로운 화제를 내민다. 그러면 상대는 자기의 이야기가 충분했기 때문에 감명을 받은 것으로 오인하고 새로 등장한 화제에 대해서 관심을 쏟게 된다. 또한 화제를 바꿀 때에는 질문의 재치를 이용할 일이다. 가령 '아참! 아주 재미있는 사건이 있네', '오라, 그렇군' 하면서 상대의 주의를 자극한다. 아무리 이야기에 얼이 빠져 계속하던 상대라도 이쪽의 말에 흥미가 있으면 자연히 귀를 기울이게 된다. 화제를 바꾸는 데 화법의 재치는 절대적이다.

Chapter 03

The
Psychology
of
Speech

분발 격려의 **작전**

동료나 아랫사람에게 용기와 의욕을 자극시켜서 더 나은 목표로 지향케 하는 데 필요한 분발 격려의 언어는 무엇일까? 사람은 스스로 자기의 잠재적 능력과 가치를 인식하지 못한다. 빙산처럼 파묻혀 있는 인간능력의 무한한 가치를 독려하기 위한 분발 자극의 화법을 철저히 분석하여 믿음 있는 친구, 능력 있는 상사의 길을 모색한다.

1. 경쟁심리를 자극하라

인간은 부단히 투쟁하며 삶을 영위한다. 그 투쟁은 타인과의 끊임없는 경쟁이다. 인간은 경쟁욕구가 있고, 또 그 경쟁심리가 작용하여 승리하고자 하는 끈질긴 집념이 잉태되는 것이다. 상대의 능력을 신장시키기 위해서는 경쟁심리를 자극하여 '해보겠다'는 의욕을 불러일으켜야 한다.

라이벌이라는 적은 오히려 능력을 키우는 데 적절히 응용되기도 하는 존재이다. "라이벌 없는 정치가나 실업가가 성공한 예가 없다"는 말이 있다. 정치가는 정적政敵이 있어야 성장할 수 있고, 실업가도 라이벌이 있어야 더욱 발전할 수 있다는 이야기는 평범한 사람들에게도 경쟁상대가 있어야 더더욱 발전할 수 있다는 이야기다.

찰스 슈와프는 "능률 증진의 길은 경쟁을 자극시키는 데 있다. 이권에 눈이 먼 그런 경쟁이 아닌 명예심의 경쟁을 이용한다"고 했다. 그는 이것을 자기의 공장 직공들에게 이용하였다. 그의 공장은 주야

로 근무를 교대하는 체제였는데, 그 당시 능률이 신통치 못하여 골몰해 있던 차였다.

그래서 그는 주간 근무자들이 그날의 실적을 보고하면 사람들이 쉽사리 볼 수 있는 위치에 그것을 숫자로 적었다. 예를 들어 60의 실적을 보였으면 60이라고 적었던 것이다. 그리하여 야간 근무자들이 교대하고 들어설 때 주간 근무자들의 실적을 보고 고무되어 더욱 실적을 올리도록 경쟁심을 자극하자, 오래지 않아 그 숫자가 100을 가리키게 되었다고 한다.

세상은 크고 작은 경쟁으로 성장하고 발전해 나간다. 그 중에서도 명예욕에 대한 경쟁심은 정신적으로 굉장히 큰 영향력을 행사하여 더욱 큰 뜻을 품을 수 있게 자극한다.

인간 최대의 인내와 투지력을 겨루는 마라톤 경기에서도 선두 주자는 가장 외롭다고 한다. 2위로 달리는 선수는 1위를 압도하려고 피치를 올릴 수 있으나 선두에서 달리는 선수는 압도할 경쟁자가 없기 때문에 심리적으로 불안하다는 것이다. 인생도 마라톤과 같다. 길고 긴 한 평생의 삶은 문자 그대로 마라톤 경기를 방불케 한다. 그러나 인생은 항상 선두에 서서 의연할 수만은 없다.

월등한 실력을 가진 자가 추월할 수도 있다. 그러므로 인간은 경쟁 심리의 자극을 그대로 피할 수 없는 숙명적 존재이다.

2. 기회는 단 한 번뿐임을 강조하라

한漢나라의 고조가 제위에 오르기 2년 전BC 204의 일이다. 한신韓信은 위나라를 무찌른 여세를 빌어 조趙나라로 진격하였다. 그때 조나라에서는 정경 땅의 좁은 길목에 20만의 정병을 집결시켜 만반의 대비를 하고 있었다. 한신은 정경 땅 어귀에 이르러 몇 가지 계교를 짜내었다. 적을 유인하여 성 밖으로 끌어낸 다음 빈 성을 공략하는 작전과, 강물을 뒤로하고 군사들을 포진시키는 작전이었다.

조나라에서 살펴보니 한신의 군대가 어리석게도 강물을 뒤로하고 포진하고 있는지라 가소롭게 생각한 나머지 군병을 총동원해 공격을 개시하였다. 이때 한신은 그의 포진을 우려하는 휘하 장졸들에게 말했다.

"병서에 보면 자신을 사경에 빠뜨림으로 비로소 살아날 수 있다고 했다. 이제 내가 취한 이 방법도 바로 그런 것이다. 삶은 오직 한 길밖에 없다. 여기에서 여차하면 죽음만이 기다릴 뿐이다. 살아 나갈 길은 단 하나 적을 무찌르는 일이다."

한신의 강경한 말을 들은 부하들이 죽기를 무릅쓰고 싸우니, 조나라의 20만 정병이 파죽지세로 격퇴되고 말았다. 한신은 한 번의 기회

밖에 없다는 것을 장졸들에게 강조하여 강렬한 용기를 불러 일으켰던 것이다. 이 이야기는 '배수의 진'이라고 해서 최후의 기회에 전력을 투입하는 것을 이르는 말로 사용되고 있다. 격려와 조언으로 의욕을 갖는다고 해도 성공시킬 용기는 채 갖지 못한 상대에게는 일생에 단 한 번뿐의 기회임을 강조한다.

마지막 단 한 번뿐이라는 것을 강조해보자. 의욕을 일으킨 상대를 더욱 채찍질하면 상상외의 강력한 용기를 갖게 할 수 있다.

3. 작은 부탁을 의식적으로 하라

대부분의 사람은 상대가 정중하게 부탁하면 열이면 열 모두 다 도움을 주고자 한다. 물론 이 경우 부탁하는 사람은 사회적인 지위가 상위이거나 연령이 위에 있어야 한다는 현실적인 조건을 만족시켜야 된다.

항상 하위에 있는 사람은 위에 있는 사람에게 열등감을 갖고 있어서, 자기를 필요로 하는 사람이 자기의 지위보다 높을 경우 자기를 돋

보이는 계기로 삼으려 하는 심리가 작용한다. 한편으로는 상급자도 못하는 일을 하급자인 사람이 수행함으로써 심리적으로 상급자를 순간적이나마 열등한 위치에 놓으려고 하는 갈등이 작용하기도 한다.

그러나 오늘날의 사회구조를 철저히 파헤쳐 보면, 상급자와 하급자의 사이는 묘한 대립과 갈등을 내포하고 있어, 상급자는 자기의 '말투'를 깊게 의식하지 못해 하급자에게 자기의 약점이 노출되는 인상을 주는 이른바 부탁의 말을 건넬 줄 모른다. 대개 직장에서의 인간관계 불화 요인 중에 두드러지는 것이 언어의 잘못된 선택으로 빚어진 일이다.

하급자에 있어 상급자의 말투는 무척 영향이 크다. 아랫사람의 분발을 촉구하고자 한다면 언어는 곧 그 사람에게 자기보다 우위에 설수 있다는 감정을 불러일으키는 말씨를 사용해야 한다. 순간적이나마 사회적인 위치를 역전시켜 상대의 만족감을 유도하는 것이다. 사람은 누구나 열등감이 우월감으로 변화할 때 분발하게 되므로 정중한 부탁의 말로 상대는 압도할 일이다.

4. 열등감의 원인을 찾아 없애라

우리가 느끼고 있는 열등감이란 어떻게 해서 감지된 것인가. 대부분이 자기를 이렇게 자문해 보면 자기 스스로 열등감의 요인을 인식하여 느끼고 있지 않는다는 사실을 알 수 있다. 거의 모두가 열등하다는 기분을 갖게 된 것이 타인의 지적이나 평가에 의해서인 것을 부인하지 못한다. 의지가 약하고 자기를 세밀히 관찰할 능력이 없는 사람에게 특히 심하다.

처음에 상대와 대면할 때는 열등감을 느끼지 못했는데, 상대가 이쪽의 약점이나 무능한 점을 지적하게 된 다음부터 대화할 용기도 없어지고 의욕도 감퇴된다. 이것은 자기를 냉정히 관찰하지 못하는 사람에게서 더 두드러진다.

오랜 기간 동안 타인으로부터 결점을 지적받게 되면 열등감이 쌓여서 성격이 비뚤어지기 쉽다. 그래서 이땐 자기에게 보내지는 주위의 단정적인 말에 개의치 않는 대담성이 필요하다. 또한 자기를 만인들과 동등하게 놓고 객관적으로 바라볼 줄 아는 지혜를 기르면 된다.

더 효과적인 방법으로는 열등감의 원인을 추적하여 시정하는 것이다. 우선 무엇이 열등하다는 소리를 듣는 요인인가를 규명하고, 누구로부터 그런 평을 받았나를 기억하여 공개적으로 객관화를 이루면 된다.

5. 해보겠다는 결심을 갖게 하라

유능한 지도자는 사람의 능력을 발휘할 수 있도록 하는 방법으로 직설적인 요구나 노골적인 부탁보다는 우회적이며 측면적인 방법이 적절하다는 사실을 알고 있다.

실제로 사람은 능력을 확대시킬 수 있는 초능력을 지니고 있다. 그러나 이것은 우연으로 확대되고 개발되는 것이 아니다. 좀더 분발하고 싶은 욕구가 일어날 때에만 가능한 일이다. 나폴레옹이 "나의 사전에 불가능이란 단어가 없다"고 호언하면서 험난한 알프스를 넘을 수 있었던 것이 인간 능력의 무한한 가능성을 진작시키는 대명사로 불리워지는 것도 이 때문이다.

그렇지만 나폴레옹의 기백은 영웅주의에서 솟아난 것으로서 아무라도 쉽게 그와 같은 충동을 자기 것으로 해서 분발할 수 있는 건 아니다. 나는 30여 년 동안 스피치 강의를 계속해 오면서 "늦었다고 생각한 때가 가장 빠른 때다"라는 캐치 프레이즈를 주지시키도록 노력했다. '해보겠다'는 의욕에 아직도 늦지 않았음을 덧붙여 결심을 굳히게 만들어 준 것이다. 이 말은 현재 입시학원의 '캐치 프레이즈'로 전

용될 만큼 좋은 반응을 얻었다.

인생의 묘미란 보이지 않던 것을 스스로 발견하여 기쁨을 얻는 데 있다. 오른손은 자꾸 사용하므로 숙련되고 자유스러운 것이다. 따라서 왼손이 오른손의 숙련됨을 갖고자 한다면 갑작스런 사용보다는 점진적인 활용으로 능력을 갖도록 할 일이다.

실상 인간은 자기 혼자의 능력과 용기에 의지해서 살아가야 되는 존재이다. 누구도 직접적인 도움을 줄 수는 없다. 독단에 의해 영위되는 삶이다. 그러므로 '해보겠다'고 하는 결심을 불어넣어 주는 말은 위험스럽기까지 하다. 하지만 누구라도 자기 혼자의 힘으로 세상을 살아갈 수 없다는 강박관념에 사로잡혀 있는 것도 사실이다. 이 강박관념의 덕분으로 타인의 충고와 격려가 아무리 진실된 것이라고 하더라도 강한 거부의 심리가 작용하게 된다. 따라서 상대에게 능력을 신장시키려 꾀한다면 스스로 해보겠다고 하는 분위기 조성에 우선 주력해야 한다. 혼자의 용기와 결심으로 할 수 있을 것 같다는 자신이 생겼을 때 적당한 방향을 제시하는 방법으로 말이다.

6. 노이로제로부터 벗어나게 도와라

대인관계에 비협조적이며, 사람들과 접촉하기조차 꺼리는 사람의 대부분은 일종의 노이로제 환자이다. 비단 이것이 구체적 증상을 근거로 해서 감지된 사실이 아니라고 하더라도, 일단 사람들과 접촉하기를 꺼리고 비협조적인 사람들은 그들 나름대로 어떤 증오의 감정, 즉 불신의 선입견을 지니고 있다고 볼 수 있다. 인간이 인간을 증오하게 되면 자기의 존재도 부정하게 되고, 생활의 무기력화를 초래하는 수도 있다.

그러므로 이런 류의 상대를 격려하고 분발시키기 위해서는 설득의 방법이 직설적이거나 논리적인 형태의 말이면 효과가 없다. 도리어 악영향을 미친다. 상대가 어떤 원인에 의해서 노이로제에 사로잡히게 되었는가를 먼저 살펴, 먼저 노이로제로부터 탈피시켜야만 그 다음의 설득이 효과를 보이게 된다. 몇 가지 실례를 들어 봐도, 이러한 상대를 설득시켜 분발케 한 것이 모두 상대와 자기의 생활을 밀접시켜 인간적인 애정을 심어 주었다는 데로 귀결된다. 그러나 그 인간적인 우호의 감정이 본질적으로 존재하지 않았던 것은 아니다. 태어날 때부터 지니고 있었으나 어떤 특별한 계기로 인하여 상실되고 잊혀졌던 것을 진실되게 협력하여 되찾게 해주는 것이다.

T건설회사에 남南이라는 엔지니어가 있었다. 그의 담당 부서는 거대한 크레인을 가동시키는 현장의 기계실에 있었는데, 성격이 아주 배타적이어서 입사 초부터 동료가 사소한 부탁을 하여도 듣는 둥 마는 둥 무관심하기가 일쑤였다. 어떤 때는 사소한 실수를 일으켜 상사

들은 그의 처리에 부심하게 되었다. 그러나 회사측에서 남에 대해 제재를 가하려고 하면 실무관리자 측에서는 막무가내로 만류하였다. 그의 기술이 워낙 뛰어나고, 간혹 작은 실수를 저지르기는 하지만 그 정도의 실수는 다른 엔지니어의 실수에 비해 미미한 것이었으며, 그가 빠지면 실무 면에 막대한 손실을 초래할 정도로 기술적인 측면에서는 엘리트였기 때문이다.

결국 직계 상사인 오嗚 주임이 그의 집을 찾아가 무려 3개월간을 함께 생활하며 그를 관찰하기 시작했다. 그는 인간불신의 노이로제에 아주 깊게 빠져 있었다. 그 원인은 실연 때문이었다. 오 주임은 3개월동안 인간적인 관심과 애정을 바탕으로 그를 설득시켜 정신적인 안정을 되찾게 해주었으며, 훌륭한 엔지니어로 성공할 수 있는 길을 열어 주었다.

7. 양자택일을 시켜라

무슨 싸움이든지 생과 사가 갈리는 극한 상황에 놓이면 둘 중 하나에 승부를 걸고 결단을 내리게 된다.

입학시험에 실패한 학생, 사업에 파산한 사업가, 천재를 만나 한 해의 농사를 그르친 농부 등 이런 종류의 실패를 맛본 사람들은 모두 생과 사의 기로에서 고통을 받기 마련이다. 이렇게 절망에 빠진 사람을 설득하는 데는 양자택일을 권유할 수밖에 없다. 아예 단념해 버리든가, 혹은 더욱 분발해 보도록 자신을 갖든가, 두 가지 중에 하나를 선택하여 처신하라고 이르는 것이다. 그러면 대개의 경우 무기력하게 주저앉기보다는 다시 한번 부딪쳐 보겠다고 마음먹기 마련이다.

기복이 없었던 영광이란 값어치가 없고, 고통 없이 얻어진 기쁨은 그리 즐거운 것이 아니다. 사람은 살다보면 괴로운 시련을 숱하게 접한다. 한 고개를 넘어서면 또 다른 고개가 기다리는 시련이 첩첩이 쌓인 생활의 연속이다. 이를 극복하지 못하고 좌절하는 사람은 인생 성공의 뒤안길을 헤맬 뿐이다.

"자유가 아니면 죽음을 달라"고 외친 패트릭 헨리Patrick Henry는 자유의 선택을 최선으로 판단하였으며, 알프스 산 앞에서 나폴레옹은 "불가능이란 없다"라고 외침으로서 넘는 것을 선택했다. 그러나 우리들 주변에서 실의에 빠져 있는 사람들은 삶과 죽음의 통로를 방황할 뿐 자기를 스스로 결정짓지 못한다. 낙망하고 실의에 빠진 상대를 분발시키려면 선택의 효과를 이용해야 한다. '더 좋은 방법을 택할 수 없으면 죽음뿐이 없다'라는 극단적인 명제를 주면 어느 누구라도 죽음보다는

차라리 한 번 더 부딪쳐 보고싶은 충동에 사로잡힌다.

햄릿은 자기 스스로 삶과 죽음의 기로에서 어느 한 쪽을 선택할 능력이 없어 번민했지만 오늘날 우리가 겪는 불행이라는 것은 생각보다 다른 양상을 띠고 있다. 분발을 재촉하기 위해 상대에게 생과 사의 선택권을 부여할 수 있다면 설득자가 취할 수 있는 가장 효과적인 방법이다. 칠전팔기의 대명사로 불리우던 닉슨 전 대통령도 대통령 선거와 주지사 선거에서 연패하여 절망에 빠졌을 때, 그대로 침몰하기보다 상처투성이인 그의 배를 혼신의 힘으로 조정하여 최후의 목표에 도달했다. 인간에게 극한 상황의 선택을 부여하면 예기치 못한 용기를 갖게 된다.

8. 욕망을 부채질하여 불붙게 하라

사람이 행동하는 동기 중에서 가장 근본적인 요인은 욕망을 실현시키고자 하는 것이다. 땅위의 모든 만물이 인과의 필연에 의해서 움직이

는 것이라면 인간의 모든 활동도 논리적 불가피적 원인으로 발생하는 것이다. 따라서 우리들이 행하는 의식적이고 계획적인 행동은 모두 욕망에 의해서 일어나는 것이라고 할 수 있다.

우리들은 밤이나 낮이나 시시각각 어떤 종류든지 욕구에 지배되어 있다. 이러한 욕구에 대한 관심이 높을수록 인간을 관찰할 수 있는 능력도 향상될 수 있으며, 대화에 있어 인간의 욕망을 부채질할 수 있는 힘도 지니게 된다.

실로 인간은 욕망을 일으켜 얻어진 결과보다 욕망을 갖는 그 자체에 쾌감을 느낀다. 에머슨은 『인생의 행장』에서 "욕망이란 소유라고 하는 코트가 덮어 감출 만큼 크지가 않은데도 점점 커지는 거인적인 존재이다"라고 말하며 인간은 욕망의 포로라는 것을 시사했다.

인간의 모든 행동은 욕망의 원천에서 샘솟은 지류에 불과하다. 따라서 사람의 마음을 사로잡아 분발시키려면 격렬한 욕망의 불꽃을 심어주는 것이 효과적이다.

정신분석학자 프로이트는 "욕망과 성의 충동이 인간행동의 두 가지 동기"라고 했다. 위대해지고싶다, 남보다 우위에 서서 자기의 존재를 과시해보고 싶다고 하는 기분이야말로 인간의 본능이며 분발을 재촉하는 자극제인 것이다.

9. 신뢰하고 싶은 충동을 일으켜라

남자나 여자나 남에게 미움을 받기 좋아할 사람은 없다. 그러나 실제로 자기가 잘못되어 가는 것을 자각하고 있으며, 그로 인해 남들의 미움을 받고 있다는 사실을 인식하고 있으면서도, 그 모순 속에서 자기 자신을 해방시킬 줄 모르는 사람이 무척 많다. 인간사회의 실제적인 고민은 바로 이런 것이다.

흔히 다루기 어렵다거나 반항적인 기질이 있는 사람이라고 해서 평범한 사람과 크게 다른 것은 아니다. 누구든지 남에게 인정받으려고 하는 마음이 있어 그들도 호의적으로 대해주면 오히려 더욱 긴밀한 유대를 맺을 수 있는 소지가 있다. 어려운 난관에 봉착해서 불안에 떨고 있는 사람도 마찬가지다. 난관에 봉착하게 되면 의욕이 감퇴되고 쓸 데 없는 불평이 늘게 되며, 사사건건 사람 그 자체를 싫어하게 된다. 이런 처지의 사람에게 도움을 줄 때면 확실히 새롭게 되고 싶다는 강렬한 욕망에 휩싸이는 모습을 볼 수 있다.

나의 대학 동창으로 구俱라는 친구가 있다. 그는 일찍이 대학 4학년에 재학중일 때부터 사업에 손을 대 기업에 비품을 납품하는 자질구레한 사업에서부터 일약 몇 년 사이에 큰 사업을 벌인 사업의 천재였다.

그의 성공은 별다른 비결이 있었던 것은 아니다. 납품을 의뢰하여

온 고객이 품질 여부를 왈가왈부할 때라도 그는 고개를 끄덕이며 긍정하였다. 꼬치꼬치 불필요한 결점을 지적하는 사람들은 대개 심리적으로 불안해 있다는 것을 염두에 두고, 고객의 개인적인 문제에 적극성을 보여 고민거리에 대한 화제를 유도해내고 그에 대해 조력을 서슴치 않았다. 이러한 처세 덕분으로 그와 관계를 맺은 구매자들은 한결같이 그에게 친구 이상의 친밀감을 느끼게 되었고, 비품의 질에 대해서도 허심탄회하게 말할 수 있는 여건이 되었으므로 날로 번창하였던 것이다.

역설적이지만 까다로운 상대일수록 마음을 붙잡기가 쉽다는 사실에 주의해야 한다. 예를 들어 극도로 의심이 많은 사람을 대할 때는 누구든지 까다로워 처세가 어렵다는 평계로 기피하게 되고, 끝내 그 사람은 외로운 처지에 놓이게 된다. 때문에 의심하는 심리 그 이면에는 무엇이든지 신용하고 싶은 반발적 심리가 잠재해 있기 마련이다. 이런 부류의 인간에게는 대담하고 자신 있는 태도로 임해야 되며, 그의 의심증을 풀어주면 호의를 보이게 된다.

e
ychology

eech

비평 충고의 **작전**

남을 꾸짖고 비평하는 것만이 인생을 보람 있게 살아야 하는 생활인의 자세는 아니다. 비평보다는 동의, 힐책보다는 격려의 말이 더 지혜로운 자의 선택이다. 그러나 정녕 힐책, 비평이 필요한 경우에 처해서 천려일식의 기회를 만들면 오히려 역효과를 초래할 수도 있다. 현명한 판단에서 나온 것이라면 적당한 힐책, 정확한 비평의 말이 금쪽과 같은 가치를 발휘할 것이다.

1. 비평은 위로의 말로 끝맺어라

친근감이 결여된 비판은 꾸중에 지나지 않는다. 비판은 항상 상대에게 감정을 상하게 만들기 때문에 자칫 적대감을 불러일으켜 개인적으로 적의를 품게 할 우려가 있다. 비록 존경했던 사람에게서 비판을 받을지라도 기분이 상하기는 정도의 차이가 있지만 마찬가지이다.

꾸짖음이 의욕 상실을 불러온다면 이것은 전적으로 꾸짖는 사람의 과실이라고 할 수 있다. 비평과 꾸짖음의 의도란 좀더 좋은 결과를 바라는 데 있으므로, 힐책의 논조를 의욕상실로 비약시키면 결국 꾸짖음은 그 자체로 끝나고 만다. 상대의 마음속에 "위로를 받았다"가 되게 해야 한다. 만약 업무를 할당하여 지정 기일까지 완수하라고 일렀던 사원이 아직 미결인 채 있다는 보고를 받으면 어떻게 해야 할까?

"자네답지 않은걸, 그 정도라면 자네의 능력으로 얼마든지 할 수 있을 텐데. 그러나 너무 걱정은 말게, 나 역시 때로 슬럼프에 빠질 때도 있으니까. 자네 요즘 많이 피로한가 보지?"

　　꾸짖음 뒤엔 위로의 말을 잊지 말아야 할 일이다. 유종의 미는 힐책의 작전에서도 가장 중요하다.

2. 꾸짖음은 단 한 번만으로 끝내라

슬기로운 지배자 솔로몬은 "잔소리가 많은 여자와 더불어 지내느니보다는 차라리 지붕밑 다락방에 사는 편이 현명하다"고 말하며 잔소리는 인간관계를 해치는 독소임을 지적했다.

　　잔소리란 이미 비평의 말이나 힐책의 말이 효과를 상실한 상태를 가리킨다. 좀더 효과를 얻기 위한 비평이나 힐책은 단 한 번에 그쳐야한다. 또한 힐책의 방편으로 때로 예전의 일을 들추어내거나 지엽적인 이야기를 확대·발전시켜 이야기가 길어져서 상대가 곤욕을 치르도록 만들면 안 된다.

　　꾸짖음의 원개념은 잔소리를 뜻하는 게 아니다. 명료하게 충고하여책임에 대한 한계를 확인시키거나 좀더 개선시키고자 하는 데 목적

이 있다. 상대방의 상처를 건드리는 자극적인 이야기를 계속해서 감정
을 손상시키면 힐책 전의 상태보다 오히려 더욱 나쁜 결과가 유발된
다. 따라서 꾸짖음의 언어를 줄이는 노력이 좋은 효과를 얻을 수 있다.

철학자 에피쿠로스도 "긴 말이나 짧은 말이나 거기에 내포하고
있는 목적은 한 가지다"라고 해서 말이 많음을 경고했다. 데일 카네
기 역시 "잔소리를 들으며 일품요리를 먹기보다 편안한 마음으로 핫
도그를 먹겠다"고 했다. 또 중국의 경구 중에는 "짧은 한 마디의 말로
써 핵심을 찌른다"는 뜻의 촌철살인이라는 말도 있다.

이렇게 해서 힐책이나 비평에서 말이 많으면 득보다는 해가 많음을
알 수 있듯 꾸짖음은 결코 잔소리가 되어서는 안된다.

군웅이 할거하던 중국의 춘추전국시대 조 나라에 사는 한 재상은
아주 못된 망난이를 외아들로 두었다. 그 아들은 거리에 나가 지독한
욕설로 남의 흉보기를 매일처럼 계속했다.

아들의 비행에 염증을 느끼며 시달리던 재상은 임종을 목전에 두고
아들을 불러 이르기를 "내가 죽거든 하루에 한 번씩 저잣거리에 나가
입을 다물고 돌아다니도록 하라"는 유언을 남겼다.

그 이튿날부터 망나니 아들이 입을 굳게 다물고 시장에 나가보니 이곳 저곳에서 싸우는 소리, 흥정하는 소리, 남의 흉보는 소리에 귀가 따가울 지경이었다. 망나니는 그들의 틈 속을 비집고 들어가려고 몇 번을 망설였으나 아버지의 마지막 부탁을 듣고자 마음을 달래 마침내 말없고 무게 있는 사내로 자리를 잡아갔다는 이야기가 있다. 재상은 잔소리 대신 자극이 없을 한마디 말로 아들을 훈계시킨다.

3. 객관적으로 부분적인 결점을 지적하라

말은 필연적으로 말하는 이의 주관이 작용한다. 그것은 감정적이 되기 쉽다는 것을 의미한다. 감정의 노출은 상대에게 충고하거나 비판할 때엔 특히 금물이다. 감정의 충돌을 초래할 여지가 많기 때문이다.

하지만 부분의 지적은 기타 다른 부분에 대한 무의식적인 칭찬이 될 수도 있다. 열 개의 조건 중에서 꼭 한 가지 해결 불능의 것이라면 다른 아홉 개의 조건이 수월하게 보이듯, 충고를 받는 입장에서도 꼭 한 부분을 지적받으면 크게 기분이 상하지 않는다.

"다른 것은 다 좋아요, 능력 있고 성실하고. 그러나 너무 자신에 차 있기 때문에 이런 실수를 유발한단 말이죠", "계획의 수립도 좋고 자료의 수집도 좋았으나 아마 재료가 좋지 않았던가 보군요"라는 충고를 감정적인 말로 받아들일 상대는 없다.

다만, 꾸짖을 때 주관보다는 객관적 사실에 기준을 두어야 할 것이며, 전체보다 부분적 결점만을 꼬집도록 한다.

4. 비판은 은밀히 부드럽게 하라

비판은 은밀한 분위기에서 정적으로 진행되어야 한다. 공개적으로 상대의 결점을 지적하거나 제삼자에게 들어보라는 듯 비판을 확대시키면 모욕감을 느끼게 되어 비판의 효과가 없다. 비판할 때는 상대가 순수하게 받아들일 수 있도록 둘만의 자리를 만들어 은밀한 분위기에서 해야 생각을 깊게 하게 된다. 인간은 자존심의 너울을 벗고 소탈한 기분으로 전환하기가 어렵다. 그러므로 자존심을 최대한 살려주는 태도로 비판을 시작하면 진지하게 이쪽의 말을 받아들인다.

사회생활을 하다 보면 문책하는 한 마디의 말 때문에 인간사회의 연결이 단절되는 비극도 일어날 수 있다. 공개적인 비판은 자극을 주어 실추된 명예를 회복하고자 분발하는 계기로 될 수도 있지만, 오히려 그보다 심각한 패배감을 느끼는 편이 강하다. 잘못을 꾸짖는 것은 말의 힘에 있는 게 아니라 인간의 정에 좌우되는 것이다.

프랑스의 사상가 라 로슈푸코는 "우리는 즐겨 사람의 정체를 밝히려 하지만 누구든지 자기가 남에게 노출된다고 느끼면 불쾌감을 느낀

다"고 말한다. 프라이비트private한 생활은 누구나 갈망하는 것이다. 이 세상은 공동사회의 인상을 풍기고 있지만 지극히 심각한 개인주의가 팽배해 있다. 자기 혼자만의 만족으로 미소를 얻고, 불만은 자기 혼자만으로 그치도록 노력하는 한편, 무능력한 점은 남이 알아채지 못하도록 상당한 조심을 한다. 그러므로 특히 개인적인 생활을 침해하는 비판이나 충고는 금물이다.

5. 명확한 방안을 제시하라

막연한 타당성에 기준을 두고 상대를 힐책하는 것은 무모한 방법이다. 보다 확실한 근거에 의해 기준을 설정하고 그 설정된 기준에 미흡할 경우에 꾸짖는다. 그리고 설정된 기준을 명확히 제시하여 개선할 목표를 갖게 해주는 것이 꾸중하는 사람의 배려이다.

불만이 많은 대다수의 셀러리맨들의 고충은 상사가 꾸지람을 하거나 문책할 때 무턱대고 자기 감정에 빠져 있으며, 그 문책의 기준

도 자기 나름의 것이라서 꾸중을 듣는 입장에서는 개선하려는 마음보다 '또 잔소리만 하는구나' 하고 느낄 뿐이라는 데에 있다. 게다가 앞으로 어떻게 했으면 좋겠다는 이야기마저도 삽입시키지 않아 문책을 받을 때에는 막연하게 그저 기분만 상할 뿐이라고 한다. 또한 대단한 노력을 경주하여 일을 마무리져 놓았으나 상사는 무엇이 불만인지 완성된 서류를 들고 연신 투덜거리는 양이 정말 보기 싫다고 고백하기도 한다.

시정의 목표를 확실히 염두에 두고 개선을 당부하는 상사의 요구에 응하지 않을 사람이 있겠는가. 진정 유능한 상사란 이렇게 목표를 정해놓고 그 목표를 달성키 위한 계획을 부하에게 지시할 수 있는 능력을 갖춘 사람이다. 이런 명확한 목표의식을 갖게 되면 상대의 조건과 목표 사이의 간격을 쉽게 감지할 수 있다.

가령, 제품의 불량률이 증가하거나 종업원의 실적이 부진할 때, 상사는 좋은 제품에 대한 정확한 수준을 제시하여 개선을 지시해야 되며, 종업원의 작업 실적이 부진할 때에도 과학적인 분석 아래 실적 목표를 설정하여 그 기준에 도달할 것을 지시해야 한다. "어떠한 목표라도 최초의 한 발자국부터 시작한다"는 의욕을 불러일으켜야 한다. 100을 기준 목표로 삼았다면 첫날은 1부터 시작하라고 지시한다. 무작정 100을 향해 돌진케 하는 무리한 지시와 시행착오로 빚어진 결과의 무조건적인 꾸중은 인간관계의 암적 요소이다.

6. 우월감을 상하지 않게 하라

충고와 비평은 어쨌든 기분 좋게 받아들일 만한 것은 아니다. 충고를 하는 입장에 놓이게 되면 아무튼 상대보다는 이쪽이 우월한 입장에 놓여 있다는 반증인데, 이런 경우의 처세가 특히 중요하다.

『플르다크 영웅전』에 보면 이런 말이 있다.

> "상처에 좋다고 꿀을 바르면 상처가 낫는 것보다 우선 쓰린 기분에 싫어지고, 염증이 생긴 눈이 강한 빛을 싫어하듯이, 솔직한 충고는 듣는 고통을 참을 수 없게 만든다."

아무리 건전하고 진지한 충고라도 상대의 자존심을 건드리거나 상처를 자극하면 역효과를 수반한다. 미국의 인간관계 연구소 소장 제임스 벤더 박사는 충고와 비평의 타이밍에 대해서 이렇게 말한다.

"나의 경우를 보면 대부분의 충고를 요구하는 사람들에게 우선 '나 역시 잘 모르지만' 하고 말문을 연다. 상대가 '저쪽도 잘 모르는 구나' 하는 우월감을 느끼게 하기 위해서다. 상대가 우월감을 느낀 후 충고

를 하면 거의 완벽한 효과를 기대할 수 있다."

벤더 박사의 이론에 의하면 '상대의 감정 흐름을 교묘히 이용하여 우월감을 자극한 후에 입을 열어야 한다'는 것이다. 어떤 때는 상대가 자청해서 충고나 조언을 의뢰하는 경우도 있다. 이런 때에는 거의 모든 사람이 칭찬 섞인 말을 듣고 싶어한다는 것도 알아야 한다.

자기의 자존심을 은폐하고 머리를 숙이는 상대에게 우월감을 느끼고 직언을 서슴치 않는 사람은 실패하는 일이 많다. 벤더 박사에게도 이런 일화가 있다. 유명한 제과회사에서 조언을 청해왔다. 벤더 박사는 사장으로부터 "박사님은 우리 회사에 대해 무슨 일을 하실 수 있습니까?"라는 단도직입적인 질문을 받았다. 벤더 박사는 잠시 대답을 망설이는 표정을 짓더니 "글쎄요, 잘 모르겠습니다만… 우선 중역의 의견을 들어보겠습니다" 하고 대답했다.

이 말을 들은 사장은 그 즉시 박사에게 향후 3년 동안 자기 회사의 자문을 부탁하게 되었다고 한다. 이 일화에서 알 수 있는 것은 그 제과회사에서는 그동안에도 몇 명의 유능하다는 전문가를 초빙한 적이 있는데, 초빙되어 온 전문가가 한결같이 그들의 지론을 내세워 일방적인 충고를 서슴치 않았으나 벤더 박사는 처음에 "잘 모르겠습니다" 하고 겸손한 태도로 임했기 때문에 사장의 우월감을 진작시켰다는 것이다.

똑같은 내용의 충고와 조언도 때에 따라서 전달되는 언어 표현에 의해 전혀 다른 효과를 얻게 된다.

7. 때로는 공개적인 비판도 하라

사람은 누구든지 자기 자신을 천박하다거나 불공평하다고 생각하지 않는다. 다른 사람에게 피해를 준 행동을 저질렀을 때에도 자기가 한 행동에 대해 합리화하고, 많은 억지 자료를 동원하여 자기의 무고함을 변명하려고 한다. 그리고 누구라도 자기의 잘못을 지적하지 않을 때까지, 또한 자기가 가장 친절하고 공명정대하다고 생각할 때까지 자기의 자존심 뒤에 몸을 감추려고 한다.

산업 심리학자인 덧트 호스트맨은 "사람들이 자기를 무고하고, 공명정대하다고 여기게 되는 것은 자기가 불충분하기 때문이다. 결국 자기 자신을 신뢰하지 못하기 때문인데, 인간은 아직도 신뢰관계를 보상할 수 있는 능력은 갖추지 못하고 있다"고 하여 인간의 자기보호에 대해서 일침을 가한다. 그의 말에도 이미 언급되었지만 인간은 자기의 처지가 약화되는 기분을 갖게 되면 꾸짖음이나 비평의 자극적인 말을 수용할 여유를 잃게 된다.

위대한 과학자로 알려진 뉴턴도 한때 아주 평범한 원리를 자기 나름대로 고집하다가 하인의 빈축을 받은 적이 있다. 뉴턴이 늙었을 때

의 일이다. 하루는 빨갛게 달아오른 난로 옆에 앉아 있자니 더워서 견딜 수가 없었다. 참다못한 뉴턴은 하인을 불러 "이 난로의 불을 *끄게*" 하고 말했다. 그러나 하인은 "난로의 불을 *끄면* 곧 춥다고 다시 피우라고 하실 텐데요?" 하고 뉴턴의 즉흥적인 기분을 이해할 수 없다는 태도로 되물었다. 그런데도 그는 충고를 들은 척도 않고 계속 하인을 다그쳤다. 마침내 하인은 몹시 안됐다는 표정을 지으며 말하였다. "그렇게 난로 옆에 바싹 당겨 앉아 계시지 말고 의자를 멀리해 놓고 앉으십시오."

힐책이나 비판을 모면하기 위해 변명을 늘어놓는 상대에게는 변명하는 자세가 어리석음을 납득시키는 노력이 필요하다. 그러나 설득의 경우처럼 점잖고 부드러운 어조가 여기에서도 효과적인 것이 아니다. 변명이란 또 다른 변명을 생각해내기 위한 것이므로, 비평의 끝맺음을 이쪽의 의논대로 강행시키려면 단도직입적이고 직설적인 언어를 때로는 사용해야 된다. 지혜롭지 못한 사람은 무지를 꼬집고, 무례한 자는 공손치 못함을 공개적으로 비난해도 좋다. 공개적인 비평은 이쪽의 비평과 상대의 변명이 대중 앞에서 공정히 심판을 받게 되므로 상대의 변명을 더 이상 유발하지 않는다.

8. 지나친 간섭은 피하라

예술하는 사람들의 대부분은 이기적이고 독선적인 면이 있다. 또한 개인주의적 경향이 예술로 비약한 것인지, 예술을 함으로써 개인화가 되어 버리는지 자기 혼자 있을 때가 제일 쾌적한 때라고 말하는 사람도 많다.

이런 사람에게 작품에 대한 간섭을 한다든지, 사생활에 대해서 추궁하게 되면 벌컥 화를 낸다. 보통 사람들도 간섭을 받으면 노여워지는 감정을 가지며, 다만 그 표현 정도가 지나치지 않을 뿐이다. 상대를 비평할 때는 지나친 간섭이라는 인상을 주지 말아야 한다.

베아링을 생산하는 H회사에 잘 아는 친구가 제작부에 책임자로 있다. 그 친구는 위로부터 "베아링 생산량을 늘리도록 하라"는 지시를 받고 아래 공원들에게 다시 지시를 내렸는데, 너무 오랫동안 작업에 별 진척이 없다며 불평하였다.

나는 그 친구의 작업 독려 방식을 듣기로 했는데, 그는 매일 매시간 작업장을 돌아보며 간섭하고, 작업이 부진한 곳에서는 장시간을 지켜본다고 했다. 그래서 나는 그에게 몇 가지 좋은 의견을 말해 주었다. 우선 거의 매시간 순시하던 규칙을 버리고 간섭을 최대한으로 줄이며, 공원들이 잘못하여 작업량이 미달되었을 때에는 아무 꾸중도 하지 않고 잠시 휴식을 갖도록 배려하라는 말이었다. 그런 후에 구체적으로 작업반 편성의 효율적인 면을 고려하여 보기로 했는데, 먼저 내가 일러준 대로 실천해 보았더니 처음 며칠 동안은 제법 반응이 좋았으나 결국 마찬가지였다.

　그래서 나는 작업조를 A, B로 나누어 놓고 그들이 일할 수 있는 능력껏 하라고 생산 목표를 일단 주지 않도록 권유했다. 그랬더니 한 달도 못되어 그 친구가 찾아와서 대성공이었음을 일러주었다.

　친구가 성공을 거둔 비결을 분석해보면 첫째 직접적인 간섭을 줄여서 작업을 감독하는 사람이 일일이 지시, 교정, 독려하는 것을 없앤 데 있고, 둘째 목표량을 임의로 해보라고 하여 독자적인 작업을 가능케 했다는 데 있었다. 비평으로 좋은 결과를 유도하기 위해서 지나친 간섭을 거리낌없이 실천하는 게 도리어 효과가 없음을 단적으로 증명해준 것이다.

9. 인간적 결점을 지적하라

"아무런 결점도 보이지 않는 사람은 바보이던가 위선자이다."

　H . 쥬벨이『팡세』에서 말한 바 있듯이 인간에게 결점이 없을 수 없다. 결점이란 자기의 눈에는 쉽사리 보이지 않는다. 그러므로 상대가

자기의 결점을 지적하게 되면 한편으로는 불쾌하고 모욕감을 느끼면서도 어쩔 수 없이 약해지기 마련이다. 하물며 자기의 결점을 노출시켜 약점을 잡히려는 사람은 없다.

그러나 결점을 보이지 않으려는 마음가짐이 때로는 다른 사람에게 경당하는 경우도 있다. 결점이 없는 인간이란 무미건조한 인간일 뿐더러 사실상 결점을 지니지 않을 수도 없는 노릇이니 위선자의 너울을 쓰게 되는 것이다.

불사신으로 불리웠던 트로이 전쟁의 영웅 아킬레우스도 전쟁에는 전능했으나 그의 단 하나 약점인 발 뒤꿈치의 힘줄 때문에 죽고 말았다. 흔히 약점 없는 인간이 없다는 말을 거론할 때 '아킬레우스의 건'이라는 말을 하게 되는 것도 인간은 결점이 없을 수 없다는 논리에서 나온 말이다. 그러므로 사람을 잘 다룰 줄 아는 사람은 상대의 인간적 결함을 정확히 파악할 줄 알며, 그 결함의 지적으로 상대를 자기 의도대로 좌우되게 만든다.

Chapter 05

친근 호감의 **작전**

누구든지 타인에게 호감을 받으며, 언제 만나도 손을 맞잡고 정을 나눌 수 있는 호감 받는 사람이 되고자 한다. 메마른 우리 사회에 한 줄기 햇빛처럼 반가운 인정을 나눌 수 있는 사람은 어떻게 창조되는가? 소원했던 사람, 친밀감을 느껴 보지 못했던 이웃, 나아가 친밀감을 갖고자 꾀하는 사람과 거리감 없는 소탈한 대화를 나눌 수 있는 길을 밝힌다.

1. 필승의 신념을 보여라

인간의 마음이란 때로 불안정한 충동에 의해서 좌우된다. 일을 해보고 싶은 것도 충동이고, 도중에 포기하고 싶은 것도 충동이다. 이러한 충동은 극히 순간적으로 일어나는 것이지만 가끔 비약의 계기가 되기도 한다. 인간관계를 연구하는 전문가들 사이에서는 이러한 충동적 용기를 신비스러운 힘으로 보는 사람까지 있다. 조직적인 두뇌활동의 유기적인 힘으로 생각하기 때문이다.

그러나 이런 경우의 충동은 자기 자신의 능력을 계발할 수 있는 잠재적 힘을 지닌 충동을 말한다. 현재의 수준에 만족하지 않고 계속 활동 영역을 확대하기 위해 이 충동적 의지를 효과적으로 이용할 줄 아는 지혜가 필요하다.

여기에서 자기에게 유리한 충동적 의지란 곧 신념을 말한다. 신념이란 자기의 주관이나 목적을 달성하고자 하는 근본적 자세이므로 순간순간 번득이는 충동에서 신념을 갖는 것이 중요하다.

상대방의 호감을 얻는 길에 몇 가지 패턴이 있다면, 우선 그 하나의 패턴은 이쪽이 건실하게 보이고 강한 신념 속에 불타 있다는 사실을 인정시키는 일이다. 신념 있는 사람의 눈빛은 상대를 매료시키는 힘을 지니고 있다. 신념의 의지를 굳힌 상대와 대면하는 것은 사람들의 기쁨이다. 엘바섬을 탈출하여 그의 조국 프랑스의 영광을 되찾자고 호소하는 나폴레옹을 보고, 그의 옛 부하들은 한결같이 재도전의 용기를 얻었다. 나폴레옹의 신념에 차 있는 눈빛에서 승리할 수 있다는 확신을 보았기 때문이다.

신념의 신뢰는 그 밑바탕에 강한 힘을 동반하므로 대단히 중요하다. 인생 성공이 바로 신념의 여부에 의해서 가름될 정도로 확고부동한 신념을 지녔다는 것은 큰 힘이다. 신념을 얻을 수 있는 길은 자기를 중시하는 사상에서부터 비롯된다.

사람은 긍지를 갖게 되면 자기 스스로 다른 사람에게 중요한 사람이라는 것을 느끼게 된다. 결코 자만과 오만이 아니고 "나는 꼭 필요한 사람이다"라는 중시의 감정이 타인의 협조와 신뢰를 얻게 한다. 항상 안정되어 있지 못한 정신적인 변화를 적절히 조화시켜 순간적으로 떠오르는 신념의 의지를 자기 것으로 해야 한다. 신념은 곧 하고자 하는 충동적 의지가 자기 것으로 고착된 상태를 말하기 때문이다.

2. 경청의 명수가 돼라

셰익스피어가 "모든 사람에게 너의 귀를 주어라. 그러나 너의 목소리는 몇 사람에게만 주어라"라고 말한 것처럼 세련된 화법은 듣는 것에서부터 출발한다. 인간은 선천적으로 이야기하기를 즐긴다. 이와 반대로 듣기에는 그렇게 관심이 있는 편이 아니다. 미국 미네아폴리스의 한 성인학교에서 〈스피치 코스〉와 〈리스닝 코스〉를 개설하여 5년 동안 성인들의 관심도를 측정했다. 그 결과 스피치 코스는 언제나 1만 원이었으나 리스닝 코스는 단 두 사람의 희망자밖에 없었다.

인간은 이야기를 함으로써 상대의 협조와 동의를 구하려고 하지, 듣는 것으로 상대를 만족시킬 수 있다는 데까지는 생각을 미처 하지 못한다는 것을 단적으로 말해준다. 말하는 인간의 속성을 만족시키면 호감을 얻기가 쉽다. 만족시키는 방법으로서는 듣기의 중요성이 대두된다. 누구든지 듣기를 별로 좋아하지 않는다는 것은, 한편 상대방의 이야기가 흥미롭지 못하다는 데에도 이유가 있겠지만, 듣는다는 게 자기를 수동적인 입장에 놓여지게 한다는 기분을 불편하게 여기는 것이다.

그러나 듣는 일은 매우 중요하다. 사람은 타인에게 가장 호감을 느낄 때가 자기의 이야기를 잘 들어줄 때라고 한다. 이 원칙에 충실하면

듣는 사람이 말하는 사람 이상으로 대화의 이득을 얻는다. 설득의 명수 소크라테스도 청년들에게 "먼저 자네들이 말해 보게. 그것으로 나는 판단할 테니까"라고 제의했다고 한다.

D실업은 좀체로 노사분규가 일어나지 않기로 알려져 그 계통의 회사들에게는 선망의 대상이다. 그 이유에 대해서는 대표이사로 있는 방ㅊ 사장의 설득 솜씨가 뛰어나다는 중론이었다.

방 사장은 임금문제나 처우에 관해서 사원들이 농성을 벌이면 주모자급 한두 명을 자기 방으로 부른다. 그는 농성 사원들을 자기 방으로 부른 다음 그들의 요구 조건을 먼저 경청한다. 경청하는 사장의 태도가 무척 진지하고 호감을 갖고 있는 인상을 주기 때문에 사원 대표들은 격했던 감정을 어느새 버리고 조그만 소리로 자기들의 주장을 말한다. 그러나 주장을 말한다고 하지만 강력한 어투는 결코 아니고 강요의 의미도 심각하지 않은 식이었다. 어떠한 형태의 논쟁이라도 상대의 입에 시선을 모으고 귀를 기울일 줄 아는 사람은 말하는 것 이상을 얻을 수 있다는 좋은 예이다.

3. 상대의 심리부터 파악하라

아무리 까다로운 상대와 대면하더라도 심리상태를 정확하게 파악한다면 기적을 일으킬 수 있다.

상대의 심리, 반대 원인 등을 간파하지 못하면 설득은 영원히 불가하다. 감정적으로 반감을 가지고 있는 상대에게 논리적인 설득을 되풀이한다는 것은 시간의 손실만을 의미한다. 감정적인 설득이 뒤따라야 상대의 마음을 열어놓을 수 있다.

어떤 경양식집의 여주인은 50고개를 바라보는 초로의 얼굴인데도 단골 손님이 끊이지를 않는다. 그녀의 비결은 손님의 심리를 정확히 살펴 응대하는 것이다. 상대가 쾌활할 때는 같이 떠들어 주고, 우울해서 말없이 술잔만 학대하고 있을 때엔 조용한 격려의 말을 잊지 않는다.

손님의 호칭도 '아빠'에서부터 '선생님', 때에 따라서는 '씨'라고 하는 간단한 경칭마저도 사용한다.

성공자들의 말을 들어보면 사람들의 감정의 섬세한 부분까지 살필 줄 알았기 때문에 성공할 수 있었다고 말한다. 학벌도 신통치 않고 미모도 빼어나지 않은 김金이라는 여자가 집안사정 때문에 직장에 나가려고 입사시험을 치르게 되었다. 마침 M실업에서 비서직을 한 자리 비워두고 공개채용을 했는데 다행히도 필기시험에 합격하여 면접을 하게 되었다. 면접은 의외로 세밀하여 그녀는 자신을 잃어가고 있었으나 면접을 보는 비서실장의 옷차림새를 보고 퍼뜩 들어오는 것이 있어 자기 소개를 하라는 소리에 "저는 성격이 깔끔한 편이라 사무실에 먼지 하나라도 날아다니지 않게 할 생각입니다. 보시다시피 학벌과 기

타 여러 가지 면에서 부족한 점은 많습니다만, 부지런하다는 장점을 지니고 있습니다"라고 말했다.

과연 어떤 생각으로 그녀를 합격시켰는지 정확히 알 수는 없지만 그녀가 말하는 것에 따르면 비서실장의 옷매무새가 보통 이상으로 세련되었고 깔끔한 성격이라는 것이 직감적으로 느껴져 그렇게 말했다고 한다.

고려왕조를 일으킨 태조 왕건은 임금의 칭호를 얻기까지 능숙한 부하 조종으로 유명했다. 그는 아주 작은 일이라도 부하의 심중을 헤아려 적절한 배려를 아끼지 않았기 때문에 추종자가 날로 늘었다는 것이다.

이로 미루어 상대의 호감을 얻기 위해서는 상대의 심리 파악부터 시작해야 된다는 것은 상식이라고 하겠다.

4. 감성적인 언어로 친밀감을 높여라

대화의 묘미란 자신의 감성을 상대의 감각에 접촉시켜 전달하는 데 있다. 감성이 예민한 젊은 층의 사람들이 감성을 자극시키는 감성어感 性語에 약하듯, 감성어를 적절히 구사할 줄 아는 사람은 대화의 성공적 효과를 얻을 수가 있다. 감성어는 지적인 호소력보다는 감정과 심리를 자극하는 말이다. 다정한 연인관계 사이라면 한마디 한마디 말에 사랑스런 정이 가득 담겨 있어야 할 것이다.

단단한 것보다는 부드러운 것, 차가운 것보다는 따뜻한 것을 찾고, 무미건조한 말보다는 감성을 자극하는 정감 넘치는 말을 인간은 즐기려고 한다. 지적인 것보다 감정이 앞서는 것은 인간의 속성이다. 보다 친밀한 관계로 이끌기 위해서는 감성어를 활용해야 대단한 효과를 얻을 수 있다.

종교개혁 운동의 지도자가 된 마틴 루터가 젊은 시절, 가난한 친구들을 위해 이집 저집 빵조각을 구걸하러 다녔다. 루터는 그때 아주 훌륭한 음성을 지니고 있었으므로 여러 집에서 좋은 대접을 받았다. 어느 날 곤란드 고다의 집에 다다랐다. 그 집의 주부는 루터의 음성에 이미 감탄해 있었던 터라 그에게 식사를 제공하고 많은 지원을 약속해 주었다.

루터는 훌륭한 목소리 하나로 사람들의 사랑을 받게 되었고, 그후 종교개혁의 횃불을 들 수 있는 학업을 계속할 수가 있었다. 루터의 이 일화는 사람들에게 감성에 호소하는 것이 친밀감을 증대시키는 데 가장 크게 작용한다는 사실을 잘 밝혀 주고 있다.

5. 상대의 말에 먼저 동의하라

상대에게 자기의 말을 거절하지 못하게 해야 할 때가 있다. 이런 때엔 우선 상대에게 자기의 의사를 바르게 전달해야 되고 감동하게 만들어야 한다.

보편적으로 상대에게 동의를 얻으려면 논리적으로 설득하는 방법이 있고, 심리적으로 동의를 얻는 방법이 있다. 그러나 논리적인 방법은 한계가 있다. 상대가 이쪽의 논리에 수긍하지 않거나 논리적 설명이 미흡하였을 경우에 동의를 얻을 수 있는 가능성이 전혀 없기 때문이다.

심리학적으로는 '용인'이라고 하며 치료 면접의 대표적인 방법으로서 '비지시적 방법'의 기본이 되는 요령이 있다. 다시 말하면 상대의 주장이나 감정, 혹은 태도, 언어 등이 비논리적이고 도덕 기준에 어긋난다고 해도 일단은 모두 받아들인다는 것이다.

고객을 직접 대면하는 직업을 가진 직장에서는 고객의 말에 적절

히 응대하는 교육을 실시하고 있는데, 여기서도 "우선 고객의 말에 동의하라"고 강조하고 있다. 그러나 상대에게 동의한다는 것은 결과적으로 상대의 말에 전적으로 동의한다는 것은 아니다. 상대에게 먼저 동의를 해주어 상대도 이쪽에 동의를 하게 만드는 것이다. 이는 결과적으로 이쪽의 의도로 상대방을 이끌어 온다는 말이기 때문에 설득의 성공을 기할 수 있다.

유능한 카운셀러는 상담자와 마주했을 때 절대로 자기의 견해를 처음부터 주장하지 않는다. 먼저 상대의 말을 경청하고 그의 생각에 수긍한다. 상담자가 마음놓고 자기 의사를 말하게끔 만드는 것이다.

그런 마음의 연결을 해놓은 후에야 카운셀러는 은연중에 상담자의 말을 존중하는 태도를 벗어나지 않는 인상을 주며 이쪽의 견해에 상대가 고개를 끄덕이게끔 만든다. 상대의 마음 깊숙한 곳까지 끈질기게 알아내는 인내를 가지고 침착하게 상담을 이끌어 가는 카운셀러가 진정 유능한 카운셀러이다.

프랭클린 D. 루스벨트 대통령이 뉴욕 주지사로 있을 때의 일이다. 정치계의 거물들을 초청하여 주 정부의 요직 개편에 대한 협조를 요청했다. 그가 그들에게 요구한 것은 요직에 앉힐 인사를 천거해 달라는 것이었는데, 루스벨트는 자기 심중에 떠오른 인물이 그들의 천거와 일치되도록 대화를 이끌어, 마침내 그들의 입에서 그 인물이 천거됐으며 루스벨트는 인사 천거의 공을 그들에게 돌렸다. 그리고 그는 곧 자기가 계획했던 정치적 대개혁을 단행했다고 발표하여 그들에게 동의해준 대가를 요구했고 곧 절대적인 동의를 얻게 되었다.

6. 악의 없는 속임수로 친밀감을 높여라

첫 대면의 경우에는 이쪽으로 돌리는 상대방의 시선을 어떻게 호의적으로 만들 수 있을까 하는 것이 큰 관심사이다. 첫 인상이 호의적이면 대화의 성공은 약속된 것이나 다름없다. 여기에서 말하는 속임수란 위트와 유머를 포함한 것으로 첫 대면의 긴장을 풀어주고 친밀감을 일으키는 작전이다.

영국의 소설가 오스카 와일드는 "거짓말쟁이의 목표는 단순히 기뻐하는 것이며, 기쁨을 주는 것이다"라고 말했다. 친한 사람에게 한번쯤 재미있는 거짓말을 한 경험이 누구나 있을 것이다. 특히 만우절에는 속여서 즐겁고, 속아서 재미있는 거짓말을 생각해내려고 바빠진다. 직장의 동료들, 가족들에게 알맞은 거짓말을 꾸며대느라고 말이다.

이때엔 누구 하나 속아서 기분 나빠하는 사람이 없다. 한마디 거짓말로 시집갈 꿈에 부푸는 못난 올드 미스도 있고, 승진의 좁은 문을 비집고 들어서는 공상에 행복해진 만년 셀러리맨도 있다. 악의 없는 속

임수는 보다 긴밀한 인간관계를 도모해 준다.

한 예로 실적 위주를 부르짖던 사장이 어느 날 야근하는 직원들 앞에서 또다시 실적을 부르짖곤 퇴근하였다. 그런데 다음날 잔뜩 긴장한 채 들어선 사장 앞에 보이는 것은 어제와 같은 상태일 뿐, 직감적으로 자기의 명령이 실천되지 못한 것을 안 사장은 노발대발 언성을 높였다. 그런데도 직원들의 표정은 태평무사, 사장의 꾸짖음을 조금도 개의치 않는 태연한 모습이었다. 궁금하고 이상스레 바라다보는 사장 앞에 한 직원이 서류뭉치를 내놓았다. 실적을 자랑하고픈 속임수의 제물로 이용된 이른바 실적 뭉치였다. 사장은 잠시 동안 기만당했다는 불쾌감보다 부하 직원들의 애교 있는 속임수가 재미있어 그날 저녁 술좌석을 푸짐하게 베풀었다. 이 이야기는 딴 세상 일이 아니다. 악의 없는 속임수는 이 밖에도 우리들 주변에 수없이 일어난다.

따라서 첫 대면에 어색함을 모면하는 데에도 악의 없는 약간의 속임수는 도움이 될 수 있다.

"어디서 많이 보았는데요? 저 혹시……."

이런 말을 들으면 누구든지 그 다음 말에 열쇠가 있다는 것을 알고 기대한다. 그럴 때 "아닙니다. 제가 잘못 보았습니다" 하면 그것도 작은 속임수가 되며 상대를 웃기게 된다.

7. 상대의 외모를 '데생'하라

인물이 신통치 않은 사람에게 "부처님 같은 얼굴입니다" 한다면 아첨이 될지 모르지만, 아름다운 여인에게 "백합 같이 청초한 모습입니다"라고 하면 열이면 열 모두 기뻐한다. "상대를 데생dessin하라"는 말은 초면의 상대로 하여금 경계심을 풀도록 하여 대화의 목적을 꾀하는 전략이다. 나는 이것을 '만소화작전滿笑化作戰' 또는 '오픈 마인드Open mind'라고 부른다. 이른 바 상대에게 적합하거나 우월한 사물을 비유하여, 자기 만족의 심리를 자극하고 마음의 문을 열게 하는 기술을 말한다.

우리들은 타인과 첫 대면할 때면 어디선가 그 사람을 본 듯한 기분에 사로잡힐 때가 있다. '만소화작전'이란 이런 막연하면서도 친근감 있게 느껴지는 심리를 지적하여 칭찬하는 것이다. 세련된 상대에게는 "아랑 드롱의 매력이 철철 넘칩니다", 인상은 험악하지만 남성미 만점의 상대에게는 "찰스 브론슨의 정열을 지니고 계시는군요" 한다. 또한 자기의 성공을 은근히 자랑하는 상대에게는 성공한 기업가를 비유해서 "○○씨가 선생님처럼 자수성가했다지요" 하고 추켜주면 누구든지 만족의 미소를 잊지 않는다.

한편으로 열등감에 사로잡힌 사람과 친밀감을 두텁게 하기 위해서도 이 작전은 효과가 있다. 토마스 홉스가 『시민철학요강』에서 "모든

마음의 기쁨과 만족은 남을 자기와 비교해서 자기를 높이 생각하는 우월감을 갖는 데서 기인한다"고 지적했듯이, 아무리 못난 상대라도 우월한 입장에 놓인 상대와 자기를 비교해서 칭찬해주면 호감을 갖게 된다. 마음을 흡족하게 하는 만족의 원인은 자기로부터 근원하는 것이 아니고 타인의 인정에서부터 비롯되는 것이다.

지인 중에 B라는 수재가 하나 있었다. 공부도 잘하고 성격도 쾌활하여 그 청년이 다리를 저는 장애자라는 사실을 염두에 두는 사람이 없을 정도였다. 그러나 그 청년이 생활에 충실하고 명랑하게 된 계기는 따로 있었다.

오래 전부터 그는 신체적 열등감에 사로잡혀 있었다. 명석한 두뇌에 비해 소아마비인 자신의 다리를 생각할 때마다 비참한 감정에 힘겨웠고 이성을 마주하면 온몸이 움추러들곤 했다. 그런데 하루는 그가 기쁨에 들뜬 표정으로 나에게 찾아왔다.

"선생님, 루스벨트도 소아마비였다고요?"

"천재 시인 바이런도 소아마비인걸."

이 한마디에 삶을 바라보는 그의 눈이 바뀌었다.

8. 최고라는 선언을 하지 마라

지나친 과장과 선전이 도리어 충동을 억제하는 결과를 빚는다는 것은 광고 선전을 담당한 기획자들 사이에 주지의 사실이 되어 버렸다.

따라서 겸손한 바탕 위에 성실한 자세를 강조하는 것이 상대의 호감을 끄는 요소라는 것을 간파한 유능한 기획자는 자기 상품의 질적인 장점을 내세워 특장만을 선전한다. 어느 기업이든지 '가장 우수한', '유일한'이라는 최상급 대신 '××가 좋은', '××에 주효한' 등으로 꼬집어 선전한다.

부산에 강의하러 갔을 때였다. K호텔에 안내되어 들어섰는데 외관은 허술했으나 실내는 서울의 특급호텔에 못지 않은 호화 시설이었다. 내심 감탄하면서 안으로 들어서려다가 웨이터에게 "이 호텔이 부산에서 제일 가는 호텔인가요?"라고 물어보았다. 그러자 웨이터는 공손히 "아닙니다. 세 번째쯤 될 겁니다. 그러나 최고가 되려고 모두 노력하고 있습니다"라고 대답했다.

웨이터의 그 말이 나에게 대단한 호감을 불러일으켰다. 최고가 아닐지라도 최고를 지향하는 노력은 대단한 것이다. 정상을 정복하려는 끈기와 성실에는 누구든지 감탄을 아끼지 않는다. 그러므로 최상급에 있는 존재보다는 그 아래에서 최상급을 지향하는 자세를 갖춘 것이 더욱 사람들에게 강한 인상을 주어 마음이 끌리게 한다.

한 아름다운 아가씨가 하루는 나에게 상담을 해왔다. 주위의 사람들이 자기에게 너무 찬사를 보내기 때문에 행동거지는 물론 말을 하는 데도 여간 부담스러운 게 아니며, 거만하다고 인정받아 친구에게

따돌림을 받는다는 고백이었다. 나는 그녀에게 단 한마디의 충고밖에 할 수 없었다.

"당신은 당신 스스로 한국 최고의 미인임을 인정하고 있습니다. 지금부터 당신은 미에 있어서 제2인자라고 생각하십시오."

지나친 과장은 진실성이 결여되었음을 말한다. 영국 속담에도 "빈 수레가 더 요란하다"는 말이 있다. 과대 선전으로 내용을 위장하면 호감을 받지 못한다. 진실된 자세가 사람의 호감을 얻는 첫째 조건이다.

9. 말과 신체의 메시지를 조화시켜라

말에 진실이 가득 담겨 있어도 표정이 무관심하고 덤덤하면 상대에게 호감을 줄 수 없다. 말과 표정의 상관관계는 대화의 상승에 커다란 영향을 끼친다.

이야기 속에 진실이 어느 정도 담겼나 하는 것을 짐작할 수 있는 척도는 말하는 사람의 태도이기 때문에 대화를 이루는 데 신경써야

할 점이다. 바꿔 말해 "입만큼이나 몸도 말하고 있다"는 사실이다. 몸이 말한다는 것은 특별한 의미를 지니는 것은 아니다. 현대의 대화에는 이미 '몸말' 즉 '보디랭귀지'가 중요한 부분으로 자리잡고 있기 때문이다.

미국에서는 '보디랭귀지'란, 말 그대로 '신체언어'라는 의미로 몸으로 하는 '몸말'이라 옮겨도 틀림이 없다. 학문적으로는 '키네식스'라고 하여 원래 정신의학, 특히 심리요법 분야에서 연구되어 나온 것인데, 정신과 의사가 환자와 대면해서 환자의 신체에서 엿보이는 증세를 환자의 입을 통한 말과 조화시켜 치료한다는 입장에서 산출된 용어이다. 이러한 신체언어의 다각적 활용은 특히 세일즈 부분에서 두각을 나타내 요즘 발행되는 '비즈니스'와 '세일즈'의 능력을 키우는 지침서에는 성구로 간주될 정도의 힘을 갖고 있다.

말과 표정이 유리된 이야기는 상대의 의혹을 사게 될 여지가 다분하다는 것을 주의해야 한다. 그러므로 이와 같은 사실들을 잘 활용하면 상대의 마음을 쉽게 얻을 수 있다. 말과 태도가 일치해야 된다는 것은 별로 특별한 일은 아니다. 이야기에 따라 표정이 바뀌거나 몸짓에 변화가 오는 것은 당연하다. 그러나 당연한 것이 잘 실행되고 있지 못한 게 우리들의 언어생활이다. 모두 이야기의 흥미와 관심을 북돋을 생각만 할 뿐 전달되는 과정은 염두에 두지 않는다. 훌륭한 대화의 비결이 자연스런 표정과 몸짓에 있다는 기초적인 이해의 부족이다.

꽃은 향기로운 냄새로만 사람의 마음을 끌지 않는다. 꽃의 생김 역시 중요하다. 말의 내용이 향기라면 태도는 꽃의 생김이다. 생김도 이쁘고 향기도 좋은 꽃이 사랑을 받음은 당연하다.

Part 2
어떻게
원하는
것을
얻는가

Chapter 06

The
Psychology
of
Speech

궤변 역설의 **작전**

말도 안 되는 소리, 조리에 어긋나고 보편적 상식으로는 납득이 가지 않는 궤변과 역설도 대화를 나누는 상대에 따라 다양하게 영향력을 발휘한다. 단순히 비논리적으로 돌려 버리기보다 대화에 변칙적 효과를 가져다주는 궤변과 역설의 화법으로 무궁한 상황의 변화를 꾀하도록 노력할 일이다. 고전적 궤변이 오늘날까지 영향력을 발휘하는 것을 보아도 궤변은 무한히 살아 있는 것이다.

1. 역설에는 궤변으로 응수하라

1901년 프랑스 탐험대가 발견해낸 세계 최고의 성문법인『함무라비 법전』은 도둑질한 자, 거짓말한 자 등 죄진 자에게 똑같이 복수하는 법을 원칙으로 하고 있었다고 기록되어 있다. 이와 마찬가지로 상대가 궤변으로 기선을 제압하려고 하거나 역설로써 응수할 수 없도록 할 경우에는 이쪽에서도 한 계단 높은 궤변과 역설로 대화의 승부를 유리하게끔 이끌어야 한다.

어떤 거지가 호화판 레스토랑에서 정찬을 주문했다. 식당 종업원은 거지의 남루한 옷차림을 보고서 주문에 응하기를 거부했다. 그러자 그 거지는 "여보게, 그렇다면 나는 돈이 없을 때도 정찬을 먹을 수 없고, 정작 돈이 있다고 해도 주문할 자격이 없단 말인가? 그렇다면 자네 역시 밖에서도 종업원 노릇을 하나보지" 하며 종업원을 무안하게 만들었다.

이탈리아인과 유대인이 자기들의 조상을 자랑하는 데 입에 침이 마

를 정도로 팽팽히 맞서 있었다. 먼저 이탈리아인이 말싸움의 최종적인 승리를 염두에 두고 말했다.

"얼마 전에 로마의 유적을 발굴하였더니, 녹슨 동선이 나온 적이 있었네. 그것이 무엇인 줄 아는가? 그건 바로 우리 선조들이 전화를 발명해 사용했다는 증거야."

그러자 지기를 싫어하는 유대인이 가만 있을 리 없어 한 수 높은 궤변을 늘어놓는 것이었다.

"그런 거라면 옛날 예루살렘에서 발굴반이 발표한 발굴 결과를 말하면 할 말이 없겠지. 그때 발굴반은 동선은커녕 아무 흔적도 발견할 수 없다고 발표했거든. 그것은 바로 우리의 조상들이 무선전신을 발명해 사용했다는 증거야."

궤변으로 상대를 제압하려고 할 때는 상대가 늘어놓은 궤변보다 수위 높은 궤변의 요소를 가미시켜 반박할 여지를 아예 박탈해야 한다.

『톰 소여의 모험』으로 유명한 미국의 작가 마크 트웨인은 장난끼 많은 궤변가로 유명했다. 어느 날 잘난 척 잘하는 목사가 유창하게 설교를 하고 나서 "어떻습니까? 이만하면" 하며, 당당한 태도로 트웨인에게 물었다. 잘난 척하는 그의 꼴이 보기 싫었던 트웨인은 "매우 감명 깊게 들었습니다. 그러나 한마디 한마디가 예전에 제가 읽었던 책속에 모두 있던 말이었습니다"라고 응수했다. 목사는 화를 벌컥내며 "빨리 증거를 대시오"라고 말했다. 그러자 트웨인은 증거를 보이기로 약속한 날 목사에게 국어사전 한 권을 배달했다. 쉽게 납득할 수 없는 궤변은 궤변으로 응수하는 것이 상책이다.

2. 이미 인정된 사실을 말하라

우리의 주위에는 근거가 없는 말을 대수롭지 않게 말하는 사람이 있다. 심지어 전혀 경험이 없거나 관람의 기회가 없었음에도 자연스럽게 둘러대는 천재적 재치를 자랑하는 허풍쟁이도 많다. 그들은 역시 경험이 없거나 직접 사실을 확인할 수 없는 사람들을 쉽사리 휘어잡는다. 사실 그런 사람들의 말에는 많은 사람들이 너무도 쉽게 넘어간다. 설혹 그 사실의 진위를 추궁한다고 해도 추호의 거리낌도 없이 둘러대는 상대의 영악스러움에 추궁한 쪽이 오히려 무색할 지경이다.

　서양화를 그리는 화단의 신진화가인 윤ㄲ씨는 만나는 사람마다 프랑스 이야기며 현재 파리의 현대 화랑, 사조에 대해 유창하게 말한다. 그의 이야기에는 해박한 상식까지도 곁들여 있어 누구든지 그의 말을 들으면 이내 그의 화제권에 묶이게 된다. 그런데 어느 날 짓궂은 친구 하나가 많은 사람들이 있는 자리에서 또 파리 운운하는 윤씨를 공박하고 나섰다.

"자네는 아직 파리는커녕 동경도 갔다온 적이 없지 않은가?"

그러자 윤씨는 빙그레 웃으며 말했다.

"나뿐이 아니고 자네도 역시 마찬가지지."

"아니, 나보다도 자네가 더 문젤세. 그래 자네는 어느 좌석에서나 파리의 화단에 대해서 지껄이는 모양인데, 어디 그게 말이나 될 소린가?"

이렇게 친구를 공격하자 윤씨는 태연히 말하는 것이었다.

"그것은 나뿐만의 일이 아니지, 소설을 쓰는 김씨도 세계일주는커녕 외국여행이라곤 해보지도 않았지 않나? 그러면서 세계문학의 조류가 어떻고 저떻고 신문지상에 연일 써대지 않던가?"

공격했던 친구는 그만 할 말을 잃고 말았다. 상대가 자기의 말에 반박하려고 할 때 논리적인 말로 그 말을 받아서는 안 된다. 이런 말하기를 즐기는 사람은 이미 세상에서 인정받았으며 사실로서 기억되고 있는 전례를 들어 자기의 행동과 말을 정당화시킨다. "나뿐이 아니라 당신도 잘 아는 A씨, P씨, O씨 등이 모두 하는 말이지요"라며 공통된 사실로서 상대가 받아들이도록 만든다.

이런 사람과 대화할 때 가장 좋은 방법은 상대가 익히 알고 있고 별다른 추궁이 없을 사례를 들어 말하는 것이다.

3. 자기의 부족함을 합리화하라

감기 기운이 있어 기침을 하거나 지병이 도져 움직이는 것조차 불편할 때는 즉각 회사에 결근을 통보하라. 이런 말을 하면 누구나 껄껄 웃고 말 것이다. 그러나 바로 그것이 자기가 몸담고 있는 회사를 위하는 길이라는 것으로 긍정하라.

직장이란 개인의 능력을 토대로 성장 발전해 가는 것인데 개인이 무능하고 무력하다면 성장을 기대할 수 없다. 앞서 전제한 말은 결코 궤변으로 그치는 말이 아니다. 사람은 몸이 불편하면 모든 행동거지가 귀찮아진다. 불편한 몸을 억지로 혹사하면 오히려 역효과를 낳는다. 사람의 능력은 어느 순간에는 무한정 발휘되기도 하지만 불편한 육체에서는 뒤죽박죽 일을 그르치게 된다.

부하를 다룰 줄 모르는 상사, 그보다도 일의 능률에 대해 신경이 무딘 상사는 결근하는 사람을 게으름뱅이라고 욕할지도 모른다. 그러나 현명한 사람은 어느 것이 득이 되고 어느 경우에 해가 되는지를 안다.

만약 감기에 걸린 직원이 출근한다면 분명 그 사무실에서 근무하는 동료 중에 어느 누구, 심하면 거의 모두가 감기에 걸리게 될 것이다. 한 사람의 능률을 잃는 걸 아까워하다 몇 사람분의 가치를 그르치는 것이다. 그러므로 집에서 조리하며 뒹굴고 있는 당신은 행복한 휴

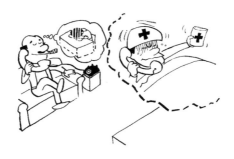

머니스트라고 생각해도 좋다. 이것은 자기가 부족한 점이나 실수를 했을 경우에 자기를 합리화시키는 방법이다.

나와 함께 일하는 황黃양은 유행에 아주 둔감한 편이다. 얼굴도 예쁘고 참 상냥한 아가씨인데, 패션 센스가 부족해 반세기 전의 구식 스타일 의상을 걸치고 다녔다. 하루는 지나가는 말로 왜 요즘 여성답게 유행에 민감하지 못한가를 물었다.

"유행이란 추한 거래요. 그래서 매년 바뀐대요. 자꾸 추해지는 것을 구태여 따를 필요가 있을까요?"

그녀는 그럴듯하게 변명했다. 나 역시 자꾸 변하는 현대 유행에 대해 호감을 갖고 있지 못했기 때문에 그녀의 명언에 감탄했으나, 황양의 재치가 아니고 영국의 작가 오스카 와일드의 풍자였다는 사실을 나중에 알고서 한참 동안 웃음을 참지 못했다.

몸이 불편하면 결근하라! 핑계 잘 대는 사람은 이 궤변을 응용할 일이다.

4. 통계 숫자의 마력을 활용하라

궤변에 통계를 도입하게 되면 안 그래도 숫자에 약한 사람들의 심리에 궤변의 힘이 더해져 상대를 휘어잡기가 더 쉬워진다. 여기에 활용되는 통계란 일상생활 중에서 아무것도 아니라고 인식하고 있는 판단 속에서도 존재한다.

광적으로 낚시를 즐기는 것을 정당화하려는 사람이 말한다.

"일요과부라는 말이 있습니다. 일요일이면 낚시를 가는 남편을 둔 부인들을 두고 하는 말입니다만, 그런 부인들의 불만은 사실 정당하지가 못합니다. 낚시를 즐기는 사람들은 적어도 체력만큼은 자신하는 사람들이니까요. 건실한 생활이 건강한 육체에서 비롯된다고 보면 낚시광의 부인도 건강생활을 영위한다고 볼 수 있습니다. 물론 통계적으로 봐도 그들의 부인에 대한 애정도가 굉장히 높다는 것을 알 수 있습니다."

이 말에는 수상스런 내용이 얼버무려져 있는 것을 알 수 있다. 우선은 통계적 사실을 들어 건전한 가정생활의 비율이 높다고 말했으나 그와 같은 통계는 쉽사리 낼 수도 없을 뿐더러, 또한 설령 통계를 산출해냈다고 해도 몇몇 특정인의 수치에 불과한 것이 분명하기 때문에 신빙도가 낮으며, 낚시를 즐기기 때문에 건강하다고 짐작할 수는 있으나 정작 건강 여부를 확인할 방법은 없다. 이와 같이 궤변적 요소가 담겨 있으면서도 유야무야 넘어가는 것, 증명할 수 없는 통계적 숫자는 마력을 나타낸다.

특히 '일요과부'라고 불리는 불만자들을 사로잡을 수 있었던 것은

애정도가 높다는 사실을 지적한 데 있다. 대개 낚시광이 되려면 직장인이라 할지라도 중년의 문턱에 들어서는 연령층이 많다. 중년의 문턱에 들어섰다면 가정에 대해 충실한 편이기 때문에 애정도 여부를 논하게 되면 외형적으로 불화가 없음이 사실이다. 그러므로 반박할 수 있는 여지가 없다. 이렇게 확실한 근거를 제시하고 반박할 수 없도록 상대를 사로잡는 궤변의 화술은 통계 숫자의 활용으로 진리의 방향인양 상대에게 착각을 일으키게 한다.

세상 사람들은 근거와 사실을 바탕으로 통계를 산출했다고 하면 신용하려는 마음이 강해진다. 따라서 본체를 확인할 수 없는 궤변의 작전은 지성인에게 지성으로 트릭을 거는 심리작전인 것이며 지성의 허점을 역이용하는 격이다.

5. 논리를 모순으로 만들어라

논리적 사고로 공격해오는 상대에게는 실증을 이용한 궤변으로 무력

하게 만드는 게 상책이다. 그러나 그 실증이 보편적 논리여서는 안 된다. 보편적인 논리는 다시 재공격을 받을 위험이 있다.

나의 은사인 장경학 박사는 민법의 권위자이다. 장 박사는 강의할 때도 자상하고 인품도 훌륭하지만, 장 박사에게는 학생들이 질문을 하거나, 혹 잘못된 점이 있어도 지적을 하지 못한다는 것이 정설처럼 굳어 있었다. 그런데 어느 날 유엔총회에 관한 강의가 있었는데 장 박사가 유엔 회원국 수에 관해 깜박 잊었던지 한참 '몇 개던가?' 하며 망설이다가 학생들에게 "올해까지 유엔 가입국 수가 몇인가?" 하고 묻고 말았다. 학생들은 신이 난다는 듯이 "127개요", "128개요", "130개요" 하고 이곳저곳에서 떠들어댔다. 그러자 장 박사는 무엇을 생각했던지 다음과 같이 말했다.

"여보게들, 그 따위 암기는 초등학생들이나 하라 그래. 우리들 대학생이 어디 그까짓 회원국 숫자에 신경을 쓰겠어? 고시 문제에 회원국 숫자를 쓰라는 문제가 있던가?"

학생들은 잠시 어리둥절할 수밖에 없었다. 상식적으로 정치나 법을 전공하는 학생이 유엔 가입국 수 같은 기본적 상식을 잊어버릴 수도 없는 노릇이지만, 가만히 생각해 보면 장 박사의 말대로 높은 수준의 정법政法을 배우는 학생이 그 정도의 문제로 각론을 펼친다는 게 우습다는 생각도 들었던 것이다. 장 박사는 자기가 망각했다는 미안감을 역설로 멋지게 넘긴 것이다.

응당 그럴 것이라는 기분을 주는 실증은 논리에 선행한다. 인간은 논리적 그물에 얽혀 살아간다. 논리적 그물은 인간의 사고의 밑바탕이 된다. 대인관계에 있어 논리적 이치를 들고나서는 상대는 대화의 최종 승리를 자기 것으로 하려는 의도가 역력하다는 사실을 알아야 한다.

일상적인 소재에 궁핍해지면 진리를 들추어 미봉책으로 사용하고자 하는 것이 인간의 속성이다. 상대가 이런 논리를 내세워 공격해올 때 이쪽에서 가장 효과적인 대응책으로는 앞서 장 박사와 같은 실증의 묘를 이용하는 것이다. 분명히 상대의 논리에 모순이 없고, 그 논리가 대단히 적절한 무기라고 하더라도 논리에 모순을 만들고 쓸모없는 무기로 변화시키는 일이 유효한 대응 방법이다. 상대의 총구멍에 쓰레기를 넣어 발사되지 못하도록 하라는 것이다.

6. 선택의 자유를 박탈하라

'악어의 눈물'이라고 하면 한쪽이 주도권을 잡고 두 개의 명제를 내걸어 상대에게 선택의 여지를 빼앗아 버리는 궤변으로 익히 알려진 이야기다. 전폭적인 지지를 필요로 하거나 거절하지 못하도록 획책할 경우, 이 궤변을 활용하면 상대는 선택의 자유를 잃고, 이쪽의 의견이나

사상에 동조하지 않을 수 없게 된다.

　소크라테스의 제자인 아리스티포스는 쾌락주의 철학자로, 사람들에게 자신의 품행에 대해 혹평을 받던 사람이었다. 그는 제자들을 지도하면서 그의 스승 소크라테스조차 받지 않던 수업료를 받았다. 사람들은 그의 행동을 비난하였다.

　"어째 당신은 스승도 하지 않던 일을 거리낌없이 행합니까?"

　그러나 그는 태연하게 대답했다.

　"이것도 교육이오. 수업료를 받는 건 내가 쓰고자 하는 생각에서가 아니오. 사람들이 어떤 경우에 돈을 써야 되는가 그것을 가르치고 있을 뿐이오."

　그는 인격도야를 위해 스승에게 교육을 받게 되면 수업료를 낼 줄 알아야 한다는 것을 교육시키고자 했다는 변명으로 사람들의 입을 막아 버린 것이다.

　다른 예로 어느 날 일간 신문에서 발행하는 주간지 기자와 월간 잡지사 기자가 격론을 벌였다.

　"우리들은 적어도 사실을 확대 미화시키지는 않는다. 사실보도를 자세하게 전달시킬 뿐이다. 그러나 월간지는 모두 적당히 가필하고 미화시켜 사실과는 전혀 다른 기사가 너무 많다."

그러자 주간지 기자의 주장에 월간지 기자가 응수를 했다.

"그런 사실은 당연히 우리도 알고 있다. 그러나 독자들에게 우리 쪽의 기사가 훨씬 잘 읽히고 있다. 책이란 팔려야 되는 속성을 지닌 것이며, 글이란 읽혀야 될 것이 아닌가. 그렇다면 우리 쪽의 글이 더 살아 있는 글이라고 할 수 있지 않은가."

결국 두 기자는 독자를 임의로 선택하여 그들의 주장을 각자 증명하기로 했다. 주간지 기자는 그저 "우리의 충실한 글을 읽어야 됩니다" 하는 식이었고, 월간잡지 기자는 "흥미를 갖는 생활이 될 것인지 아닌지는 우리의 잡지를 읽든가 안 읽든가의 문제라고 할 수 있습니다"라며 선전하였다. 결과는 어떻게 보면 당연하다고 할 정도로 잡지 측의 승리였다. 상대를 이쪽의 의견에 동의케 하고 행동을 사로잡으려면 선택의 자유를 박탈하는 것이 유효하다.

7. 상대의 공명심을 자극하라

독재자 하면 곧 연상되는 히틀러는 『나의 투쟁』 제11장에서 아리아인 종, 특히 독일인의 우수성을 전제하여 독일 국민을 결속시키고, 전 세계 민족의 우위에 설 것을 명분으로 내세워 세계대전을 유도한 것으로 이미 잘 알려져 있다.

당시 히틀러가 명분으로 내세운 내용은 "우월한 민족이 열등 민족

을 지배해야 된다"는 것으로서, 그는 이러한 허무맹랑한 궤변을 합리화시키려고 아리안계 민족의 우월성을 증명하기에 광분했으며, 심지어 순수 아리아 민족을 탄생시키기 위해서 강제 결혼마저 실시하였다. 이것은 명분을 내세운 궤변에 인간이 얼마나 약해질 수 있는가 하는 사실을 시사한다.

따라서 협조, 동의를 얻고자 하는 상대라면 이러한 '공명심의 궤변'을 사용하여 마음을 사로잡는 기지가 필요하다. 화술 교육자 데일 카네기가 한때 강습회를 개최할 목적으로 뉴욕의 어느 호텔을 빌렸다. 그런데 어느 날 호텔측으로부터 종전 임대료의 3배를 요구하는 청구서가 날아들었다. 물론 어이가 없는 노릇이었으나 카네기는 당황하지 않고 호텔의 경영자를 찾아갔다.

"당신의 통지를 받고 그럴 리가 없다고 생각했으나, 설사 그것이 사실이라 해도 잘못이라고 지적하고 싶지는 않았습니다. 그러나 당신의 입장으로 볼 때 무엇보다 호텔의 번영이 제일 우선할 게 아니겠습니까? 하지만 저의 경우엔 임대료를 올려 받게 되면 강습회를 모두 포기하고 돌아 설 확률이 높습니다. 물론 다른 모임을 유치하여 그 공백을 메울 수는 있겠지만 이런 점도 고려에 넣어 주십시오. 강습회에 참가하는 사람들은 모두 수준 높은 교양을 지니고 있습니다. 당신이 만일 1년에 5천 달러를 들여 광고를 하더라도 도저히 우리 강습회의 인원만큼 확보할 수는 없을 겁니다. 선전효과 면에서 볼 때 이것은 대단한 성공이 아니겠습니까?"

다음날 그에게 임대료를 종전의 50퍼센트만 인상한다는 내용의 전보가 날아들었다. 이와 같이 명분을 내세워 상대를 솔깃하게 만들면 그 명분에 이끌려 손쉽게 협조를 얻을 수 있다.

8. 비상식을 상식인 듯 떠벌려라

상대의 논리적 사고구조를 깨뜨리기 위한 궤변은 상식 · 비상식에 구애받아서는 안 된다. 『여씨춘추』라는 중국 야사에 나오는 이야기로 진나라와 조나라의 약속에 관한 일화가 있다.

진과 조 나라는 서로 우방으로서 협조를 아끼지 않겠다는 조약을 체결했다. 그 내용은 "진이 하려고 하는 일은 조가 원조하고, 조가 하려고 하는 일은 진이 원조한다"라는 것이었다. 오래지 않아 이 조약이 효과를 거둬야 할 시기가 왔다. 진나라가 군사를 일으켜 위나라로 쳐들어가게 된 것이다. 그러나 조나라는 어이없게도 위나라를 구하려고 원병을 보냈다. 진의 국왕은 대노하여 조나라에 사신을 파견했다. 그러나 사신에게서 되돌아온 회신은 의외였다.

"귀국의 비난은 실로 모순되는 말이요, 귀국이 우리의 원조를 받고

싶다면 당연히 우리에게도 원조를 해주어야 되지 않소. 그렇다면 우리가 위나라를 돕는 것을 안다면 어찌해서 우리 조나라를 도와주지 못하는 것이요?"

모순도 이만저만이 아니고 궤변도 이 정도면 더 비교할 것도 없다. 상식적인 사고와 논리를 완전히 초월해 버린 궤변이다. 이와 같이 상식에 전혀 안 맞는 궤변을 늘어놓으면 어떠한 논리적 구조를 지닌 상대라도 힘 안들이고 공략할 수 있다.

영국의 정치가이며 위대한 웅변가로 잘 알려진 윈스턴 처칠이 상식을 비꼬아 풍자한 일화가 있다. 그에게 하루는 어느 정치 지망생 청년 하나가 심각한 얼굴로 찾아왔다.

"정치가의 기본 재능은 무엇인가요?"

"정치가가 되기 위해서는 바로 내일 무엇이 일어날 것인가를 예견하는 능력이 필요하지. 그리고 그것이 왜 일어났는가를 설명할수 있는 재능도 필요하고 말이야."

처칠의 이 말에는 특별한 내용이라곤 전혀 없다. 그는 매우 상식적이며 이미 모두가 알고 있는 수준의 말을 굉장한 내용이나 되는 듯이 말하여 수준 높은 조언을 기대했던 젊은 정치 지망생의 기대를 무참히 꺾고 말았다. 상식적 논리 어조를 뒤섞이게 만들면 보편적 사고능력에 착각을 일으켜 옳고 그름을 판단할 능력을 상실하는 것이 인간의 공통 심리이다.

9. 약점을 찾아 공략하라

보통 철석같이 강하다고 믿었던 것은 도리어 약하디 약한 일면을 지니고 있다는 사실을 알아야 한다. 변하지 않을 것 같던 진리도 세월이 흐름에 따라 새로운 진리로 포장되고, 생활에 뿌리박은 상식의 논리도 생활의 변화에 따라 비상식으로 바뀌어 간다.

나폴레옹이 루이 18세의 실정에 힘입어 유형지 엘바 섬을 탈출하여 파리로 향해 진격하자, 파리의 주요 신문들의 보도 태도가 재미있게 펼쳐졌다.

"코르시카의 괴물! 쥬앙 만에 상륙."

"식인귀! 그락스로 향하다."

"왕의 찬탄자! 그레노블 입성."

"보나파르트, 리옹 점령."

"나폴레옹, 힌덴부르크 접근."

"황제 폐하, 내일 파리로 귀환 예정."

처음 나폴레옹의 엘바 탈출을 극단적인 표현을 써가며 비난하던 신문들이 점차 진격을 재촉하는 나폴레옹군의 접근 거리에 비례해서 표

현이 부드러워졌음을 알 수 있다.

여기에서도 알 수 있듯, 신문 하면 사회의 목탁이요 공기로서 사뭇 사람들의 신뢰가 거의 절대적이라는 것을 부인할 수 없으나, 권력의 틈바귀에서 보도의 태도가 바뀌어 가는 것을 보면 우리들의 믿음 그 이면에 잠재한 허점을 간과할 수 없다.

비단 이러한 양상은 신문만이 지니는 것이 아니다. 우리들이 무관심하게 믿고 신뢰해온 상식이 모두 이에 준한다. 경귀의 대명사로 불리우는 리히텐베르크가 한번은 1년치의 의 신문을 한데 엮어 한 권의 책처럼 제본해 처음부터 읽어내려가기 시작했다. 전체의 인상을 파악하려고 한 것이다. 그러나 그는 신문을 끝까지 훑어본 다음 "나는 두 번 다시 이런 쓸데없는 짓을 하지 않겠다. 내가 그렇게 수고한 보람도 없이 겨우 내가 얻어낸 것은 50퍼센트의 그릇된 희망, 47퍼센트의 그릇된 예언, 3퍼센트의 진실뿐이었다"고 말해 진실 보도를 추구하는 신문 보도의 맹점을 꼬집었다. 궤변으로 응용될 수 있는 것은 이와 같이 진실개념, 즉 선개념과 허위개념, 곧 후개념의 차이가 큰 것을 고른다.

대인관계에서도 말이 없을 것 같은 상대에게서는 생각외로 더욱 많은 말을 유도해낼 수 있다는 가정을 세우고 공략하라. 차가운 인상을 주는 상대의 마음에 감춰진 용광로의 정열을 발견하는 것이 궤변의 묘미이다.

Chapter 07

The Psychology of Speech

칭찬 아첨의 **작전**

칭찬을 유도하려고 했던 행위가 아니더라도 일단 칭찬이나 찬사를 받게 되면 겸연쩍은 표정보다는 더 깊은 감사의 마음을 갖게 되는 것이 인지상정이다. 또한 아첨도 경우에 따라서는 공치사 이상의 만족감을 상대에게 준다. 적당한 순간을 포착하여 찬사와 아첨의 말을 아까워하지 않는 사람은 대화의 성공, 나아가 인생 성공의 지름길을 가는 사람이다.

1. 자아의식을 만족시켜라

막스 뮐러는 사랑이 인간애로 승화하는 이야기를 그린 『독일인의 사랑』이라는 작품에서 이렇게 말한다.

"찬사라는 것은 배워야 될 예술이다."

인간이라면 누구든지 칭찬을 받고자 한다. 칭찬받게 되면 자아의식이 자극되기 때문에 기쁨의 표정을 짓는다. 자아의식이 강한 사람일수록 칭찬에 더욱 약하다. 그러므로 비록 아첨의 기분이 들더라도 칭찬은 할수록 효과가 크다.

인간의 감정을 신체적 측면과 정신적 측면에서 고찰했던 심리학자 M. 세라는 더 세분화하여, 즉 신체적 · 정신적 측면에서 다시 네 가지로 분류된다고 보았다. 세라 학설의 네 가지 분류의 첫째 부분은 육체적 자극으로 일어나는 감각적 감정으로 고통의 쾌감이며, 둘째 부분은 몸 전체가 받아들이는 생명적 감정으로 권태와 긴장이며, 셋째 부분은 일반적 감정으로 기쁨 · 슬픔 · 노여움 등이며, 넷째 부분은 종교적 감

정으로 감정의 최상층을 차지하고 있는 종교를 통해 얻어지는 기쁨과 평화 등 차원 높은 감정이라고 분류했다.

그의 학설에 의해서 기쁨을 유발하는 칭찬의 언어를 보면 칭찬의 말이 네 부분 중의 둘째 부분과 셋째 부분을 자극한다고 볼 수 있다. 이렇게 인간은 칭찬의 말을 들으면 감정의 동요를 일으켜, 과잉칭찬이나 비아냥거리는 칭찬의 여부를 가리지 않고 자아의식의 만족감 때문에 좋아하게 된다.

요셉 카인츠라는 배우가 햄릿의 역을 끝내고 분장실로 돌아왔을 때였다. 그가 막 분장실로 들어서자 웬 노파 한 사람이 뒤따라 들어오더니 다음과 같이 말했다.

"정말 당신은 오늘 저녁 어쩌면 그렇게 햄릿과 똑같은 연기를 보여주었는지 몰라요."

카인츠는 과잉칭찬인 줄 알면서도 기분이 좋아져 자기도 노파를 칭찬해주기로 마음먹고 말했다.

"부인께서도 생전에 햄릿 왕자를 잘 알고 계셨군요?"

이처럼 칭찬을 해주면 상대의 감정은 순식간에 솜털처럼 부드러워진다. 영국 속담에 "바보라도 칭찬을 해주면 훌륭하게 쓸 수 있다"라는 말이 있다. 칭찬은 상대의 기분을 북돋울 뿐 아니라 능동적으로 더욱 잘해보고자 하는 용기를 키워준다. 대화 상대로 하여금 이쪽에 호감을 갖게 하는 데는 칭찬의 말이 가장 효과적인 방법이다.

2. 최상급 찬사는 하지 마라

사람이라면 칭찬의 말에 약하기 마련이다. 칭찬이라면 비록 그것이 아첨이라도 기쁨을 갖는다. 따라서 어떠한 칭찬이라도 상대방에게 해로울 것은 없다. 그러나 '가장 좋은', '최고로 멋진' 등의 최상급 찬사를 받으면 오히려 마음 한구석에서부터 불안한 기분이 우러나와 부담을 갖게 된다.

이러한 불안의 심리와 부담을 갖게 되는 주요인을 분석해보면 최상급이라는 칭찬을 받게 되면 항상 그와 동일한 수준에 머물러 있어야 된다는 부담을 갖게 되며, 그보다 낮은 수준으로 인정받게 되면 초라해질 거라는 걱정을 하게 된다.

쥬벨이 말하듯 "재능은 칭찬에 의해 어지럽혀진다"는 것을 알아야 한다. 최상급의 찬사를 남용하면 상대방은 오히려 그 저의를 의심하여 불신의 감정까지 품게 된다. 찬사의 말은 적절하게 그 표현을 공정하도록 이끌어야 한다.

나의 은사인 신기호 교수는 언제나 나에게 충고하기를 "항상 차석임을 알라"고 지적했다. 나는 이 말을 무척 감사히 받아들였다. 실제로

내가 두 번째도 못 될지 모르는데 차석임을 인정한 것은 찬사의 말이며, 수석이라고 과대 칭찬하지 않은 것은 겸손해지라는 의미여서 부담을 느끼지 않아도 되었기 때문이다.

3. 특권의식을 불어넣어라

충무로에 항상 40대의 중년신사들로 들끓는 다방이 있다. 똑같은 커피가 특출나게 맛있을 리 없고, 실내장식을 보더라도 어느 다방이든지 그 정도의 시설은 되어 있기 마련인데, 연일 손님들이 끊이지 않으니 이상스런 일이었다.

어느 날 근처의 회사에 근무하는 정┰과장이 소문을 듣고 한번 가보아야겠다고 마음먹고 그 다방으로 들어섰다. 실내는 소문대로 만원이었다. 정 과장은 '마담이 멋진 여인인가 보군' 하고 속으로 생각하곤 짐짓 묘한 기분에 사로잡혀 자리에 앉았다. 과연 다방의 마담은 보통이 아니어서 늘씬한 키에 서글서글한 눈매가 인상적인 30대 후반

의 원숙한 미인이었다. 정 과장은 내심 쾌재를 부르면서 커피를 주문했다.

그러나 잠시 후 그의 기대는 여지없이 박살이 나고 말았다. 기대했던 마담의 서비스는 전혀 없었고, 그림자조차 비치지 않으니 시간이 흘러갈수록 초조해지기만 하였다. 이윽고 정 과장이 '속았구나' 하면서 다방문을 나서려고 하는데, 어디선가 마담이 쪼르르 달려나왔다. 그리곤 등에 손을 대고 "안녕히 가세요. 또 오세요" 하는 인사말을 하는데, '또'를 말할 때 그녀는 가운데 손가락으로 지그시 사인을 보내는 것이 아닌가.

물론 그 후부터 마담의 은근한 사인에 기대를 걸고, 정 과장이 그 다방에 매일 출근하게 된 것은 물론이다. 다방 마담의 은근한 사인을 받은 정 과장은 자기 혼자만 선택된 줄 알고 회심의 미소를 띤 것이다.

인간은 어떠한 종류의 권한이든 자격을 부여받는 것을 갈망한다. 아주 작은 일이라도 특권을 받게 되면 만족감을 느낀다.

알다시피 어떤 음식점이라도 단골손님이 있게 마련이다. 단골손님들의 심리는 음식맛이 식성에 맞아 찾는 수도 있지만, 그보다도 단골이라는 칭호에서 풍기는 특권의식에 만족하는 심리가 더욱 크다. 이 것을 잘 아는 능숙한 식당 종업원은 단골손님이 들어서면 "특별히 잘 해드려!" 하고 외친다. 내오는 음식의 양과 질은 똑같지만 단골손님 은 "특별히 잘 해드려" 하는 말이 자기에게만 부여된 것으로 인식해 버린다.

어느 경우든 상대를 칭찬하기 위해서는 특별한 권한을 주는 것이라 는 인식을 갖도록 하는 게 필요하다.

4. 질시하는 상대라도 추켜세워라

위대한 인물은 결코 원한의 감정을 품은 상대에게 원망하는 표정을 짓지 않는다. 평범 이상의 인간이 되려면 적어도 편견이나 혹평에 초 연해야 한다.

인간관계를 연구하는 사람들에게 대들보의 구실을 하는 링컨은 그 를 질시하는 맥클렌과의 불화로 유명했다. 맥클렌은 링컨에 대하여 거 만했으며 심지어 불평이 대단했다. 그러나 링컨은 "맥클렌이 우리에 게 승리를 주기만 한다면 나는 그의 마부가 되어도 상관하지 않겠다" 고 말해 주위를 놀라게 했다.

이와 같은 일화를 들지 않더라도 질시를 보내는 상대에게 똑같이 반목으로 대응하는 것은 인간관계의 실패를 불러들이는 것이다. 타 인의 존재를 무시하여 성공을 이룬 사람이 없듯, 뭇 사람들로부터 구 설수를 받는 사람은 상대를 이해시킬 수 없다. 상대방이 비록 반목의

감정으로 질시하더라도 추켜세우는 태도를 잃지 않으면 끝내 감복하고 만다.

질시의 감정에서 표현된 반발 감정에 똑같이 맞서면 아무런 이득이 없다. 그보다 감정적인 문제를 감싸주고 격려하여 찬사를 아끼지 않는 것이 효과가 있다.

인간은 항상 반목하고 질시하는 사슬에 묶여 있다. 칭찬의 말은 이러한 사슬을 풀어주는 열쇠다. 또한 인간들의 만족스런 행동을 가능하게 해주는 촉매이다. 아무리 상대가 내보이는 질시의 표현이 강하더라도 끝까지 유연한 자세를 견지하고 찬사에 인색치 않으면 대화에 성공한다.

5. 뜻밖의 것을 칭찬하라

사람은 자기가 도무지 느끼지 못했던 것을 상대가 지적해 칭찬하면, 이미 인식하고 있던 자기의 장점을 칭찬받을 때보다 더 기뻐하기 마

련이다. 남을 칭찬하여 대화의 전개를 원활히 하고 소기의 목적으로 상대를 유도해 나가기 위해서는 상대가 감득하지 못했던 점을 지적할 줄 알아야 한다.

미국 뉴욕주의 '루이스 발렌타인'이란 조원회사造園會社의 정원을 담당하고 있는 도널드 M. 맥마흔은 이런 경험을 이야기한다. 언젠가 그는 어느 유명한 법률가의 저택에서 정원공사를 하게 되어 집주인인 법률가에게 상세한 공사 지시를 받게 되었다. 그 법률가는 자기 집의 정원을 둘러보며 석류나무와 진달래꽃 묘목을 가리키더니 그것들을 심을 자리를 지정하고 시시콜콜 까다롭게 주의사항을 말했다. 맥마흔은 짜증스런 마음을 숨기고 정원 옆에 있는 개집을 가리키며 말했다.

"선생님, 참 마음이 흐뭇하시겠어요. 저렇게 좋은 개를 기르시고 있다니 말이예요."

그랬더니 그 법률가는 갑작스런 칭찬에 신이나 "그거야 뭐 말할 것 있소. 마음이 늘 대견하다우" 하면서, 맥마흔에게 개의 우열을 좌우하는 혈통에 대한 이야기를 열심히 해주는 것이었다. 그리고는 맥마흔에게 강아지 한 마리까지 선물해 주었다.

6. 예외적 칭찬임을 강조하라

칭찬을 한다고 해서 언어의 순서를 제멋대로 구성한다면 간혹 실수를 저지르고 만다. 하지만 '특별히 당신에게만'이라는 예외적인 말을 하면 칭찬의 효과가 크다.

안경을 낀 아름다운 여인이 있을 때 "당신 참 멋지군요. 매력이 충만해요. 하지만 나는 안경을 쓴 여자는 딱 질색이라서…"라고 말한다면 틀림없이 교제가 끊어지고 말 것이다. 설사 안경을 쓴 여자가 싫더라도 유독 그녀만을 칭찬해주고 싶다면 칭찬의 뜻이 특별한 예외적인 일임을 강조한다.

"사실 나는 안경을 낀 여자는 별로 좋아하지 않았지요. 그런데 당신만은 안경이 썩 잘 어울려 훨씬 세련된 멋을 주는군요."

안경 때문에 고민했을 그녀는 기뻐할 것이다.

이렇게 칭찬의 뜻을 지닌 말이라도 칭찬의 말을 앞에다 둘 때와 뒤에 둘 때가 다르다. 다시 말해 칭찬의 의미를 강조할 수 없을 때는 도리어 역효과를 낳고 만다.

가령 회사의 사장이 직원조회 시간에 훈시를 한다. 사장은 마침 직원들이 집무 분위기가 좋아지고 사업이 순조로와 그들을 격려하고자 마음을 먹었다. 이런 경우의 칭찬에 묘를 살리려면 어떻게 해야 할까.

"사실 여태껏 나의 생활신조는 첫째도 성실, 둘째도 성실이었습니다. 그러므로 성실을 잃지 않는 직장인을 나는 가장 사랑합니다. 이번의 우리 회사는 여러분들의 성실한 노력에 힘입어 금년도 사업목표를 초과 달성하게 되었습니다. 여러분들의 노력에 감사함을 잊

지 않겠습니다."

　이렇게 칭찬의 말을 뒤로해서 강조하면 앞서 자기의 생활신조라
는 '성실'을 주지시키면서 칭찬의 뜻이 가득 담겨진 훌륭한 말이 된다.

　누구든지 겉치레 인사의 칭찬은 고마워하지 않는다. 웃음을 모르
던 사람이 어쩌다 한 번 활짝 웃을 때에 쾌감을 느끼듯, 특별한 칭찬임
을 알았을 때 즐거움이 커진다. 미술을 좋아하지 않는 사람은 미술하
는 사람을 칭찬하려거든 "미술에 대해서는 전문지식도 없고 사실 별
로 좋아하지도 않습니다만, 당신이 그렇게 그림에 열중해 있는 모습
을 보니까 웬지 호감이 갑니다"라고 칭찬할 일이다.

　'…하지만, 그러나…', '싫어하지만 이것만은' 등의 예외적인 말을
삽입하여 칭찬하면 상대방은 예외적인 칭찬에 특별한 기분이 들어 즐
거움을 한층 더 느낄 것이다.

7. 명예욕을 자극하라

꾸짖음보다 한마디의 찬사가 훨씬 사람을 부드럽게 만들어준다.

나폴레옹 같은 전쟁 영웅도 늙어서 전역하는 퇴역군인들에게 십자가가 달린 훈장을 나누어주면서 그들의 공을 찬양했다. 그러자 사람들이 노병을 장난감으로 속이려 한다고 혹평하자 그는 "사람은 장난감인 줄 알면서도 그것이 지닌 명예 때문에 지배를 받는다"라고 말했다.

쓸데없는 허영과 가치 없는 명예욕은 인간을 괴롭히고 약하게 만드는 데 가장 큰 영향을 끼친다. 그러나 한 편으로 상대를 추켜세워 분발하게 만드는 데도 효과가 있다.

뉴욕의 인쇄소 사장인 월트는 자기 회사의 기계공 하나가 노동시간은 길고 작업량은 많다고 투덜대며 조수를 배정시켜 달라고 하였지만 회사 여건상 그 기계공의 이야기를 들어줄 수가 없었다. 그러나 그는 조수를 두지도 않고 작업량도 줄여주지 않으면서도 그를 만족시켰다. 그 기계공이 만족했던 것은 전용 사무실 하나가 배정되었기 때문이다. 그리고 사무실 문 앞에는 그의 이름과 직위가 함께 써 붙여 있었다.

"수리계장."

이렇게 되면 그는 평직원이 아니고 어엿한 계장인 것이다. 당연히 일에 책임감을 느꼈고 능률도 배가되었다.

파스칼은 "인간 최대의 우열함은 명예를 추구하는 것이지만, 그것이야말로 또한 진정으로 인간의 우수함을 보이는 최고의 표적이다"라고 말했다.

명예를 추구하는 것은 미련한 사람들의 상징적 행동이라고 보기

보다 우월한 지위를 위한 본능적 욕구이다. 그러므로 사람들은 비록 허울뿐이라도 명예를 부여받으면 기뻐한다. 허영의 쓸모없는 그림자로 생각하기보다 공통적 인간의 심리를 만족시키는 만병통치약이다.

8. 존재 가치를 인정해줘라

학교 교사나 교회의 성직자들은 일종의 전문직이라고 할 수 있다. 그런가 하면 시계 수리공, 전기기술자, 나아가 운동선수들도 하나의 전문직이다. 여기에서 말하는 전문직의 의미는 별반 색다른 직업을 가리키는 것이 아니다. 다만 그 계통의 문제를 가지고 조언이나 협력을 얻을 수 있는 사람들을 말한다.

　사람이란 누구나 직업을 갖고 있다. 남들이 생각할 때는 평범한 직업이라 할지라도 그들 스스로는 천직으로 생각하고 있다. 대화에 있어 칭찬과 아첨을 이용하여 상대의 조력을 얻고자 할 때는 상대방의 존재를 인정할 일이다. 역시 여기에서 말하는 존재란 상대방의 직업

을 말한다.

가령 개인적인 고민이 있어 학교 성적이 날로 떨어지고 불안에 빠져 있는 학생이 선생님을 찾아가서 상담을 한다고 해보자.

"선생님은 훌륭한 인격과 충분한 지식을 갖추셨으니까, 저의 고민을 쉽게 해결해 주시리라 믿고 찾아왔습니다."

이렇게 말하면 어느 선생이 그런 칭찬의 소리를 듣고도 자기의 역할을 포기할 것인가.

또한 직장을 추천해 달라고 부탁할 때도 마찬가지이다.

"선생님은 덕망이 있어 사람들의 존경을 받는 분이라서 이렇게 찾아 왔습니다."

이런 말을 하면 기꺼이 추천장에 서명하게 된다. 이렇게 상대방에게 존재에 대한 칭찬을 표현하면 무슨 부탁이든지 수월하다. 존재를 확인시켜 준다는 것, 그것은 어떠한 칭찬보다 훨씬 적극적이고 솔직한 찬사의 뜻을 지닌다. 그러므로 찬사는 상대방의 존재 가치를 인정하는 말로 시작해야 효과가 크다.

9. 칭찬은 간접적으로 하라

직접적으로 면대한 자리에서 칭찬의 말을 듣게 되면 아무리 얼굴이 두꺼운 사람이라도 쑥스러운 마음이 생긴다. 이땐 간접적으로 상대가 가장 소중히 여기는 제삼자를 들어 칭찬하여 만족하게 하는 기술을 활용할 일이다.

만약 당신이 잘 아는 친구에게 "자네 어제 같이 간 여자가 누구지? 별로 미인도 아니던 걸" 하는 말을 해보라. 틀림없이 그 친구는 아무 소리 하지 않고 즉시 우정을 버리려고 할 것이다. 그러나 "어제 같이 가던 여자 참 예쁘던데. 아주 발랄하면서도 매력적이야" 하고 이야기 한다면 친구의 귀가 솔깃할 것이다.

국회의원 선거에 입후보한 안女씨에게 재미있는 일화가 있다. 어느 날 야외강연을 개최하여 안씨가 막 단상에 오르려 하는데, 갑자기 청년 하나가 나타나더니 "선생님, 안녕하세요?" 하고 인사를 하는 것이었다. 그 청년은 자기가 국회의원 입후보자와 같은 유력자와 잘 알고 있다는 것을 과시하려고 나섰던 것인데도 안씨는 "오, 자네 왔구먼, 그래 아버님은 안녕하신가? 참 훌륭하신 분이지" 하고 인사의 말을 해주었다. 그러자 청년은 "네, 그런데 그만 작년에…"하며 말끝을 흐렸다.

"돌아가셨구먼, 참 건장하셨는데…."

그러자 청년은 자기 아버지를 칭찬해주는 안씨에게 감복해서 강연 도중에 떠드는 사람이 있으면 서둘러 주의를 주고, 장내가 어지러워 지면 정리까지 발벗고 나서 당원도 아니면서 그날을 완전히 봉사하는 것이었다. 강연회가 끝나고 안씨의 측근이 "선생님, 그 청년을 잘 아십

니까?" 하고 묻자 그는 "아니"라고 딱 잘라서 말했다.

"그러면 어떻게 그리 상세히 알고 계시는지요?"

"이보게, 자네들 아버지 없는 사람들 보았나? 또 그 아버지를 싫어하는 사람은? 없지? 누구든지 자기의 부모를 칭찬하면 감탄하는 법이야. 나도 그 청년의 기분을 만족시키기 위해서 그랬을 뿐이네."

안씨는 전혀 안면이 없던 청년의 기분을 만족시켰기 때문에 강연회를 무사히 마치는 데 도움을 받게 되었으며, 나아가 그 청년은 돌아다니면서 안씨를 지지하게 만드는 분위기 조성에 앞장섰다.

이렇게 인간은 자기가 직접 칭찬을 받지 않고 자기가 가장 소중히 여기는 사람이 칭찬받아도 만족하는 심리를 갖고 있다. 그리고 이런 심리는 직접적 칭찬보다 어색하지가 않다는 장점을 가지고 있어 매우 효과적이다.

e
ychology

eech

판단 오도의 **작전**

상대의 판단을 오도하여 판단력의 차질을 꾀하고 싶은 경우에는 세심한 주의 그 이상의 노력이
요구된다. 이것은 대화에 여러 가지 판단을 그르치는 요소를 가미시켜야 되기 때문이다. 통일된
관념을 세우지 못하도록 하여 판단을 그르치게 하면 대화에 변칙적인 변화를 주어 뚜렷한 줄기
를 감추는 것이 가장 효과적이다.

1. 단순하고 유창하게 말하라

말이란 '양날의 칼'이라서 활용에 따라 무제한적으로 악용될 수도 있
다. 따라서 효과적으로 의사전달을 가능케 하는 중간 매체로서의 역할
도 할 수 있고, 또한 상대방의 판단을 흐리는 역할도 할 수 있다.

단순하고 명쾌하게 하는 말은 우선 막힘이 없으므로 논리구성상 정
확하고 진실되게 보인다. 논리의 구성이란 앞뒤가 막히지 않고 상이
하지 않다는 뜻인 바, 순조롭고 속도 있게 이야기하면 그러한 조건들
을 만족시켜 주므로 착각을 일으키게 한다. 그러므로 상대방의 판단을
빗나가게 유도하려면 그럴 듯한 논리를 내세워 재빠르게 말하면 된다.

6일 전쟁의 영웅인 이스라엘의 국방상 다얀 장군이 예루살렘에
서 연설중 한 청중으로부터 맹렬한 공격을 받았다. 그 전부터 다얀
은 호색가로 소문이 나 있었기 때문에 그날도 그에 대한 공격을 받
은 것이었다.

"장군! 장군의 생각과 행동은 동의하지만, 여자 장난만은 이제 그

만둘 수 없습니까?"

"좋은 이야기입니다. 당신은 자신을 남자라고 생각합니까?"

다얀은 일단 청중의 야유를 수긍하고 나서 이렇게 되물었다.

"그렇소!"

"그렇다면 어떤 여성으로부터 '사랑해달라'는 부탁을 받았을 때 당신은 거절하겠소?"

"아, 아니요…."

"그렇지, 그래야만 당신은 진짜 남자지요!"

다얀은 논리적 근거를 앞세워 남자이기 때문에 여자를 좋아하고, 남자는 여자의 사랑을 받아주어야 남자답다라는 당연한 사실을 늘어놓았기 때문에 논리적으로 청중은 다얀에게 완전히 눌려 버리고 만 것이다.

정치가들의 연설 중에서 고도의 재치가 필요한 것은 사건을 설명할 때이다. 어떤 정치가라도 상대방의 추궁이 있을 것이라고 짐작되면 그럴듯한 논리를 세워 공박 받지 않고자 획책한다. 따라서 문제를 놓고 '첫째', '둘째', '셋째' 하는 요점식 연설을 한다. 실제로 문제의 핵심이 누락되었는데도 '첫째', '둘째' 하는 나열의 함정에 빠져 버려서 공박을 할 수가 없게 되는 것이다. 그리고 질문을 받게 되면 "네, 우선 그 문제에 대한 답변을 드리기 전에…" 하고서 재빨리 다른 화제를 둘러대기도 한다.

정치가의 기본 조건 중에서도 가장 중요한 것은 단순하면서도 논리적인 위장을 잘하는 솜씨라고 하겠다.

2. 커다란 데마를 이용하라

데마(선동적 거짓말)란 특정한 목적을 가지고 상대를 현혹시키는 커뮤니케이션이지만, 상대방에게 주는 불안과 공포심이 강하면 강할수록 믿고자 하는 신용도가 높다. 즉, 인간은 큰 거짓말일수록 신용하는 경향이 강하다.

데마가 가장 성행하는 곳은 정치사회이다. 명 연설가로 소문난 히틀러도 "데마는 크게 띄우면 띄울수록 신빙성이 높다"고 하여 민중을 선동하는 데 데마를 최고로 이용하였다.

일본의 관동대지진이 일어났을 때, 마침 전쟁에서 거의 패망하던 일본 정부는 급기야 궁여지책으로 지진의 원인이 한국인에게 있다고 거짓 선전을 하여 무수히 많은 우리 동포들이 희생되었다. 일본 정부는 심지어 우리 동포들이 도쿄의 모든 우물에 독약을 풀었다고 거짓말을 퍼뜨리기도 했다. 그때에 일본 국민들은 전쟁의 공포와 지진의 위험에 빠져 있었기 때문에 정부의 데마에 속아, 한국인들을 발견하

는 즉시 무참히 도륙질을 하고 말았던 것이다. 이와 같이 데마는 불안과 공포의 심도에 비례해서 신뢰도가 달라진다.

상대방의 논리를 배격하고 이쪽의 의도를 정확하게 판단하지 못하게 꾀하려면 묘한 데마를 이용해야 한다. 특히 그것은 어조가 강할수록, 신뢰도의 여지가 높을수록 효과가 크다.

"거짓말은 눈덩이와 같아서 굴리면 굴릴수록 점점 커진다."

종교개혁자 마르틴 루터의 말이다. 따라서 루터의 말을 빌리면 데마는 최초의 반응이 아주 경미했다고 하더라도, 일단 상대방의 마음을 흔들어 놓으면 점차 심리 속에서 확대되어 거짓과 진실을 판별할 능력을 상실케 만든다는 사실을 알 수 있다. 거짓말을 하려거든 큰 거짓말을 해야 효과가 크다. 그러나 악용하지 말고, 목적을 공공의 이익에 두고 해야 할 것이다.

3. 목적 이상의 것을 말하라

일단 상대방이 어떤 목적물의 기준을 나름대로 짐작 · 추정하고 질문할 때에는 상대방이 내어놓은 질문과 주장, 그 이상의 것으로 강하게 말하여 경솔한 행동을 하지 못하게 한다. 상대방으로서는 자기의 지적이 대단한 것이어서 충격을 받을 줄 알았다가 도리어 한 단계 높은 응수를 해오게 되면 어찌할 바를 모르게 된다.

여자 관계가 많기로 소문난 정치가가 있어, 어느 날 여성단체의 대표로부터 집중 공격을 받았다.

"선생, 한 나라의 정치를 좌지우지하는 당신이 그래, 두 사람의 여자를 거느리고 있다니 그게 말이나 됩니까?"

그러자 정치가는 유연한 태도로 말했다.

"둘이라뇨? 내가 지금 보살피고 있는 여자는 다섯 명이요, 다섯 명."

여성대표는 그 당당한 태도에 그만 기가 찰 수밖에. 그러나 정치가는 다시 그 다섯 명의 여성과는 젊어서 한때의 기분으로 관계했으나 이제는 경제적인 도움만 주고 있을 뿐이라는 이야기를 들려주어 오히려 여성대표의 이해를 얻었다. 정치가는 여성대표를 먼저 경악케 만든 다음에 회유를 했던 것이다.

상대를 제압할 수 있는 대화를 위해서는 상대방의 목적을 알아야 되며, 자기의 목적과 부합시켜 보기도 하고 양자를 조절하기도 하여야 할 것이다. 그리고 무엇보다 상대방의 판단을 그르치게 하는 데는 상대방이 예상했던 그 목적 이상의 대답을 하는 것 만큼 좋은 방법이 없다.

어떤 여학생이 추근거리며 따라다니는 남자의 프로포즈에 "좋아요. 그럼 내일 결혼식을 올리도록 합시다. 식장은 ○○교회로 하죠. 그 교회 목사님과는 잘 아는 사이니까요"라며 대담하게 응수하자 남자가 그만 기겁을 하더라는 것이다.

이와 같이 상대방의 목적 그 이상을 말해주면 상대방은 어리둥절해진다. 그 뿐만이 아니라 이쪽의 페이스에 그대로 딸려오고 만다.

4. 선입관을 주고 말하라

우리는 사물을 대할 때 'A는 A이다', 'B는 B이다' 등으로 단정적인 판단을 내린다. 단정적인 판단을 내릴 수 있다는 것은 이미 선입관이 작용했다는 것을 말한다. 판단을 내리는 데 선입관이 미치는 영향은 크다. 습관적인 행위란 바로 선입관이 작용하고 있는 행위이기 때문이다. 따라서 선입관을 상대방에게 주입시켜 놓으면 판단을 빗나가게 유도할 수 있다.

가령 어린아이에게 아주 신 사과를 주고 먹게 한 뒤, 그 다음에는 달고 맛있는 사과를 주어본다. 어린아이는 사과라는 것만 보고도 고개를 돌릴 것이다. 의외로 이런 습관적 선입관의 작용을 상술에 악용하는 악덕업자가 많다. 그들의 상투적인 수단은 일단 어느 상품을 톱클래스의 상품으로 만들어 놓아 사람들의 기호를 만족시킨 다음, 점차적으로 질을 떨어뜨리는 것이다. 그런데도 사람들은 최초의 선입견이 있으므로 아량과 무관심으로 그런 폐단을 꼬집지 못하고 지나간다.

이와 똑같이 대화에 있어서도 일단 상대방에게 '좋다'라는 감정의 상태를 만드는 데 성공하면 어떠한 불쾌한 이야기라도 절대적으로 '좋다' 하는 감정 속으로 묶여들어간다.

상대방을 어지럽혀 판단을 그릇되게 위조하는 방법에는 선입감을 주는 작전이 가장 주효하다. 선입관이란 곧 사회의 동력원이 되는 모티브가 되기 때문이다.

5. 반복 암시로 유리하게 이끌어라

1896년 대통령 후보로 나선 미국의 정치가 윌리엄 브라이언은 열심히 선거유세를 다녔다. 그런데 그는 독특하게 자기를 선전하고 다녔다. 그것은 "라이벌인 매킨리는 틀림없이 낙선할 것이고 자기가 당선한다"고 하는 말이었다. 처음에는 그의 말을 충분히 납득치 못하던 사람들도 나중에는 그의 의도를 알아차릴 수가 없어 브라이언 쪽의 말에 이끌려 들었다.

브라이언은 '강조'와 '입증'을 구별하지 못하도록 유도하여 자기의 강조가 입증된 것처럼 대중을 이끌었다. 그의 지론대로 대중은 강조와 입증을 정확히 구분하려고 하지 않았다. 물론 강조와 입증 사이에는 커다란 차이가 있다. 강조는 소극적으로 말하면 주장에 불과하지만 입증은 진리인 것이다. 그러나 브라이언은 자기가 당선된다는 말에 악센트를 두어 그것이 입증인 것처럼 꾸몄다.

대개 교양 있고 지식이 있는 상대방의 판단을 빗나가도록 이끌려면 지나친 단정도 안 되며, 일사천리식의 웅변이어도 안 된다는 사실은 누구나 알고 있다. 이런 상대방에게는 사실의 증명을 확인시키는 일이 급선무이다. 그러므로 자기에게 내려지는 단정이 유리하게 이끌어지도록 분위기를 이끌어야 한다. 그러기 위해서는 단정적인 의미를 지니고 있으면서도 그것이 자기 혼자만의 주장이나 독선이 아닌 공동주지의 사실인 양 위장하는 능력이 필요하다.

카이사르를 죽인 시민의 영웅 브루투스를, 로마시민의 이름으로 반역으로 몰아 붙인 안토니우스의 말은 시민들의 상승무드를 탄 최적

의 예화이다. 안토니우스가 설사 아무리 시민들의 지지를 받고 있었다고 해도, 처음부터 자기의 속마음을 보였다면 결코 지지를 얻을 수 없었을 것이다.

그는 카이사르를 욕했으며 브루투스를 찬양했다. 그는 로마의 지식인들을 향해 그들이 내린 결론에 합당함을 지지하는 발언으로 말문을 열었다. 그러나 실상 그는 말의 한마디 한마디에 자기의 단정을 뒤섞어 놓는 것을 잊지 않았다. 결국 시민들은 돌변하여 카이사르를 영웅으로 받들고, 브루투스를 역적으로 몰고 말았다. 안토니우스는 교묘한 단정의 테크닉으로 시민들의 판단을 역으로 이끈 것이다.

상대방의 판단을 거꾸로 바꾸어 놓으려면 한 가지의 말을 충분히, 그리고 힘 있게 반복하여 자기 스스로 믿고 있는 단정을 유리하게 받아들여지도록 꾀할 일이다.

6. 체념의 말을 자주 사용하라

한 가지 문제를 가지고 격론을 벌였을 때, 서로 자기의 판단이 옳다고 강경히 맞서면 이론적 설명이나 기타 증명은 효과가 적다. 자기 나름대로의 판단 기준이 서 있고, 역시 그 판단의 옳음을 주장하게 되면 어떤 사람이라도 궁극적으로 자기의 옳음을 입증받아야 속이 후련해진다고 생각하므로 애써서 격론을 유발할 필요가 없다.

한 검사가 단골 이발소에서 이발을 마치고 옷을 입고 보니 지갑이 없어졌다. 이발소 안은 그야말로 소란스럽게 되었다. 그것도 보통 사람이 아닌 검사라는 직위가 풍기는 차가움으로 해서 주인은 그저 안절부절이었다. 마침내 검사는 직업의식을 발휘하여 나름대로 짐작을 하기 시작했다.

"옷장 속에서 내 옷을 꺼낸 저 여자가 수상합니다."

검사가 지적한 것은 면도사였다. 그러나 주인은 적어도 그녀가 그럴 리는 없다고 생각했다. 주인은 주인대로 그녀를 겪은 경험에 의해서 판단을 내린 것이었다.

하지만 어디 그게 두 사람만의 주장대로 해결된 문제인가. 우여곡절 끝에 지갑은 옷장에서 찾았으나 지갑을 열어보니 돈이 조금 부족하다며 검사는 또 의심하기 시작했다. 이렇게 되고 보니 주인도 너무 화가 나서 두 사람은 험악한 분위기 속에서 다툼을 벌이게 되었다. 이때 옆자리에서 이 광경을 보던 한 신사가 나서더니 "이왕 이렇게 된 것을 어찌하겠소. 그만 두 분 다 포기하시오. 할 수 없지 않소" 하는 게 아닌가. 이 별 의미 없는 한마디의 체념의 말 덕분에 두

사람은 화해하게 되었다.

이처럼 체념의 말은 모든 판단을 정지시키는 힘을 지니고 있다. 체념은 생활하는 데 있어 일종의 타성이다. 따라서 체념의 자극을 받으면 누구든지 '그려려니' 하는 마음에 포기하고 만다. 이런 최종적인 분위기는 누구의 판단이 옳았고 또 누가 잘못된 판단인지를 불문에 붙인다. 그저 모든 판단을 유야무야 시키고 마는 것이다.

영국의 철학자 러셀은 "인생은 어떤 목표를 향해 힘차게 나아가는 의지가 필요한 반면, 물러설 때 물러설 줄 아는 체념이 특히 중요하다. 이것이 인생의 행복된 지혜이다"라고 말했다. 사람들은 누구나 강요된 포기를 원치는 않지만, 가능성 없는 문제를 가지고 집착하려고 하지 않는다는 것은 분명하다. 그러므로 이 집착하지 않으려는 상대의 심리를 노려 판단을 정지시키는 것도 대화의 기술이다.

7. 별 의미 없는 말을 활용하라

작가 L씨는 누구와 만나든지 자기 기분에 맞지 않게 되면, "동과 서를 나누면 남이 되나?" "맥주와 소주를 섞으면 물이 된다던데?" 등의 말을 혼잣말처럼 중얼거린다. 처음에는 누구든지 아마 작품 구상을 하나 보지 하면서 생각했던 사람도 있고, "동과 서를 나누면…" 하는 이야기를 이해해 보려고 애쓰는 사람도 있었다. 그러나 이 두 가지의 말은 모두 말버릇이라고도 할 수 있는, 별 의미 없는 말이다.

이렇게 별 의미 없이 떠들어대는 말이 판단을 빗나가게 하는 데는 효과가 절대적이다. 인간의 판단이라는 것은 서로 의사소통이 되어짐으로 해서 나름대로의 기준을 짐작할 수가 있는 것인데, 이러한 의미 없는 말을 되풀이하게 되면 도무지 무슨 말을 하는지 어림짐작을 할 수 없어서 판단을 그르치게 된다.

그러나 이런 종류의 말을 실제로 판단을 그르치게 하는 데 사용하려면, 좀더 세심한 배려가 뒤따라야 한다. 발음상으로나 논리상으로 언뜻 들으면 어떤 정상적인 이야기인가 하고 상대방의 청각을 자극해야 하기 때문이다.

8. 통일된 개념을 무너뜨려라

두 개의 성질을 뒤섞어 이야기하면 상대는 어디가 머리고, 어디가 꼬리인 줄 모르게 된다. 선악의 개념을 지닌 어떤 사물에 관해서 일면 긍정, 일면 부정을 하게 되면 긍정도 부정도 아닌 모호한 해석이 나오게 된다.

독일의 독재자 히틀러에 대한 향수가 좋은 보기이다.

오늘날 독일의 일부 청년들 사이에서는 히틀러 시대의 '나치즘'을 향수하는 집단이 서서히 고개를 들고 있다고 한다. 일부 국민들까지 독일제국의 영광을 그리워하는 나머지 히틀러의 유물이 경매붐을 이루게 되었고, 그의 자전적 수기인 『나의 투쟁』이 재발행되는가 하면, 전 유럽이 '히틀러 웨이브'에 휩쓸려 히틀러의 물결이 새로 등장했다는 충격적인 뉴스도 한때 있었다. 이와 같은 역사의 유전은 하나의 사물을 양면에서 고찰했을 때 독립된 판단을 잃게 되고 선악의 개념이 모호해지게 된다.

그러므로 대화에 있어서 상대방에게 하나의 뚜렷한 이미지를 연상시켜 놓지 않으면 통일된 개념을 갖지 못하므로 올바른 판단을 내리지 못한다. 교육학 교수가 어느 날 학생들로부터 곤란한 질문은 받는다.

"한국적 교육이란 무엇을 말하는 것입니까?"

"그것은 한국인의 실정에 알맞는 교육을 가리키는 말이지."

　교수는 엉겁결에 이렇게 대답하고 말았으나 사실 '한국인의 실정' 이라는 말은 모호하기 이를 데 없는 말이었다. 따라서 학생들의 추궁이 없을 수 없었다.

　"한국인의 실정이란 무엇을 말함인가요?"

　여기에서 교수는 정말 당황한 듯이 잠시 대답을 망설이다가 "교육이 현실화되어야 한다고 생각할 때, 우리의 풍토에 맞는 교육을 하자는 말이겠지"라고 말하였다. 그저 막연한 개념만을 되풀이하는 교수의 대답에 학생들은 판단이 서지 않았다.

9. 궤변의 요소를 가미하라

'오십 보 백 보'라는 고사명언이 있다. 이 말은 중국 전국시대의 사상가 맹자孟子의 에피소드에서 유래된 말이다.

　당시 양 나라의 혜왕惠王은 자기 스스로 판단할 때 상당히 선정을 베푼다고 자부하였는데, 그러면서도 나라의 인구가 점차적으로 줄어가

는 것을 의아하게 생각했다. 전국시대엔 중국 땅에 아주 많은 나라가 있어, 뚜렷한 국적을 가지지 않고 살기 좋은 나라를 찾아 이 나라 저 나라로 다니는 사람들이 무척 많았다. 이러한 인구의 이동은 바로 그 나라 임금의 선정도를 가름할 수 있는 척도이기 때문에 여러 임금들은 인구의 증감에 대단한 관심을 보였다. 신경이 쓰이게 된 혜왕은 그의 정치 고문인 맹자를 불러 그 이유를 묻게 되었다.

"우리의 이웃을 둘러보아도 우리나라의 정치가 가장 훌륭하다고 생각하는데, 어찌하여 인구가 늘지를 않는가?"

그러자 맹자는 의미 있는 웃음을 띠며 말했다.

"이런 이야기가 있습니다. 전쟁 중에 두 병졸이 도망을 가는데 한 병졸은 오십 보를 도망했고, 또 한 병졸은 백 보를 도망했습니다. 그런데 오십 보를 도망한 병졸이 백 보를 도망간 병졸에게 '에이 겁쟁이야' 하고 놀렸다고 합니다. 이 이야기를 듣고 어떻게 생각하십니까?"

혜왕은 맹자의 이야기를 듣고 곧바로 대답했다.

"두 병졸의 이야기가 모두 우습다. 오십 보나 백 보나 도망간 데 있어서는 똑같지 않느냐?"

"그렇습니다. 전하의 정치도 이웃 나라와 비교해서 그렇게 월등한 정치를 하신 것이 아니라는 증거입니다. 어느 정도는 잘했다고 하지만 결과적으로 보면 정치의 힘이 작용하지 않은 것이니까요."

맹자가 비록 혜왕을 설득했다고는 하지만 맹자의 말에는 궤변적 요소가 다분했다. 실제로 전쟁 중에서는 오십 보의 후퇴와 백 보의 후퇴는 대단한 차이를 나타낸다.

또한 세상에 존재하는 모든 일은 '만점이냐, 영점이냐?' 하는 두 가지 상황만 존재하는 것이 아니고, 그 둘 사이에 수없이 많은 단계적 요소와 조건들이 존재한다. 그러나 옛날 현명한 사상가, 철학가들이 지어낸 고사명언 중에는 이렇게 곤란한 해석을 불러일으키는 '오십 보백 보'의 원칙과 같이 상당한 효과를 지닌 궤변으로 훌륭한 것이 많다.

Chapter 09

협력 동의의 **작전**

타인의 협력 없이는 세상을 살 수 없다. 로빈슨 크루소의 이야기는 우리 현실하고는 너무 거리가 멀다. 인간사회의 쇠사슬이라는 움직일 수 없는 숙명은 협력받지 못하는 사람을 존재시키려고 하지 않는다. 협력과 동의를 완벽하게 이끌 수 있는 지혜로운 자만이 세상을 현명하고 유리하게 사는 사람이다. 협력이란 아무런 노력을 하지 않는데 저절로 얻어지지는 않는다.

1. '어느 것'이냐를 물어라

협력과 동의를 얻기 위해서 사람들은 "어떻게 했으면 좋겠습니까?"라고 묻지만, 실제 상대로부터 협력과 동의에 대해 거절하지 못하게 하려면 그보다 "그럼 어느 것으로 할까요?" 하고 선택하도록 유도할 일이다. '어떻게'는 우선 상대가 무슨 생각을 하고 있는지를 모른다는 전제이지만 '어느 것'이냐고 묻는 것은 먼저 상대가 협력해줄 거라는 전제를 덮어씌움으로써 협력을 용이하게 하는 작전이다.

세일즈맨이 상품 카탈로그를 들고 모 회사의 사장을 찾아갔다. 사장은 세일즈맨이 열심히 지껄이는 것을 듣는 둥 마는 둥 멍청히 앉아 있다가 "그럼 어느 것으로 할까요?" 하는 물음을 당하고, 얼떨결에 그만 생각에도 없던 상품을 사고 말았다.

한 도도한 아가씨가 있어 그녀를 좋아하는 청년의 가슴을 졸이게 하고 있었다. 청년은 퇴근 시간만 되면 열심히 전화를 걸어 "오늘은 어떨까요. 꼭 좀 만나 주십시오"를 되풀이하는 것이 일과가 되다시피 하

였다. 그럼 그녀는 늘 "오늘은 바빠서요" 하는 대답으로 거절하기 일쑤였다. 그러던 어느 날 청년은 드디어 기발한 작전을 구상하고 의기양양하게 전화를 걸었다.

"오늘 저녁 7시에 만날까요, 8시에 만날까요?"

"7시는 제가 몹시 바쁜데…."

"알겠습니다. 그럼, 8시에 만나 뵙죠. 장소는 집 앞에 있는 청자 다방입니다."

그 다음의 이야기는 들어보나 마나 그 청년의 판정승이었다.

사람들에게는 도피심리가 있다. 부탁을 받으면 거절하고 싶다거나 이유를 들어 난색을 표명하고, 프로포즈를 받으면 괜한 이유를 들어 일단 도피하려고 한다. '어떻게'는 사람들의 이러한 도피심리를 조장해주는 말이다. 그렇지 않아도 탈출구를 찾는 입장인데 '예스'냐 '노'냐를 선택하라고 하면 누구든지 '노' 쪽을 택하게 될 것은 자명한 이치이다.

그러나 '어느 것'이냐는 이러한 도피심리에 쐐기를 박는 말이다. 일단 긍정을 해놓았다는 단서가 붙어 있기 때문에 긍정이냐 부정이냐를 답하는 것이 아니고, 둘 중에 어느 것에 긍정할 것이냐를 묻는 말이다. 상대의 협력과 동의를 구하려면 도피할 수 있는, 즉 거절할 수 있는 여지를 최대한 축소시켜 놓아야 한다.

2. 상대의 말에 맞장구를 쳐라

대화를 나누는 데 있어 가장 중요한 것은 우선 이쪽의 의사를 전달하거나 동의시키는 일이다. 그러나 대화란 이러한 일방적인 효과를 얻기도 하지만 반면에 상대의 정보를 얻고자 하는 면도 중요하다. 그러므로 상대방이 지닌 정보를 더 많이 얻어내는 능력이 대화의 능력이라고 할 수 있다.

대화함에 있어서 상대가 말문을 열었을 때는 지속적으로 정보를 이쪽의 의도대로 털어놓을 수 있도록 조력해야 된다. 상대가 말을 잘할수 있도록 맞장구를 잘 치라는 것이다. 맞장구를 칠 경우에 조심해야될 것은 상대와 호흡을 같이하는 동류의식을 갖는 것이다. 어조도 상대와 같은 정도로 조절해야 되고, 언어의 선택도 적당히 융합되는 수준의 것으로 골라야 한다.

방송프로에서 사회를 볼 때 첫째 조건은 대화할 상대를 순간적으로 판단하여 거기에 조화되는 질문과 응수를 하는 일이라고 한다. 출연자가 무엇을 말하고자 하는가를 재빨리 감지하여 상대의 끝말을 받아서 다음 말을 계속하게 해야 한다. 그러므로 "아, 그렇습니까?", "그래서요?", "그렇겠죠" 등의 말을 빌어서 전혀 기복이 없는 대화를

나누는 능력이 사회자에게 전적으로 필요하다.

때로는 짧게 하고 때로는 그 다음에 나올 말을 고려하여 염두에 두어 부언하는 것도 효과적이다. 맞장구는 짧은 말일수록 좋다. 적당한 응대는 인간적인 유대를 돈독하게 해주고 동시에 서로의 인격이 존중되고 있음을 느끼게 한다. 따라서 서로의 인격이 존중되고 있다는 의식의 공감대가 이루어진다면 이야기하기를 꺼리던 상대도 허심탄회하게 자기를 표현할 것이며, 이쪽이 알고자 하는 내용의 이야기를 하는 데도 주저함이 없게 될 것이다.

어느 이혼상담소에 한 부인이 찾아왔다. 사십대 초반에 들어선 그녀는 화려한 옷맵시 못지않게 거들먹거리는 태도로 사무실을 빙 둘러보더니, 역시 사십대인 소장에게 퉁명스럽게 말을 걸었다.

"소장님은 마흔이 넘으셨나요?"

"아니 그럼, 부인도 마흔이 넘으셨단 말인가요? 그보다 훨씬 아래로 보이는데요."

소장의 맞장구 한마디에 그녀의 거만은 자취를 감추고 말았다. 그리고 그녀는 "요즘 젊은 여성들이 인생상담을 한답시고 거만스런 자세로 앉아 있는 꼴이 못마땅해서 상담소 찾기를 망설였다"고 솔직히 털어놓고 자기의 걱정을 말하는 것이었다. 이럴 때의 맞장구처럼 상대방의 끝말을 받아 되묻는 맞장구는 누구든지 쉽게 활용할 수 있는 간단한 비결이다.

3. 동류의식을 강조하라

인간은 사회적 연관을 맺고 살아가기 때문에 흔히 '가족 같다'는 말이 자주 사용되기도 한다. 그러나 각계 각층의 사람들 모두가 하나같이 같은 생각과 같은 행동으로 일치화합할 수는 없다. 사회의 구조상으로 어떤 범주에 묶이고 분리되어 생활하기 마련이다.

이렇게 분리되고 공통으로 묶인 것을 집단이라고 보면 집단 외의 사람과 집단 내의 사람과는 서로 생각하는 관점이 다르다.

상대를 설득하는 데는 같은 계통, 같은 성격을 지니고 있다는 동류의식을 강조하면 의외로 설득 효과가 높다. 자기를 이해해 주고 신뢰하는 정도가 높으면 우선 인식이 깊고, 공동체적인 입장이기 때문에 불신이 개재하지 않을 것이라는 마음의 신뢰가 샘솟기 때문이다.

본래 '동류의식설'은 미국의 사회학자 기딩스Franklin Giddings가 『사회학 원리』에서 제창한 말로서, 다른 모든 사람들이 자기와 동류라고 의식하는 것이 사회를 이루는 근본적 요소라고 하는 학설이다. 따라서 동류의식을 갖게 되면 나 이외의 사람들도 모두 자기와 근본 바탕이 같다고 생각하여 동포애도 생기고 사랑도 생기게 되는 것이다.

　기업주의 기업관리의 효율적 운영에도 이 방법은 절대적이다. 대규모 조직의 기업은 구성원 하나하나를 모두 기업주와 같은 운명체 속으로 흡수시키기가 어렵다. 세분화된 조직기업은 분업적 능력만을 요구하는 인상이 짙기 때문에 개인의 정신적 동의를 강하게 요구하지 못하는 단점이 있다.

　소규모이긴 하지만 오퍼상을 운영하는 남南 사장은 이 방법을 효과적으로 활용할 줄 아는 사람으로서, 그 방면의 기업주들에게는 남 사장의 회사가 '남사단'이라는 닉네임으로 불린다. 남 사장은 아침 회의 시간에 예외 없이 5분간 조례시간을 갖는데, 이 자리는 불과 몇 명 되지 않는 부하 직원들에게 자기 회사의 현황을 설명하는 시간으로 정해져 있다. 남 사장 자신이 스스로 프리젠테이션을 하는 것이다. 그 시간에는 회사의 발전 추이가 한 눈에 들어오도록 일목요연한 설명이 뒤따르게 되는데 회의 도중에 직원들의 관심도가 대단하다고 한다. 이른바 자기의 기업 실태를 직원들에게 낱낱이 알려, 그들 모두의 기업임을 은연중에 인식시키는 것이다. 남 사장의 기업이 날로 번창하게 된 비결은 직원들의 동류의식의 발로로 인한 것이다.

4. 약속의 힘을 활용하라

"약속을 지키는 최상의 방법은 결코 약속을 하지 않는 것이다."

나폴레옹 1세가 갈파한 이 말은 약속이란 그만큼 지키기가 어려운 것이므로 약속이란 눈에 보이지 않는 그물에 옭아매어지는 일이 없도록 하라는 말이다.

약속은 인간의 마음을 사로잡기 위하여 고안된 가장 효과적인 방법이다. 유대인의 선지자 모세도 이 방법을 수천 년 전에 도입하여 방황하던 민중의 마음을 사로잡은 바 있다. 그는 애굽을 탈출하여 사막을 전진하는 그의 민족에게 '약속의 땅'을 부르짖었다. 먹을 양식이 없어 굶주리고, 흙먼지 속에서 갈 길 몰라 방황하던 유대민족은 모세가 내놓은 약속에 의해서 마음이 사로잡혔다. 날이 갈수록 불만이 쌓여갔던 그들의 행진에 모세의 약속이 서광을 비춰준 것이다.

약속의 힘이란 이와 같이 무서운 위력을 나타낸다. 인간은 누구나 내일의 자기가 어떻게 변할지를 모른다. 이 숙명적인 이유가 약속에 약한 인간을 만드는 것이다. 무엇이든지 '믿을 수 있다'는 무형의 힘이 작용하여 약속을 하게 되고, 분명 좋은 결과를 나타낼 것이라고 믿게 된다.

그러나 약속은 진실하지 않으면 안 된다. 『논어』에도 "약속이 정의에 가까울수록 실행의 가능성이 있다"라고 했다. 진실에 근거를 둔 약속이 아닌 경우에는 인간관계를 크게 해치는 독소가 될지도 모른다.

알프스의 한 처녀봉을 목표로 숨을 헐떡이며 올라가는 등반대가 있었다. 정상의 반을 올라간 그들은 과연 이러한 노력이 보람이 있을까

하는 회의와 당혹을 느끼기 시작했다. 그러나 등반대의 리더는 활동형일 뿐 아니라 심리 파악에도 명수였다. 그는 새하얀 눈으로 덮힌 웅장한 정상을 가리키며 외쳤다.

"보라! 우리들, 아니 너희들에게 약속된 저 자리를. 바로 세계의 정상이다!"

리더의 이 매력적인 말 때문에 대원들은 정상 위에서 자기들을 기다리고 있는 영광을 약속받는 즐거움에 분발하게 되었다. 그리하여 목표대로 정상을 정복하였다.

약속은 희망적인 결과를 기대할 수 있을 때 바람직한 동의를 얻는다. 그러나 그 약속을 파기할 수는 없다. 약속은 약속대로 구속력이 있기 때문이다. 자꾸 피하려는 상대에게는 교묘한 화법으로 약속을 강요해보자.

5. 작은 부탁을 먼저 하라

다른 사람에게 큰 부탁을 의뢰할 때는 우선 작은 일부터 부탁한 후, 그 일이 돌아가는 형편을 보아서 다음의 큰 일을 부탁할 일이다. 처음부터 큰 일을 부탁 받으면 누구든지 부담을 느껴 거절하는 빈도가 높다. 그러나 소소한 부탁이면 쾌히 응하게 마련이다.

프리드맨과 프레이저라는 스탠퍼드대학교의 두 교수는 사회심리학을 전공하는 학자로서, 거리의 주부들을 대상으로 흥미 있는 조사를 실시한 적이 있었다. 우선 두 교수는 실험 대상자인 주부들에게 다음과 같은 전화를 걸었다.

"저는 캘리포니아 소비자 그룹의 직원입니다. 통계 자료를 얻기 위해 댁에서 사용하는 가정용품에 관해서 몇 가지 우편으로 질문하겠습니다. 응답해 주시면 감사하겠습니다."

이와 같은 요청에 주부들이 승낙해서 '부엌에서 쓰는 비누는 어떤 비누인지요?'로 시작해서 대답하기 쉽고 부담이 없는 질문을 몇 가지 적어 우편으로 송달하였다. 며칠 후에는 두 번째의 부탁을 청하기 위해 전화를 걸었다.

"일전에는 대단히 감사했습니다. 실은 지난번의 조사를 확대하게 되어서 가까운 시일 안에 댁을 방문했으면 좋겠는데, 그때에는 몇 명의 직원들이 찾아갈 것이니 식당, 창고 등 여러 곳을 자유롭게 보여주실 것을 부탁드립니다."

이러한 두 번째의 약간 무리한 부탁에 대해서 무려 52.8퍼센트의 주부가 흔쾌히 허락했다는 사실을 볼 때, '부탁은 우선 작은 것부터'라

는 말을 재인식하게 된다.

　이 실험의 결과에 의하지 않더라도 우리의 주변을 살펴보면 서로가 상대의 도움을 필요로 할 때 무턱대고 이쪽의 갈망에 쫓겨 무리한 부탁을 했다가 거절당한 예가 흔하다. 신뢰를 받는 방법에도 역시 이와 같은 방법이 응용될 수 있다.

6. 비굴한 자세를 버려라

저자세로 일관하는 대인관계는 자칫 비굴하게 보일 수 있어 사람들의 미움을 사기 쉽다. 상대의 미움을 사면 마음을 움직일 수가 없고, 마음을 움직이지 못할 때에 협조란 기대할 수도 없다. 사람은 덕이 부족할 경우에 저자세가 되고 비굴하게 보인다. 입에 발린 달변과 능수능란한 임기응변으로 상대를 설득하여 협조를 얻기보다 정신적인 신뢰를 보이면 훨씬 설득력이 있다.

　천하 제일의 사기꾼이라도 자기의 집에서까지 비굴한 웃음을 짓지

는 않을 것이다. 적어도 가족들 앞에서는 위엄을 갖추어야 가장으로서 영향력을 발휘할 수 있기 때문이다. 설득의 경우, 특히 상대의 협조를 구하는 데에 있어서 절대로 비굴한 태도로 임해서는 안 된다.

"짐이 곧 국가다"라는 명언을 탄생시킨 프랑스는 20세기에 또다시 "내가 곧 프랑스다"라고 외친 드골을 탄생시켰다. 1961년 1월 드골은 친구로부터 방금 시작된 국민투표에서 자기를 지지하는 사람들을 위해 "감사의 뜻을 전해야 되지 않겠는가?"라는 질문을 받고 "어떻게 프랑스가 프랑스에게 감사의 뜻을 표한단 말인가?"라고 응답을 하였다. 그러나 드골은 국민들 사이에서 거만한 지도자로 기억되지 않고 신망과 절대적 힘을 지닌 지도자로 영원히 부각되었다.

『신념의 마력』의 저자 브리스톨은 "상대를 움직여 협조를 바라고 싶을 때는 고자세의 집념으로 꼭 상대의 협조를 얻겠다는 자세를 가지고 일관하라"고 가르친다. 아무리 어려운 협조와 동의를 구할 때라도 아첨의 분위기로 접근하면 실패의 확률이 높다. 상대의 마음에 끌리는 요소가 바로 자기 자신의 신념과 굳은 의지이다. 중국의 제후들은 백성의 마음을 사로잡아 의도한 대로 결과를 추구할 때 결코 비굴한 명분으로 협력을 구하지 않았다. 정략가들의 조언을 얻어 강한 힘과 명분을 배후에 깔았다.

석유왕 존 D. 록펠러가 한때 빚에 몰려 궁지에 빠졌다. 채권자들이 몰려오고 회사의 운영이 불안한 상태에 놓였다. 수많은 채권자들을 설득해 양해와 협조를 부탁해야 될 록펠러는 난처했다. 그러나 그는 결코 비굴하게 행동하지 않았다. 그는 수표장을 꺼내 당당한 자세로 말했다.

"현금으로 할까요? 스탠더드 석유회사의 주식으로 할까요?"

빚을 청산해 달라고 몰려왔던 채권자들은 록펠러의 자신 있는 태도와 신의로운 행동에 감동되어 그냥 돌아서고 말았다. 상대의 협조를 바랄 때 결코 비굴하지 않아 성공한 좋은 예이다.

7. 거짓말일수록 크게 하라

'루머rumor'의 파급 속도는 상상할 수도 없을 만큼 빠르다. 거짓말이라고 믿기지 않을 만큼 신용하는 경향도 높다. 일부의 연예인 중에는 이러한 루머의 속성을 이용하여 자기의 선전을 확대시키는 방법을 쓰기도 한다.

사람들은 대단히 큰 스케일의 거짓말에는 어리석을 정도로 쉽사리 넘어가고 만다. 정확한 근거를 밝힐 능력이 없기 때문이다. 특히 거짓말의 내용이 사람들의 불안과 호기심을 자극하는 것일수록 더욱 효과가 크다. 현대 정치에서 '데마(선동적 거짓말)'의 활용이 보편화되고 있

는 것을 보아도 규모가 큰 거짓말의 위력을 짐작할 수가 있다. 엘포트와 포스트맨이라는 두 학자는 "데마란 사람들의 관심도와 내용의 모호성이 클수록 효과가 비례한다"고 하여 관심과 영향의 함수관계를 공식화한 적이 있다.

조선의 순조때 서북민을 규합하여 커다란 민란을 일으켰던 홍경래는 민심을 선동하는 데 이 데마를 철저히 이용했다.

"서북지방의 사람들은 과거에 응시하여 조정에 등용될 수도 없고, 또 조정에서는 서북민을 개나 돼지처럼 생각한다."

그는 이러한 말을 퍼뜨려 서북민들의 불안감을 조성한 후에 새로운 체제의 개혁을 이루자는 요지의 격문을 띄웠다. 결국 홍경래의 난은 오래지 않아 진압되고 말았지만, 그곳 지방사람들에게 홍경래의 존재가 거의 신격화되었다고 한다.

이처럼 황당무계한 소문은 파급속도도 빠를 뿐 아니라 신용의 경향도 높다. 현대 사회구조는 조직적이고 체계적인 시스템으로 되어 있다고는 하지만, 그와 반비례해서 한마디 말의 힘으로 붕괴될 위험도 다분하다. 세분화된 사회는 인간의 감정이 주체가 되는 것이 아니고 일원화의 능력만을 요구하기 때문이다. 능력을 요구하는 사회에 사는 사람들은 감정의 원활한 발달이 미숙하므로 감정의 동요를 일으키기 쉽다. '데마'는 바로 이러한 현대인의 치부를 노리면서 전파되는 것이다.

그런데 전혀 엉뚱한 거짓말로 사람의 심리를 자극하여 신용받게 하려면 몇 가지 조건이 있다. 우선은 근거를 확인할 수 없어야 된다. 근거가 있는 거짓말은 정체가 쉽사리 드러나기 때문이다. 그리고 스케일을 확대하여 큰 세력으로 키울 일이다. 신용은 크기에 비례하기 때문이다.

8. 비교 언어를 활용하라

내가 한국언어문화원에서 현대인의 언어능력의 향상을 위해 사용해 온 '캐치프레이즈'는 "당신은 보다 더 대화에 자신을 갖고 싶지 않습니까?"라는 것이었다.

나는 오래 전부터 사람의 기분을 만족시키는 일은 무엇보다도 우선 상대를 인정하는 것이라고 생각해 왔다. 앞서의 '캐치프레이즈'도 먼저, 대상이 될 만한 사람들이 어느 정도 언어능력에 자신을 가지고 있다는 사실을 주지시키고, '보다 더'라는 비교급의 형용사를 사용하여 좀 더 자기의 능력을 키워보고 싶은 욕구를 일으키게 하는 말이었다.

전문가적인 입장에 서 있게 되면 누구든지 유일한 능력자가 자기뿐이라는 아집을 갖게 된다. 이 아집을 가지고 상대의 기분을 흡족하게 만들기는 어렵다. 자기 능력을 완전히 불신받았을 때는 분발하고자 하

는 의욕보다 자존심이 상하는 불쾌감에 젖는 것이 인간의 보편적 감정이다. 그래서 비교급의 언어를 사용한다는 것은 현재 상태에서는 만족을 하겠지만, 더 능력을 확대시켜야 된다는 인상을 강하게 심어준다.

미국의 엘머 휠러는 어느 날 지극히 까다로운 단서가 붙어 있는 문안을 의뢰받았다. 호별 방문과 전화 권유에 사용할 수 있고, 또한 즉시 여러 사람의 지지를 얻을 수 있는 간단한 말을 작성해 달라는 것이었다. 의뢰한 곳은 적십자 계통의 기금모집 단체였는데, 종전까지 그 단체에서 문안으로 사용하던 말은 "올해는 저희 단체에 얼마 정도를 기부하시겠습니까?"라는 것이었다고 한다.

휠러는 곰곰이 생각할 끝에 형용사의 비교급을 사용하여 "올해에는 얼마를 더 기부해 주시겠습니까?"라는 말로 문안을 작성해 주었다. 물론 작년까지만 해도 기부를 전혀 하지 않던 사람에게도 똑같이 정중하게 부탁하는 내용이었는데, 이 문안의 효과는 대단해서 기대 이상의 성과를 거두었다. 형용사의 비교급은 이와 같이 상대의 자존심을 만족시켜주고 보다 더 증대시키고 싶은 욕구를 일으켜 주는 자극제 역할을 효과적으로 수행하는 것이다.

가까운 친구나 연인 사이에서도 이 방법은 절대적이다. 비교의 언어를 잘 활용한다면, 상대는 자기를 인정해주는 우월한 기분에 사로잡히게 되고 자기를 필요로 한다는 이쪽의 요구에 기꺼이 접근하게 된다.

9. 무의식적 행동을 화제로 삼아라

도무지 말이 없는 사람과 마주했을 때엔 누구든지 답답한 기분과 함께 자리를 뜨고 싶은 충동을 억제하기 힘들게 된다. 서로가 기분이 상해서 대화의 단절을 초래했을 경우는 차치하고, 통칭 말을 할 줄 몰라서 빚어지는 상황에 있을 때는 임기응변의 재치와 세심한 관찰력으로 이를 타개할 수 있다.

사람은 누구나 자기만의 독특한 버릇이 있다. 특히 대화가 단절되었을 경우 이 버릇은 손쉽게 시선에 들어온다. 가령 팬시리 낙서를 하거나 음악에 맞춰 발끝 손끝을 놀리기도 한다. 우선 대화가 자연스레 이루어질 것 같지 않은 상황이라면 상대의 몸짓을 주의 깊게 보아야 한다. 그리고 상대의 예의 그 버릇을 화제로 만들어 화제 속으로 상대가 끌려들어오게 만든다.

"낙서를 즐기시는군요?" 혹은 "낙서는 생활을 카타르시스한다고 하던데요?"라고 낙서하는 버릇에 주의를 환기시키고, "언제부터 낙서를 즐기셨나요?" 하고 물으면 아무리 침묵으로 일관했던 상대라도 한마디쯤의 대꾸가 없을 리 없다.

사람은 자기가 무의식적으로 취한 행동을 지적받게 되면 일면 당황하지만 또 다른 면으로는 변명이나 나름대로의 주석을 첨가해서 말하게 된다. 습관이라는 것은 어떤 결정적인 원인은 있었으나 시간이 흐르고 원인에 대해 지속적인 자극을 잃어버렸을 경우 무의식적으로 취하는 태도인 것이다. 그렇기 때문에 사람마다 습관이 천차만별이고, 그것에 대한 자기 나름대로의 부여된 의미도 다르다.

습관에 대해 지적을 받는 것은 잊혀졌던 자기를 발견하는 것으로, 어떤 사람이든지 지적하는 사람에게 불쾌한 감정을 품는 것보다 관심을 가져준 성의에 고마움을 느끼게 된다. 더욱 상대도 대화의 화제가 궁핍하여 돌파구를 찾지 못하는 것을 안타깝게 생각하고 있을 것이므로 퍽 효과적인 방법이다. 그러나 이 방법은 자칫 상대를 잘못 자극하여 도리어 경계심을 유발하기도 쉽다. 이를테면 상대방은 자신이 감지하지 못하는 탓으로 자기의 버릇이 좋은지 나쁜지, 혹은 타인에게 불쾌한 감정을 일으킬 위험의 여부를 생각할 여유가 없다.

상대의 무의식적인 버릇을 화제에 올린다는 것은 어디까지나 화제의 궁핍과 대화의 연결을 가능케 하기 위한 도구이자 수단이지, 곧 그

것이 대화의 주제가 되어 전개되고 결과의 추이에 관심을 갖게 되면 안 된다. 여기에서 주의할 일은 절대로 상대의 나쁜 점을 지적하지 말 것이며, 또 다른 대화의 통로가 열리면 그에 대한 화제로 대화를 이끌어야 한다는 것이다.

Chapter 10

유머 위트의 **작전**

유머와 위트는 인생의 향신료라고 한다. 유머가 없는 생활이란 생각할 수 없을 정도이다. 웃음을 잃어버린 사람들의 가슴속에는 언제나 토해내지 못한 불만의 덩어리가 커져만 간다. 유머와 위트는 이와 같은 욕구불만을 부드럽게 해소해 주고 생활의 기쁨을 웃음으로 즐길 수 있게 만드는 인간에게만 주어진 신의 배려이다.

1. 유머의 위력을 활용하라

인도의 지도자 간디가 한때 자기의 마음속에 자리잡은 불안을 고백하면서 "나에게 유머를 즐길 수 있는 센스가 없었다면 자살하고 말았을 것"이라고 말했다. 정신적으로 그렇게 강인할 수가 없고, 뚜렷한 개성을 지녔던 그도 이렇게 유머를 의식적으로 즐겨 언제나 이야기하면 킬킬대고 웃기를 즐겼다.

그가 말하는 대로 유머는 인생을 만족시키는 자극제이다. 유머 없는 삶은 무미건조하고 비생산적이다. 유머는 자아의 밖에서 자아를 관조하는 초자아超自我이다. 따라서 타성에 젖은 인간생활에 청량제로서 훌륭하게 작용한다.

대화에 있어서 유머의 삽입은 논쟁을 예방하고 격의를 없애주며, 불만을 갖고 있는 상대방을 부드럽게 감싸 해소시켜 주는 데 효과가 크다. 특히 의사소통에 장애가 끼어 서로 화를 내게 되었다거나 대화가 단절되었을 때의 역할은 커다란 것이다. 유머는 긴박한 순간을 기

지로써 모면시키는 힘을 지니고 있다. 아무리 불만에 차 있던 상대라도 유머러스한 분위기에 젖어들면 불쾌한 감정을 잊어버리기 쉽다.

웃음은 외형적으로 나타나는 형식이다. 따라서 말을 내용이라고 한다면, 유머는 내용을 가꿔주는 형식이다. 형식이 내용의 결점을 보완하고 새롭게 전개시키는 것이다. 영국의 사상가 토머스 칼라일은 "진실된 유머는 머리로부터 나온다기보다 마음에서 나온다. 말의 노예가 되지 마라. 남과의 언쟁에서 화를 내기 시작하면 그것은 자기를 정당화시키기 위한 언쟁이 되고 만다"고 하여, 언쟁이 일어났을 때 유머의 힘을 최대한 활용하여 언쟁의 요소를 둔화시키라고 하였다.

한글학자인 조윤제 박사는 『한국의 유머』에서 "한마디의 유머란 어려운 문제를 손쉽게 해결하고 죽음의 위기도 개척할 수 있는 힘이 있다"고 했다. 상대방이 욕구불만의 상태에서 대화를 회피하거나 우호적인 분위기를 깨뜨리려고 획책한다면 유머의 힘으로 상대의 불만을 중화시키려는 노력을 기울여야 한다. 유머란 어떤 불만도 해소시킬 수 있는 힘을 지니고 있기 때문이다.

사커레이는 "멋진 유머란 사교 무대에서 입을 수 있는 의상보다 훨씬 멋진 장식이다"라고 말하여, 상대방에게 만족을 주는 최대의 효과를 가져다주는 것은 유머라고 했고, 블르스 버튼도 "인간이란 무언가 재미있는 이야기에 일단 따라 웃으면 그 사이가 곧 돈독해진다"고 말했다. 이들의 말에는 모두 유머의 진가가 잘 드러나 있다.

2. 위트로 목표를 적중시켜라

위트는 상대방이 깨닫지 못하는 사이에 상대방을 설득시킬 수 있는 설득의 완전한 방법으로 재치를 가리키는 것이다. 재치 있는 설득은 조용하고 부드럽게 상대를 잡아끈다. W. P. 서어길은 "재능은 훌륭한 것이지만 위트는 모든 것이다. 위트란 모든 것을 풀어주고 모든 장애를 제거한다"고 했다.

어느 의사가 자가용을 수리하려고 서비스 공장에 부탁한 후 차를 찾으러 갔더니 수리비용이 엄청나게 청구되어 있었다. 기분이 상한 의사는 "단지 두세 시간의 노력으로 이 정도의 많은 비용을 받는다니 의사인 나보다도 더한걸" 하면서 입맛을 다셨다. 그러자 수리공의 대답이 걸작이다.

"저는 비싸다고 생각하지 않습니다. 선생님은 늘 똑같은 사람만 다루지만 저희들은 매년 새로운 형의 차를 다루어야 하기 때문에 연구를 게을리할 수가 없답니다."

이 수리공의 위트로 인해 의사는 웃으며 "그것 참" 하는 수밖에 더 이상 어쩔 방법이 없었다. 위트로 인해 목적을 달성시킨 이야기다.

3. 급격한 변화, 역전을 꾀하라

무슨 일을 하든 사람들은 자기 자신이 예상한 기대치가 있다. 당연한 결과라고 말할 수 있는 기대치에 어긋난 결과가 빚어지면 웃음이 유발된다. 극적 변화의 기회를 유도하려면 우선 상대방에게 당연한 결과가 올 것이라는 암시를 던져 주어야 한다. 이 암시에 의해 제 나름대로 판단을 내려 그 당연한 결과를 기대하다 순간적으로 변화를 초래하게 되면 폭소가 유도된다.

영국의 풍자작가 버나드 쇼가 이사도라 던컨이란 미모의 무용가에게서 프로포즈를 받은 이야기는 너무나도 유명하다.

"선생님의 뛰어난 머리와 저의 미모가 결합되면 아주 이상적인 2세가 탄생하지 않을까요?"

"당신의 그 우둔한 머리와 나의 추한 용모가 결합한다면 어떻게 되겠소?"

던컨은 자기의 예상으로 쇼가 적극 호응할 줄 알았으나 뜻밖의 회답을 받고 그만 두 손을 들고 말았다고 한다.

　익살을 잘 부리고 항상 위트 있는 대화로 정평을 얻고 있는 오鳴씨가 술좌석에서 묘한 수수께끼를 냈다.

　"내가 지난번에 한라산에 올라갔을 때였지. 갑자기 찬바람이 휙 불어오더니 싱싱한 잉어 한 마리가 내 눈앞에서 펄펄 뛰지 않겠나? 나는 '이 깊은 산중에서 잉어라니' 하고 궁금해서 견딜 수가 없었네. 그런데 잠시 후 어디선가 '여보슈, 여보슈' 하는 소리가 들리는 거야. 나는 기겁을 해서 달아났네. 이게 뭘까?"

　오씨의 이야기는 흥미진진했다. 좌중에 있던 이들은 오씨의 말에 빨려들어가 '그게 뭘까?' 하고 곰곰이 생각하게 되었다. 그러자 오씨는 빙그레 웃더니 "에구, 잘도 속는다 속아. 그게 뭐긴 뭔가. 바로 어제 저녁 내 꿈이지" 하는 것이 아닌가. 좌중은 폭소의 물결, 모두들 너무도 급격한 결말에 어이가 없어 웃음만 폭발시킨 것이다.

4. 지나친 과장을 이용하라

흔히 있을 수 있는 일을 확대하거나 비약시키는 것이 과장의 패턴이다. 정상적인 대화에서 과장은 실로 위선이 될 수도 있고, 허풍이 되기도 하여 신뢰를 해치거나 웃음을 유발시킨다. 꼭 잠긴 상대방의 마음을 열기 위함이라면 실행하여 효과를 거둘 수 있다.

과장의 방법은 실제하는 것을 이용할 수도 있고, 존재하지 않는 무형의 것도 이용할 줄도 알아야 한다. 가령 야구해설자가 투수의 구질에 대해 해설을 한다고 해보자.

"저 투수의 공은 노인들의 걸음걸이처럼 느리군요."

그러나 이런 표현은 웃음을 유발할 수 없다.

"저 투수의 공은 어찌나 느린지 지금 저 공이 어느 회사제품인가도 알 수 있겠어요."

공이 느려 공에 쓰여 있는 글씨까지 보인다는 과장이다.

언어의 표현이란 실로 무궁무진해서 똑같은 내용이라도 어떻게 표현하느냐에 따라 그 맛이 다르다. 차분하게 표현하면 진지하게는 들리지만 설득형이 되고, 서둘러 둘러치면 거짓으로 들리는 한편, 웃음으로써 표현하면 서로의 마음을 열어준다.

과장의 대화에 이런 예화가 있다. 조선 중종 때 대사성을 지낸 양응정梁應鼎이란 사람이 있었다. 그는 일찍부터 유머를 즐겨 아무리 거북한 부탁을 하더라도 익살끼 있게 접근해 오면 이내 허락하고 마는 성격이었다. 그가 어떤 지방의 사또로 있을 때였다. 관사를 짓는 목수가 집을 마음에 들지 않게 지어 괜시리 짜증이 나 있었으나 그럭저럭 상

량식을 하게 되어 잔치가 벌어졌다. 그런데 과일 쟁반에 담겨져 나온 잣이 하도 싱싱하여 하인을 시켜 언덕에 심게 한 양응정은 "다음에 이 잣나무가 자라면 베어서 나의 관으로 쓰리다"라고 말하였다. 그러니까 손님 중에 하나가 "그럼 저는 그 잣나무가 커서 열매를 맺으면 그 열매를 심어 그 나무로 관을 짜겠소" 하는 것이 아닌가. 마지막으로 그 날의 주인공이라 할 수 있는 목수가 입을 열었다.

"그럼 저는 두 분께서 돌아가시면 그 나무로 관을 짜드리겠나이다."

양응정과 손님은 저마다 장수의 꿈을 과장하여 자랑한 것인데 목수가 하는 말이 가장 그럴듯하므로 사또는 목수의 불미스러웠던 점을 모두 잊고 그에게 벼 다섯 섬을 내렸다고 한다.

이렇게 흔한 일상의 예를 과장해 말하면 웃음을 유발하게 된다. 웃음의 유발은 또 대화의 부드러운 소통을 가능하게 해준다. 따라서 대화가 원만히 이루어지기 위한 과장은 필요하다.

5. 공포를 폭소로 바꾸어라

불안과 긴장의 순간에는 누구든지 기분을 전환시키려고 애쓰지만 생각보다 마음의 안정을 얻기가 쉽지 않다. 인간에게는 두려움이라는 선천적인 공포가 항시 존재하기 때문에 언제든지 주위 환경에 이상이 나타나면 공포와 긴장으로 불안에 떨게 된다.

유머와 위트는 이런 상황을 잠시라도 벗어나게 해주는 유일한 방법이다. 사람을 웃긴다는 건 사실상 퍽 어렵지만, 한마디의 유머가 공포를 무산시키는 데는 절대적인 효과를 나타내므로, 사람을 웃길 수만 있다면 최선의 화법을 지녔다고 해도 과언은 아니다.

『아이디어 화술』의 저자 마에다의 일화 중에 이런 이야기가 있다. 그가 하와이를 거쳐 일본으로 귀국하는 비행기에 탑승했을 때였다. 기내에는 미국인과 국제결혼한 일본여자와 그녀의 갓난아이가 있었다. 그 아이는 일본의 외갓집으로 생일을 맞으러 간다고 하였다. 그때였다. 갑자기 기장으로부터 다음과 같은 방송이 있었다.

"대단히 죄송한 말씀이지만 비행기의 제2엔진의 제네레이터가 고장이 났으므로 부득이 하와이로 다시 돌아가겠습니다."

마에다도 그러했지만 비행기 안의 승객들은 모두들 불안에 가득차 있었다. 그보다도 하와이로 돌아가게 되면 날짜 변경선을 지나야 하기 때문에 꼬마의 생일이 없어지는 것이 그로서는 안타까운 노릇이었다. 그는 승객들을 둘러보고 "자, 우리 모두 꼬마의 생일이 없어질 테니, 가엾은 꼬마를 축하하는 의미에서 생일을 비행기 안에서 지내도록 합시다"라고 말하여 비행기 안에서 〈해피 버스데이 투 유〉가 울려 퍼지

게 되었다. 모두들 불안을 잠시 잊고서 천진스런 표정의 꼬마를 위해 기꺼이 생일 축하 노래를 불러준 것이었다.

이런 분위기 덕분으로 잠시 비행기 고장의 불안이 사라진 틈을 이용하여, 그는 다시 "여러분 제가 생각건대 비행기가 하와이로 되돌아가는 것은 엔진 고장이 아닌 것 같습니다. 사실은 이 비행기의 기장이 악성 설사병에 걸렸나 봅니다. 기장으로서 미안하고 또 도쿄로 가고는 싶지만 도저히 참고 갈 수가 없어 다시 하와이로 되돌아가려는 것일 거예요" 하고 승객을 웃겼다. 그렇지 않아도 꼬마의 생일축하 때문에 긴장과 불안을 잊어버렸던 승객들은 그의 유머에 배를 감싸쥐며 폭소를 참지 못했다.

이런 마에다의 이야기에서 우리가 알 수 있는 것은 모든 불안, 초조, 긴장 등의 심리는 일단 그것을 밖으로 표출시켜 폭소화해 버리면 아무런 심적 부담을 느끼지 않는다는 사실이다.

6. 착오의 미안감을 유발시켜라

길을 걷다가 앞서가는 사람으로부터 낯익은 텔레파시를 느꼈다. 선뜻 '이상한 걸' 하면서 다시금 살펴보니, 웬걸 그는 내가 그렇게도 찾아다녔던 친구였다. "김형!" 하고 나는 반가움에 그의 어깨를 쳤다.

그러나 다음 순간 뒤돌아보는 그 사람은 전혀 모르는 사람이었다. 나는 이 궁지를 모면할 길을 찾지 못하고 우물쭈물하다가 갑자기 웃음이 터졌다. 할 수 없이 웃음으로써 그 자리를 모면키로 결심한 나는 "하하하" 큰소리로 웃어 버렸다. 영문을 모르고 섰던 상대방도 금새 나의 착각에 의해 저질러진 실수임을 알고서 기분 좋게 따라 웃었다.

이것은 언젠가 여름 부산에서 내가 실제로 겪었던 이야기다. 그때 나는 부산에서 '설마 아는 사람을 만나랴' 하는 마음도 있는 한편, 아는 사람을 만나서 얼마나 반가운가 하는 생각이 교차되어 즐겁게 상대방의 어깨를 두드렸던 것인데, 정말 착오였음을 알고서는 웃음으로 곤란한 처지를 모면했었다.

이러한 일은 우리 주변에서 흔히 일어난다. 음식점에서 소금인 줄 알고 설탕을 타거나 조미료를 섞어 음식맛이 이상한 줄도 모르고 먹었다가 갑자기 킥킥대고 웃음을 짓거들랑 그가 분명 착오의 감정을 웃음으로 해소하려고 하는 사람인 줄로 생각하면 맞을 것이다.

링컨이 어느 날 대통령 관저 앞에서 잡초를 뽑고 있을 때 어떤 주지사가 방문을 했다. 주지사는 잡초를 뽑던 링컨에게 거만스레 물었다.

"대통령은 지금 계신가?"

링컨은 곧 "잠시 기다리십시오"하고 들어가더니 이내 다시 옷을 갈

아입고 나와 주지사를 영접하였다. 주지사는 당황할 수밖에 없었다. 대통령 관저를 지키는 수위쯤으로 알았던 사나이가 대통령이었으니 그가 당황하는 것도 무리는 아니었다. 그러나 두 사람은 이내 웃음으로 그 궁벽한 상황을 넘겼다.

착각, 착오는 웃음을 유발한다. 우리가 코미디언의 행동을 보고 웃음을 짓는 것도 그들의 바보스럽고 전혀 기대에 어긋난 착오의 행동을 보고 웃는 것이다. 『모던 타임스』란 영화에 나오는 찰리 채플린의 연기를 보면 폭소를 터뜨리지 않을 수 없다. 공장에서 나사를 돌리던 사람이 버스 속에서 앞사람의 단추를 나사로 오인하고 연신 돌려댄다. 이것도 착오의 방법으로 사람들을 웃게 한 예화이다. 아무튼 착오의 감정은 수월히 웃음을 유발한다. 웃음으로 착오에 대한 미안함을 감추려 하기 때문이다.

7. 상대에게 우월감을 갖게 하라

웃음이라는 것에 대해 우리들은 별다른 의미를 갖지 못한다. 그저 기쁨의 표현으로 생각할 뿐이다. 모든 만물 중에서 웃음을 지을 수 있는 것이 오직 인간뿐이라는 사실도 제대로 인식하지 못하며 살고 있다.

모든 사람은 상대보다 우월한 기분에 잠길 때 웃음을 터뜨린다. 비록 유발하는 내용이 저속하다고 망설일 것은 아니다.

지금은 고인이 되었지만, 서영춘 씨는 꼬마들도 다 아는 한국 코미디계의 대표적 인물이었다. 국내 코미디언 중에 그만큼 희극적 요소가 많은 인물도 드물다. 이 서영춘 씨가 어느 쇼에서 한 가지 걸작 콩트를 발표했다. 근엄한 표정을 짓고 앉아 있는 사장 앞에서 면접을 받는 장면이었는데, 자못 분위기 자체는 무겁고 심각했으나 정작 면접을 받으러온 청년은 멍청한 표정을 짓고 있었다. 이윽고 사장이 첫 질문을 한다.

"자네 세종대왕이 누구인 줄 아나?"

"세종로 교통순경이지요."

사장 이하 모든 면접위원의 폭소가 터진다.

"그럼, 을지문덕은 또 누구지?"

"그건 을지로 동회장이 아니던가요."

관객들이 온통 웃음바다가 된 것은 물론이다. 이 경우에 사람들이 웃을 수 있었던 것은 질문에 답하는 상대방보다 우월감을 느끼기 때문이다. 우문진답은 어리석은 질문을 한 사람보다 기발한 대답을 한 사람이 더욱 웃음의 초점이 된다. 우월감을 자극시켜 웃음을 유발하

는 것은 효과가 크고 절대적이다. 만족감을 채우면 기분이 좋아지고 좋다는 감정은 곧 웃음을 몰고 온다. 심리학적으로 보면 인간은 쾌·불쾌의 감정이 모든 행동을 즐겁게 유도하기도 하고 나쁘게 만들기도 한다. 기분 좋은 것은 쾌락을 자극했을 경우이고, 쾌락은 바로 웃음을 유발한다.

8. 부조리를 꼬집어 지적하라

조리가 닿지 않는 전혀 얼터당토하지 않은 논리를 가지고 말하면 웃음이 유발된다. 사람들은 조리에 맞다고 생각하는 것은 지극히 당연하다고 생각하고 있으므로, 부조리한 것을 지적하면 응당 그 황당무계한 논리에 웃지 않을 수 없다.

수주 변영로 교수의 재미난 에피소드가 있다. 6·25 사변으로 저마다의 생활이 모두 어려울 때, 부산으로 피난 갔던 수주는 항상 얼큰하게 취해가지고 다녔다. 하루는 그의 친구가 "여보게, 자네는 넉

넉치도 못한 주머닐 텐데, 어디서 돈이 생겨 그렇게 술을 마시나?"라고 묻자 수주는 "돈? 돈이 어디 있어, 얻어먹는 거지" 하면서 기분 좋게 중얼대는 것이었다.

수주에게는 나름 술을 얻어먹는 비결이 있었다. 그는 거리에서 제자들을 만나거나 하면 어김없이 "여보게, 오늘이 내 생일일세. 한잔 안 하겠나?" 하고 말하곤 했다. 그럼 제자들이 그냥 돌아서지 않고 없는 돈을 털어 술 한잔을 잘 대접하는 것이었다. 그러나 어느 날 꼬리가 길면 밟힌다고, 수주가 봉변을 당할 날이 왔다. 수주에게 한번쯤은 술을 샀던 제자들이 모두 한자리에 모여 이런저런 이야기를 하다 수주 선생 이야기가 나오자 그만 생일사건이 들통이 나고 만 것이다.

그리하여 제자들이 이구동성으로 "선생님, 어떻게 저희들을 속이십니까?" 하고 불평했다. 그러자 그가 하는 말이 걸작이다.

"이보라구. 이 전쟁통에 이렇게 숨을 쉬고 있는 날이면 모두 살아 있는 생일이지. 그럼 죽은 날이란 말인가?"

추궁했던 제자들은 배꼽을 잡고 웃으면서 "역시 선생님은 다르다"는 말을 되풀이했다고 한다.

이 세상에는 실제로 부조리한 것이 숱하다. 우리가 부조리의 정체를 실감하지 못해서 그렇지 도둑과 경관의 공존도 부조리요, 소설가와 평론가가 공존하는 것도 실상 부조리다. 그러나 사람들은 의식적이든 무의식적이든 부조리를 인식하지 못하고 산다. 그러므로 부조리를 지적하면 사회의 페이소스를 함께 느끼면서 웃음이 촉발되는 것이다.

9. '스마일 메이커'란 칭호를 주어라

"사람은 자기를 좋아하는 사람을 좋아한다."

5백여 년 전 로마의 시인 사이러스가 한 말이다. 어떤 사람이라도 자리를 즐겁게, 마음을 행복하게 이끄는 유머의 진원이 자기인 것을 알면 기뻐한다. 그만큼 자기가 매력적이요 웃음을 창조할 수 있는 원동력임을 즐거워하는 것이다.

"저는 당신을 좋아합니다. 당신은 언제나 저에게 웃음을 선사하는 분이에요."

이런 말을 듣고 즐거워하지 않을 사람이 있을까.

하버드대학교의 심리학자 윌리엄 제임스 교수는 "행동에 뒤따라 감정이 따르는 것으로 보이나 사실은 그렇지도 않다. 행동과 감정은 동시에 일어난다"고 지적한다. 제임스 교수의 이론대로라면 감정의 움직임을 받으면 행동이 즉시 이에 수반한다고 생각된다. 따라서 자기를 보면 즐거워진다는 이야기를 들으면 감정의 움직임을 불러오고 곧 자기도 뒤따라 미소를 짓게 된다.

유머를 모르는 사람을 상대할 때라면 이것을 테크닉으로 하여 웃음을 유도할 일이다. 사람은 어디에서든지 주목받기를 바란다. 비록 나쁜 이미지가 아니라면 무슨 일에서든지 남들의 시선을 모으려고 한다. 그러므로 사람들에게 즐거움을 주는 '스마일 메이커'라는 칭호를 받으면 더욱 즐거워한다.

국내에서 세일즈 판매 계통에는 베테랑으로 평가받는 박朴씨는 대인관계의 비결을 "첫걸음을 미소로부터 시작하여 최후의 순간까지 미소를 잃지 않는 것입니다. 상대에게 계속 미소를 보내면 누구든지 '내가 남에게 기쁨을 주는구나' 하는 마음에 사로잡혀 즐거이 상담에 응합니다"라고 말했다. 이 테크닉은 대상이 어떤 성격의 소유자라도 시도하여 효과를 얻을 수 있으며, 인간의 감정을 자발적으로 열어놓을 수 있다.

우리나라 속담에 "웃으면 복이 온다"라는 말이 있다. 스스로 웃을 수 있는 여유가 있으면 상대방도 저절로 따라 웃게 될 것이다. 링컨도 "행복하다고 생각하는 데에 행복한 생활이 있다"고 하지 않았던가.

원만한 대인관계, 행복한 나날을 창조하기 위해서는 웃음이 필요하다. 자기 스스로 웃도록 노력하고, 타인에게도 재미있는 사람이라는 '스마일 메이커'라는 칭호를 주는 것이 더욱 밝은 사회를 만드는 방법이다.

Part 2
어떻게
원하는
것을
얻는가

Chapter 11

The
Psychology
of
Speech

인상 강화의 **작전**

상품의 '트레이드마크'가 인상적일수록 상품에 대한 인식과 판매도는 높다. 자기만의 독특한 이미지(image)를 가질 수 있다는 것은 고객의 뇌리에 언제나 살아 있는 '트레이드마크' 같은 것이다. 상대에게 강한 인상을 남긴다는 것은 그만큼 상대의 마음을 사로잡을 수 있는 여지가 많다는 것을 의미한다. 매력적인 인간, 바로 그 사람만이 만인의 아낌을 받는 사람이다.

1. 자기만의 말버릇을 만들어라

사람의 인상을 기억에 남기는 데는 여러 가지 요인이 있다. 신체적으로 키가 크다든지 혹은 작다든지, 비만형이든지 아니면 형편없이 말랐다든지 하는 것도 상대의 기억 속에 자기를 기억되게 하는 요인이 되며, 성격상의 특징도 아울러 여기에 포함된다.

그러나 언어의 특징, 그 중에서도 말버릇은 특별한 요인으로 작용한다. 말버릇이란 바꾸어 말하면 심층심리에서 표현되는 언어인데 버릇이란 어미가 붙어서 모두 나쁜 습관만을 지적하는 것 같으나 좋고 나쁜 것 이전에 상대에게 기억되는 특징적 버릇을 지칭하는 것이다. 여기에서 특징적인 입버릇을 개개인의 상표라고 한다면 입버릇, 즉 상투적인 말씨는 자신을 기억하게 하는 데 도움을 준다.

위대한 정치가나 사업가들의 자서전을 보면 모두 자기만의 독특한 말버릇이 있음을 고백한다. 자기 자신도 모르게 내뱉는 말버릇은 많은 사람이 관심을 가지고 상대를 기억하는 데 절대적인 영향

을 끼친다.

나의 후배 중에 소설을 쓰는 김金군은 나하고 자리를 함께할 때면 "나는 형이 자주 쓰는 '그게 그래요' 하는 말을 들을 때마다 형의 얼굴이 떠오르곤 합니다"라고 하면서, 그 말을 듣게 되면 나의 모습까지, 입표정까지도 낱낱이 기억된다고 했다.

김군의 이야기가 아니더라도 나 역시 처음에는 무의식중에 사용했던 "그게 그래요" 때문에 여러 사람한테 지적을 받곤 했다. 그러나 그것이 누구나 제각기 가질 수 있는 말버릇이라는 사실을 인식하고 나서부터는 크게 신경을 쓰지 않게 되었다. 오히려 그 버릇 때문에 나를 기억하기에 도움이 된다는 김군의 말이 더욱 고맙기도 해서 그런지도 모른다.

좀 더 많은 사람들 사이에 강한 인상을 남기려면 색다른 입버릇이 필요하다고 하겠다. 그러나 말버릇의 상표는 천박한 인상을 주거나 불쾌한 인상을 주는 말이어서는 안 된다. 말버릇이 저질이면 자신의 이미지도 역시 저질이라는 범위 안에서 기억된다.

유머러스하면서도 재미나고, 또 자기 혼자만의 특징적인 말버릇이라면 자신을 팔 수 있는 상표로서 손색이 없다. 그리고 무의식적으로 사용되지 못한다고 하더라도, 재미있는 말씨를 의식적으로 자주 되풀이하다 보면 상대는 그 말버릇을 기억하게 되고, 이미지까지 말버릇으로 미루어 생각하게 된다.

2. 핵심만 짧게 말하라

프랑스의 문호 빅토르 위고의 의문부호 '?'와 느낌표 '!'의 일화는 널리 알려진 이야기다. 흔히 이런 형태의 함축성 있는 말을 놓고 '촌철살인'이라고 하는데, 이는 아주 짤막한 말로서 사람을 인상적으로 감동시키는 것을 말한다. 대화도 이와 마찬가지로 무수히 많은 언어 중에서 화제에 빗나가지 않고, 핵심을 찌르는 말은 짧을수록 강한 인상을 준다.

유려한 말보다 직감적인 표현이 어필한다는 것은 우리 사회에서 흔히 경험할 수 있다. 생활의 속도화가 이루어지면서 말도 따라서 변화하고 있다. 간단명료한 대답을 하는 것, 너저분한 변명을 싫어하는 것이 현대인의 특징이다.

어떤 신문사에서 유명한 여배우의 사진이 필요하게 되어 솜씨 좋은 기자로 하여금 그녀의 사진을 촬영하라고 지시했다. 사진기자는 숲속에서 카메라를 들고 숨어 그녀가 지나가기를 기다렸다. 그러나 그녀는 막상 촬영의 기회를 포착했다 싶어 셔터를 누르려고 하면, 그때마다 얼굴을 가리거나 그 밖의 방법으로 촬영을 못하게 했다. 베테랑 사진기자는 할 수 없이 신입기자에게 그 일을 부탁하고 말았다. 물론 그

일이 어렵다는 단서도 잊지 않았다. 그런데 채 한 시간도 못 되어 그녀의 사진을 찍어 가지고 돌아왔다. 깜짝 놀란 베테랑 사진기자는 어떻게 촬영했는가를 물었다.

"무슨 좋은 요령이라도 있었나?"

"아뇨, 그냥 부탁을 했을 뿐인 걸요."

"아니, 부탁을 했을 뿐이라고?"

선배는 놀라지 않을 수 없었다. 신입기자는 그녀의 집을 찾아가서 초인종을 누른 후, 그녀가 나타나자 아무 거리낌 없이 "신문에 당신의 사진이 필요해서 찾아왔습니다"라고 말하는 신입기자에게 미소를 지으면서 선선히 응하더라는 것이었다. 신입기자는 자기가 필요한 것을 요령 없이 짧게 부탁할 수 있었기에 성공한 것이다.

이처럼 짧고 핵심적인 말이 상대에게 강한 인상을 심어준다. 상대의 마음에 강한 암시와 지워지지 않는 인상을 주는 말이란 아무리 목소리가 좋고, 표현이 우아하며 성의가 있다고 하더라도 실제로 그것이 효과를 나타내는 것과는 거리가 있다. 짧으면서 핵심을 찌르는 인상적인 말이란 오직 대화법을 향상시키는 훈련에 의해 얻어지는 것이다.

3. 침묵으로 대화를 조절하라

대화에 있어 가장 중요한 것은 상대의 주의를 이쪽으로 집중시키는 일이다. 일반적으로 대화는 지속적인 상태가 효과를 거두는 것이라고 알려져 왔으나, 좀더 심리학적인 면에서 살펴볼 때 비단 대화가 계속 진행되는 것만이 효과를 거둘 수 있는 첩경이 아니라는 견해가 유력하다. 대화가 계속 진행되지 않는다는 것이 대화의 중단을 의미하지는 않는다. 다만 적절한 호흡을 두고 침묵한다는 것이다.

대개 계속된 대화는 조급히 효과를 거두려는 심리가 내재하여 과정의 양상에는 주의하지 않는 경향이 있다. 그렇기 때문에 대화의 진행에 아무런 도움을 주지 않는 군더더기 말도 횡설수설하게 되고 서둘게 된다. 잠시 동안의 침묵을 두고 대화를 계속하면 이러한 불편은 크게 떨어진다. 음악적으로 설명하자면 박자의 강약이 비슷한 예가 될 수 있다. 똑같은 템포에 같은 음량으로 계속 말하기보다 적당한 기복을 가지면 효과가 크다는 말이다.

H대 수학과 김金 교수는 보편적으로 말하는 딱딱하고 무미건조한 이과 계통의 학문을 교수하는 탓인지 독특한 화법으로 강의하기로 유명하다. 함수 문제가 장시간 계속되면 누구든지 주의가 흐트러지기 쉽다. 그럴 때면 그는 잠시 분필을 놓고 창가로 가서 창 밖을 내다본다. 교수가 갑자기 강의를 하다 말고 창 밖을 내다보고 있으니 학생들의 시선이 모아지지 않을 리 없다. 그러면 그는 다정한 어조로 자기의 경험담을 이야기한다. 물론 오랜 시간 계속되는 이야기가 아니며 수학에 관계되는 이야기도 아니다. 이렇게 적절한 시간차 강의를 즐기는 김교

수의 강의는 명강의로 대학가에 소문나 있다.

대화에 있어서도 적절한 침묵을 이용할 줄 아는 센스가 필요하다. 상대가 이쪽의 이야기에 흥미를 못 가진다거나 처음부터 무관심하면 대화의 최초에서부터 침묵을 이용해도 효과가 있다. 누구든지 상대와 면대하면 이야기가 시작될 것으로 믿게 되는데, 이야기를 시작할 것이라는 평범한 습관 때문에 처음부터 주의와 관심을 모으지 않게 된다. 그리고 그나마 처음에는 관심을 가졌던 사람도 기복이 없고 흥미가 없는 이야기라고 생각되면 그때부터 산만해지기 마련이다. 이럴 때일수록 갑자기 이야기를 중단하고 침묵하면, 흐르던 음악의 선율이 끊어지면 일어나는 반응처럼 상대적으로 관심을 불러일으키게 된다.

4. 끝말의 숫자를 활용하라

끝수 처리와 구매자의 함수관계는 미묘하게 전개되어 구매욕구를 충동질하는 것으로 알려져 있다. 그런데 말에 있어서도 끝수 처리는 효

과를 십분 나타낸다.

만약 돈의 액수를 밝히는데 일금 1백만 원보다는 1백 1만 원이라고 하는 편이 훨씬 구체적이다. 은행의 한 지점장은 나에게 이러한 사실을 실토한 적이 있다. 은행에서 각 기업의 융자신청을 받다 보면 그 요청금액이 모두 백만 단위 혹은 몇천, 몇억 단위에서 끝나고 마는 것이 보통이란다. 그러나 소규모 섬유 가공업을 하는 최崔 사장이 적어낸 청구서를 보니 9백 1만 원이었다고 한다. 처음에는 '1만 원이 더 붙어야 될 처지면 9백만 원이나 1천만 원을 청구하지, 하필 9백 1만 원일까' 하고 궁금하게 생각했으나 자신도 모르게 1만 원이란 단수에 끌려 신용하고 싶은 충동이 일어 선선히 융자를 해주었다고 한다.

물론 이 경우에 있어서 최 사장이 1만 원이란 끝수를 의식적으로 붙였는지는 알 수 없지만 강 지점장이 생각하기에는 꼭 1만 원이 더 필요한 사업인가보다 하는 신뢰감인 생기더라는 것이다.

이와 같이 끝수를 가지고 사람의 호기심을 자극하고 신용을 높이는 사례는 퍽 많다. 시중에 나도는 조미료의 경우 모두 순도 '99.9퍼센트'라고 표시되어 있고, 또 다른 어떤 상품에는 '99.33퍼센트'라고 적어 신뢰하고픈 심리를 부채질하는 예도 있다.

최고급이라는 표현을 쓴다거나 비견할 수 없다는 인상을 주는 것은 성공하기 어렵다. 오히려 최상의 형용사를 사용하지 않고 진실된 성의를 보이는 것이 구매력을 증대시키는 것이다. 맞춤 양복을 새로 맞추려는 사람은 값의 고하를 따지기에 앞서 신용과 기술을 먼저 고려하게 된다. 이와 마찬가지로 인간관계에서도 막연한 논리에 집착하기보다 구체적인 사실에 한정하여 대화를 전개하면 효과가 있다. 상대에게 긴밀하고 친근감 있게 다가서려면 이쪽에서 일보 후퇴하는 아량과 함께 믿고 싶다는 충동을 불러일으켜 주어야 한다. 한마디로 '언어의 단수'를 활용하는 것이다.

5. 잔존효과를 살려라

대화에 있어서 가장 강하게 말하고자 하는 말은 최후에 하는 것이 강한 인상을 남길 수 있다. 대화에 문장구성법의 연역법을 도입하는 식이다.

대개 처음과 끝은 어떠한 일이라도 가장 힘이 든다. 특히 이야기의 끝을 어떻게 마무리지어 상대의 마음에 깊은 인상을 주는가 하는 문제는 보다 더 어려운 일이다. 대화의 결과가 최후의 한마디에 좌우되기 때문이다.

설전舌戰이 심각하게 전개되어 인간관계가 돌이킬 수 없을 정도로 악화되었다고 하더라도, 헤어지는 순간에 "어쨌든 미안하네. 모든 것

은 내 불찰이야" 하고 말하면 그때까지의 악화된 감정이 곧 사라지는 효과를 얻을 수 있다. 이것을 심리학에서 '잔존효과殘存效果'라고 한다.

영국의 글래드 스톤이나 브라이트 같은 명연설가도 미리 끝맺음의 말을 생각해서, 청중들이 마지막의 단 한마디 말에 명확한 인상을 얻도록 되풀이해서 외우곤 했다. 잔존효과를 이용한 것이다.

남북전쟁의 전운이 서서히 싹트고 있을 때, 노예해방에 불만을 품고 무력으로 대항하겠다고 결의를 굳힌 남부 사람들을 위해 링컨은 최후의 연설문을 준비하였다.

"내전의 중대한 문제의 열쇠를 쥐고 있는 것은 내가 아닙니다. 정부는 여러분을 공격하지 않습니다. (…) '평화'냐 '칼'이냐의 엄숙한 문제는 여러분의 것이며 나의 것은 아닙니다."

그러나 이 초고를 본 국방장관 슈워드는 연설문의 끝이 너무 무뚝뚝해서 인상적이지 못하고 극적 변화가 너무 도발적이라고 지적했다. 이러한 슈워드의 충고를 받아들인 링컨의 최종 원고는 훨씬 우아하면서도 평화를 추구하자는 심중이 강하게 드러나 있다.

"나는 이야기를 끝맺고 싶지 않습니다. 우리들은 적이 아니라 친구입니다. 우리는 적이 되어서는 안 됩니다. (…) 추억의 신비적인 악기의 줄이 우리의 선천적인 선에 다시 스칠 때 (…) 그 시기는 반드시 올 것이지만 (…) 합중국의 코러스가 높이 울려퍼질 것입니다.”

링컨은 ‘평화냐 칼이냐’ 하는 표현으로 평화를 강조한 것으로 생각했으나 받아들이는 입장에서 보면 평화의 마음을 읽기가 어려웠다. 그러나 추고에서 보여준 ‘합중국의 코러스’란 끝말은 잔존효과를 최대한 이용한 것으로, 앞서 문장의 말과 중간에 기록했던 강한 설득과 강요의 내용을 끝에 가서 평화의 이미지로 바뀌게 한 인상 깊은 말이 되었다.

6. 언어를 시각화하라

말하고자 하는 내용 속에 시각적 요소가 많으면 많을수록 인상을 강렬하게 전달할 수 있다. 사람은 언어를 전달하고 받아들이는 데 동작의 보조를 받는다. 내용의 전달이 충실하기 위해서는 언어를 동작과 얼마만큼 조화시키느냐에 있다. 다시 말하면 언어의 시각화가 잘 이루어지면 상대가 이해하기 수월하다는 뜻이다.

그러나 언어의 시각화란 동작과 조화되지 않는 언어를 가지고 이상스러운 몸짓만 크게 한다는 의미가 아니다. 말을 듣고도 동작적인 영상이 머릿속에 그려질 수 있는 시각적 언어를 찾아 사용하라는 것이다.

백화점의 레코드 상점에서 어떤 레코드를 지칭해서 상대에게 소개

할 때라면 "이걸 보시죠. 교향곡 전집으로 새로 나온 레코드예요"라고 평범한 소개에 그칠 것이다. 그러나 이 소개의 말에 시각적 요소를 삽입시켜 보자.

"이 교향곡 전집은 봄 · 여름할 것 없이 사시사철의 분위기가 고루 삽입되어 있어요. 때에 따라 들을 수 있는 장점이 있죠."

이렇게 말한다면 손님의 머릿속에 계절의 다양한 모습이 그려지게 되어 청각에 호소해야 되는 음악이 시각적 흥미를 끌게 된다. 신체적으로도 눈과 뇌를 연결시키는 신경이 귀와 뇌를 연결하는 신경보다 훨씬 굵다. "백 번 듣는 것보다 한 번 보는 것이 더 낫다"라는 속담은 시각적 요소의 장점을 대변한다.

7. 정열적인 표현을 하라

선비 허생의 이야기는 신화 속의 주인공처럼 우리에게 전해진다. 장안의 갑부에게 단도직입적으로 1만 냥의 차용을 제의하여 주위 사람

들의 경악을 불러일으켰던 그는 정열적인 신념 때문에 결국 차용에도 성공했고, 사업에도 수완을 발휘하는 기적을 만들었다.

"정열은 입을 열면 반드시 남을 굴복시키는 일류의 변설가이다"라고 라 로슈푸코는 『도덕적 반성』에서 말한다. 정열은 상대의 불안과 불신을 모두 제거해주는 강한 힘을 지니고 있어, 정열에 불타 있는 사람을 대하게 되면 누구든지 저절로 그의 말에 수긍하게 된다.

일본의 전자제품 '내셔널'로 유명한 마쯔시다 사장의 처세술이 국내에서 관심을 모았는데, 정열의 화신이라면 바로 그를 두고 하는 말인지도 모른다. 그는 초등학교를 4학년에 중퇴하고, 자전거 가게에서 점원으로 일하다 오사카 전기회사에 들어가 '소케트'의 개조에 창안하고 독립했다. 그때의 자본금이라야 겨우 입에 풀칠한 정도였지만 그는 다른 것은 염두에 두지 않고 소케트 개량에 열중했다. 그후 마쯔시다의 사업은 순조로웠으나 1920년에 불어닥친 경제공황 때문에 그는 큰 전기를 만나게 되었다. 그래서 마침 제작에 들어간 내셔널 램프의 대대적인 선전을 결심하게 되었다.

이 무렵 마쯔시다는 '오까다' 건전지 회사 사장을 찾아가 건전지 1

만 개를 희사해 달라고 다짜고짜 요구했다. 그는 1만 개의 건전지를 희사받아 자기의 램프에 건전지까지 포함시켜 1만 개를 선전용으로 무상 보급할 예정이었다. 오까다 사장도 그의 제안을 듣고 깜짝 놀랐다. 무리한 이야기라고 생각을 하지 않을 수 없었다. 그러나 그는 "이 선전은 절대적으로 효과가 있습니다. 금년중에 20만 개의 판매 실적을 올릴 자신이 있습니다. 20만 개의 판매를 위해 1만 개는 그대로 뿌리는 것입니다" 하고 주저하는 오까다 사장을 설득하여 마침내 허락을 얻어내게 되었다.

마쯔시다의 대단한 정열에 굴복한 오까다의 협조는 예상대로 성공을 거두어 기대했던 판매 수량도 2배가 넘어선 40만 개였고, 그 결과 마쯔시다는 오늘날 가장 성공한 실업인의 표본으로 등장하게 된 것이다. 확실히 내셔널 램프의 성능도 좋았으나 그것을 성공시킨 것은 마쯔시다의 정열 때문이었다. 정열이야말로 성공의 비결이며, 설득을 필요로 하는 사람에게는 믿음직한 신뢰의 바탕이 된다.

8. 언어의 순서를 역전시켜라

저널리스트 사회에서는 이미 널리 알려진 이야기지만 '뉴스 벨류'의 기준으로서 개에 대한 이야기가 퍽 재미있다. 어떤 경우든지 "개가 사람을 물었다"고 하면 신문에 게재될 성질의 것이 못 되지만 "사람이 개를 물었다"고 한다면 자못 귀추가 주목되는 이야기가 아닐 수 없다는 것이다. 이는 주어와 목적어의 개념이 역전되어 평범한 화제가 쇼

킹한 반향을 불러모은다는 상징적인 말이다.

언어는 이처럼 항시 의외성을 만들 수 있는 소지가 있다. 우리가 일상 사용하는 상투어도 단어의 순서를 뒤바꿔 놓으면 보편적인 고정관념을 벗어나 강하게 인상에 새겨지게 된다. 보편적인 개념을 탈피한다는 것은 신선한 기분을 갖게 하기 때문에 이야기의 파급과 전달의 효과가 아울러 커진다. 대화에 있어서 보편적인 이야기를 강하게 인상 지워 주려면 언어의 순서를 역전시켜 볼 일이다. 언어의 순서는 항상 일정해서 고착된 선입감일 수도 있으므로 고정관념을 탈피하면 새로운 감동을 얻을 수 있는 신선함을 발휘할 수가 있다.

수평적 사고의 창시자인 에드워드 보노는 신선한 사고의 원동력은 "사물의 관계를 의식적으로 역전시키는 데서 산출된다"고 말한다. 여기에서 그는 모든 대인관계에서도 언어의 도치를 활용할 것을 주장했다.

언어의 순서를 도치시켜 일상 사용하는 말을 변화시켜 보자. 인사말의 경우라면 통상적으로 호칭을 앞에 두고 인사말을 뒤로 미뤄 "김 선생님, 그간 안녕하셨습니까?"가 되는데, 도치시키면 "안녕하십니까? 김 선생님"으로 되어 '인사말'이 강하게 받아들여질 수가 있으며, 부탁의 경우라면 "이것 좀 부탁합니다"가 "부탁합니다, 이것 좀"으로 바꾸면 '부탁'의 의미가 강조된다.

또 연인들 사이에서 고백할 때라면 "영희씨, 사랑합니다"가 될 것이나 "사랑합니다, 영희씨" 한다면 훨씬 '사랑'의 의미가 강하게 표현된다. 이러한 언어의 도치는 특정한 경우뿐만이 아니고, 어떠한 일상적인 회화에서라도 응용할 수 있는 테크닉이다.

냉장고를 판매하는 사람의 말을 가정해서 생각해 보자. 보통의 세일즈를 위해서 신형임을 강조할 경우라면 "이 냉장고는 최신형입니다"라고 말할 것이다. 그러나 "최신형, 냉장곱니다" 한다면 어떤 인상을 줄 것인가.

비단 이런 상품판매뿐이 아니라도 강조하고자 하는 부분을 상대에게 강하게 인상 남기려면 이야기의 앞에다 도치시킬 일이다. 똑같은 내용의 말이라도 언어의 의외성을 활용하면 훨씬 인상적인 내용으로 전환시킬 수 있다.

9. 이름을 기억해 불러줘라

상대의 존재를 인정한다는 것 중에서, 이름을 기억하는 것은 능력을 인정해 준다거나 깍듯이 예의를 갖추어 준다거나 하는 모든 처세보다 훨씬 더 상대의 존재를 인정하는 것이다.

인간의 모든 행동의 배후에는 '중요한 존재가 되고 싶다'는 욕망이

잠재해 있다. 갓난애는 자기에게 관심을 가져달라고 울며 보채고, 어린이는 주의를 끌기 위해 장난을 하며, 유행의 첨단을 걷는 여성은 사람들의 시선을 모으려고 한다. 따라서 상대의 이름을 기억하고 존재를 인정해준다는 것은 강한 인상을 남기기 위한 첫걸음이다.

이 세상의 모든 사물, 하다못해 꽃 한 송이, 짐승 한 마리라도 이성의 관심을 끌기 위해 치장을 하고 포효한다. 그러나 인지가 발달한 사람에겐 이름을 기억해주는 것이 가장 중요하다. 사람은 자기의 이름을 모든 말 가운데 가장 자랑스럽고 존귀한 것으로 안다.

미국의 실업가 앤드류 카네기의 성공비결은 무엇인가. 그는 어릴 적부터 인간이라는 것은 자기 이름에 대해서 비상한 관심을 갖고 있다는 데 착안하여 타인의 협력을 얻었다.

그런가 하면 고등학교 문턱에도 가보지 않았던 짐 파알리가 미국의 우정국장이 된 비결도 여기에 있다. 짐 파일리는 석고회사의 판매원으로 각지를 다니면서 고객의 이름을 기억하는 방법을 고안해낸 후, 루스벨트가 대통령 선거를 치를 때는 그의 선거 참모로서 매일 수백 통의 편지를 썼다. 그는 지방순회 강연이나 집회에 참석한 사람들의 이름을 일일이 기억하여 정성스런 편지를 보냈던 것이다. 짐 파일리는 무려 5만 명의 사람들의 이름을 기억하고 있었다고 한다.

또한 나폴레옹 3세는 자기야말로 타인의 이름을 가장 많이 기억하고 있다고 공언한 바 있다. 그의 이름 기억법은 간단했다. 상대방의 이름을 분명히 알아듣지 못했을 경우에는 "미안하지만 다시 한번 말씀해 주십시오" 하고 정중히 부탁한다. 만약 그 이름이 기억하기가 어려우면 한 자 한 자 또박또박 되묻는다. 그리고 이야기하는 도중에 몇 번이고 상대방의 이름과 용모를 연결지어 기억하려고 애썼던 것이다.

이름이라는 것을 하나의 기호로만 보아서는 안 된다. 이름 하나하나에 담겨진 사람들의 한없는 집착과 관심을 읽어야 한다. 누구든지 타인에게서 이름이 잊혀졌다는 것은 자기의 존재가 잊혀졌다는 것으로 생각한다. 그러므로 상대방의 이름을 자주 불러 관심도를 강조하면 강한 인상을 남기게 된다.

Chapter 12

논쟁 승리의 **작전**

논쟁, 토론의 목적은 자기의 의사를 상대에게 관철시키는 데 있다. 그러므로 과정보다는 결과가 더욱 중요하다. 논쟁의 승부를 유리하게 이끌기 위해서는 어떠한 긴장의 해이도 용납되지 않는다. 조직적이면서도 끈질긴 의지력이 있어야 되고 지략에도 뛰어나야 한다. 추호의 실수도 묵인되지 않는 때가 논쟁의 순간이다. 그렇다면 논쟁은 어떻게 해야 할까?

1. 승부에는 초연한 듯 보여라

노골적으로 승부의 앞뒤를 자로 잰 듯이 말하여 상대에게 포기를 종용하는 말은 효과가 없다. 누구라도 자존심이 상하는 비굴함을 당하기는 싫은 법이다. 더욱 패배가 확실한 것이라는 사실을 강조하면 거꾸로 그 기정사실을 뒤엎으려고 획책하기도 한다.

노골적이기보다는 진지하게 상대방과의 논쟁을 끝내도록 해야 한다. 상대의 패배는 이쪽의 화법이 세련되었다거나 약점을 잘 포착해서가 아니라 실제적으로 이론을 입증했기 때문이었음을 상기시켜라. 진리 앞에서 무릎을 꿇는 것을 수치로 아는 사람은 없다. 그러므로 논쟁의 패배가 감정의 패배가 아닌 지식의 패배임을 증명시켜야 한다. 물론 어떠한 패배도 관용으로 받아들일 사람을 없겠지만 감정의 손상보다는 아는 것의 부족을 인식하는 편이 훨씬 자기 보호적인 입장을 보장해 준다.

설교가로 유명한 헨리 W. 비처가 죽자 그가 설교하던 교회로 다이

먼 아보트가 초빙을 받았다. 그는 가장 훌륭한 연설을 하기 위해서 설교 내용을 몇 번이고 고쳐 쓰고 정성을 다했다. 그리고는 아내에게 먼저 보이며 충고를 부탁했다. 연설문은 빈약했다. 그러나 부인은 남편과의 의견대립을 피하고자 하는 의도에서 이렇게 말했다.

"이 원고는 설교보다는 신문에 투고하시는 게 좋겠어요. 그러면 아마 훌륭한 글이 될 거예요."

신문에 투고하면 훌륭한 글이 될 것이라는 말은 신문에나 적격인 그런 원고이므로 설교에 좋지 않다는 말이었다.

다니엘 웹스터는 뛰어난 웅변가요 변호사였다. 당당한 풍채를 가지고 자기의 의견을 조리 있게 말하면 어느 누구라도 그의 의견에 동의하지 않을 수 없었다. 그는 아무리 격렬한 논쟁에 휩쓸려 들어가도 결코 흥분하지 않았으며 언제나 온건한 태도로 사실을 논리적으로 이해시키려고 힘썼다. 그것도 고압적인 어투가 아니라 자기의 의견이라기보다 객관적인 사실을 말하듯 했다. 따라서 그의 의견에 동의하게 된 논쟁의 상대는 어느덧 그의 지식에 머리를 숙인 것이 되어 버리고 만다. 이것이 웹스터가 논쟁에서 수차례 승리한 힘이었다.

논쟁에서는 승부에 초연한 듯 말하라. 감정을 꺾으려고 할 게 아니라 사실의 인식 부족임을 강조하는 것이 효과적이다.

2. 상대에게 '올가미'를 씌워라

논쟁 승부의 판정 여부는 논리에 대한 확신과 비례한다. 근거 없이 떠들기만 하면 궁극적으로 논쟁의 성공을 기할 수 없다. 그러나 이 논쟁의 확신을 갖고 있어도 승부에 패하는 사람이 있다. 이런 사람은 상대방에게 올가미를 씌우지 못한 결과이다. 올가미를 씌운다는 것은 변명의 근거를 제거한다는 뜻이다.

일본의 나라 지방에 가스카 신사神祠가 있다. 가스카 신사에서는 사슴을 기르고 있었는데, 이 지방 사람들에게는 이 사슴이 공포의 대상이었다. 신사에서 사슴을 신성시하므로 혹 사슴이 자기 집 앞에서 죽으면 변명의 여지도 없이 돌멩이 세례를 받는 무서운 형벌을 받기 때문이었다.

어느 날 두부를 만들어 파는 두부장수가 콩비지를 훔쳐먹으러 들어온 사슴을 이웃집 개로 착각하여 몽둥이로 한 대 때렸는데 죽고 말았다. 두부장수 부부는 어김없이 관헌에 고발되어 형벌을 면키 어렵게 되었다.

그때 나라 지방의 관리는 이다꾸라라는 사람이었다. 그는 이 두부장수 부부와 전부터 친숙하여 목숨을 건져주려고 안간힘을 쓰게 되었다. 드디어 재판날이 왔다. 재판이 시작되자 이다꾸라는 무슨 생각을

했는지 죽은 사슴을 보고 "이것은 개다"라는 한마디로 판정을 내렸다. 신사측의 관리는 즉시 항변을 했다.

"아닙니다, 잘 보십시오. 이것은 틀림없이 사슴입니다."

"그래? 사슴이라면 뿔이 있을 텐데?"

"그건, 수사슴이라서 뿔이 없습니다. 수사슴은 교미기가 지나면 뿔을 자르기 때문에….'"

"그렇소? 그럼 여보시오, 지금 가스카 신사의 경작지는 모두 얼마나 되고 수확량은 또 얼마요?"

"예, 1년에 한 3천 섬쯤 수확합니다."

"그렇다면 이건 틀림없이 개요. 3천 섬씩 수확하는 신사에 먹을 것이 모자라 사슴이 콩비지를 훔쳐먹으려고 하진 않겠지?"

이 말을 들은 신사 관리는 얼굴이 사색이 되어 대답을 얼버무리는 것이었다. 그러나 쉽게 포기할 수도 없었던지 한마디한다.

"그렇지만 저 두부장수는 틀림없이 사슴을 죽였습니다."

그러자 이다꾸라는 날카롭게 그의 말을 되받아서 물었다.

"이봐, 그 3천 섬의 수확량 중에는 사슴들의 먹이도 포함되어 있겠지? 그렇다면 그 3천 섬의 명세를 밝힐 수 있겠나?"

이 말이 논쟁의 최종 승부를 가린 말이 되었다. 신사의 관리는 엄청난 수확량을 부정 횡령하고 있었으므로, 이다꾸라의 올가미에 걸려들고 말았다. 상대방의 논리에 올가미를 씌우면 변명을 찾지 못해 더 이상 논쟁할 기력을 상실한다.

3. 침묵으로 일관하라

논쟁이 백해무익한 것임을 잘 알면서도, 감정의 자극으로 인하여 응수를 하게 되는 것이 인간이다. 논쟁을 마무리짓고 상대방을 굴복시키는 방법에는 침묵의 작전이 유효하다. 침묵은 논쟁의 확대뿐 아니라 상대방의 감정 확산을 방지하고 심리적으로도 약화시켜 놓는다.

"침묵은 금이다"라는 말은 논쟁에 있어 가장 적절한 표현이다. 프랑스의 사상가 몽테뉴의 『수상록』에는 "마음에 없는 말보다는 침묵하는 편이 더욱 사교성을 잃지 않는 것인지도 모른다"고 쓰여 있다. 섣부른 논쟁보다는 침묵이 도리어 사고를 그르치지 않는 방법이다.

조선의 명재상으로 손꼽히는 황희黃喜는 대단히 관후하고 입이 무거워 많은 사람들로부터 그 무거운 자세를 시험당했다. 어느 날 황희를 골려줄 심사를 가진 무리가 그에게 "삼각산이 무너졌습니다"고 이르자, 황희는 그저 "그 산은 너무 뾰족하고 꼿꼿하니라" 하면서 더 이상 아무 말도 하지 않았다.

다른 군소리를 하면 황희의 경박함을 꼬집으려 했는데 할 말이

없어진 무리는 멍하고 있다가 다시 "사실은 산은 그대로 있습니다" 하니 황희는 "그 산의 기세가 완전하고 견고하니라"라는 그 한마디만을 하고 역시 입을 다물고 말았다. 쓸데없는 논쟁을 야기시켜 황희를 괴롭히려던 무리는 그의 침묵에 눌려 아무 소리도 못하고 물러가고 말았다는 이야기다.

침묵으로 논쟁을 회피한 인물로는 인도의 영웅 간디를 들지 않을 수 없다. 간디는 자기의 의사가 관철되지 않아도 정면으로 도전하거나 폭력으로 이기려고 하지 않았다. 다만 침묵과 단식투쟁으로 상대방을 굴복시켰을 따름이다. 그는 월요일을 아예 '침묵의 날'로 정하고, 그날이면 문밖에서 그의 주의를 끌려고 아무리 고함을 지르고 난리 굿을 해도 묵묵부답이었다고 한다. 메난드로스는 『단편』에서 "입을 다물든가 말을 하라"고 했고, 플루타르크는 『영웅전』에서 "때를 얻은 침묵은 지혜이며, 그것은 어떤 웅변보다도 낫다"라고 했다. 또 "말할 때를 아는 자가 침묵할 때를 안다"라는 영국 속담이 있다.

논쟁의 승리를 얻고자 하는 사람은 침묵의 강력한 힘을 잘 알고 있다. 항상 승리를 얻고자 하는 자는 최소한의 말로써 성공을 꾀하고자 하는 사람이다. 잔소리를 나열하여 논쟁을 심각하게 유도하는 것은 우둔한 자의 영웅심밖에 아무것도 아니다.

4. 논쟁의 확대를 방지하라

논쟁에서 승리를 얻는 것만이 인간관계에서 절실한 것은 아니다. 미국의 정치가 벤저민 플랭클린은 다음과 같이 말했다.

"논쟁하거나 반박하면 상대방에게 한때는 이길 수도 있지만 그 결과는 공허한 것이 되고 만다."

그러나 굳이 논쟁에서 승리를 거둬야 할 경우라면 먼저 상대방의 입을 봉쇄시켜야 한다. 어떤 말이라도 상대방이 계속 지껄이는 한 이쪽의 주장을 내세울 수가 없으므로, 될 수 있는 대로 논쟁은 논쟁의 확대를 초래하지 않는 범위로 압축하여 종결지을 수 있도록 해야 한다.

패트릭 J. 오훼아라는 사람은 아일랜드 사람으로 자동차 운전사이며 이온 이론가였다. 한때 그는 트럭 세일즈를 하였다. 그러나 아무리 노력을 해도 트럭이 한 대도 팔리지 않는 것이었다. 고객과 대화할 때 그는 언제나 싸움을 하는 것처럼 감정이 격해진 채 말하는 것이 문제였다. 할 수 없이 그는 자기의 세일즈 화법을 바꾸기로 결심하고 고객을 다시 찾아갔다.

"화이트 트럭에 관해서 말씀드리려고 왔습니다."

오훼아는 이번엔 정중하게 말을 걸었지만 상대방은 대뜸 역정을 내며 말했다.

"화이트? 나는 모르겠소. 트럭을 살려면 후즈위트의 트럭을 사겠소. 화이트 트럭은 공짜로 줘도 안 받겠소."

이쯤되면 또 그의 버릇대로 한바탕 소란이 벌어질 것이었으나 그는 꾹 참고 상대방의 말에 동감한다는 듯 말하였다.

"그렇습니다. 선생님의 의견에 저도 동감합니다. 후즈위트 트럭이라면 회사도 훌륭하고 제품도 훌륭하지요."

이렇게 말하자 상대방은 더 이상 싫은 소리를 하지 못하고 오훼아의 말을 듣기 시작했다. 그는 곧 자기가 팔고자 하는 화이트 트럭에 대해 자세히 설명하였다. 마침내 그는 트럭 세일즈에 성공하였다. 예전의 오훼아였다면 자기의 상품을 욕하는 고객을 상대로 대판 설전을 벌였을 것이나 논쟁이 확대되면 결국 자기만 불리해진다는 사실을 깨닫고 논쟁의 확대를 종식시키기를 꾀한 것이다. "논쟁에는 귀를 기울여라. 그러나 논쟁에 끼어들지는 마라. 어떠한 사소한 말 속에도 분노나 격정을 불어넣는 것을 경계하라"는 고골리의 말은 언제나 효과가 있다.

5. 추상도가 낮은 말로 일관하라

이론이 올바르게 발전되지 않고 의논을 위한 의논으로 대화가 고착되어 마침내 논쟁으로 이상스럽게 휩쓸려 들어갈 때가 있다. 서로 논리적인 면만 강조함으로써 야기되는 이러한 경우에는 쌍방이 모두 해결의 실마리를 찾지 못하게 된다.

이럴 때는 능숙한 대화능력을 갖추지 못한 것을 걱정할 것이 아니다. 즉시 논쟁의 종식을 꾀할 일이다. 따라서 논쟁을 얼버무릴 수 있는 방향으로 상대방의 심리를 묶는 작업이 필요하다.

상대의 심리를 묶어놓아 논쟁의 계속됨을 막기 위해서는 추상도가 낮은 언어로 응수하면 된다. 추상도가 낮다는 것은 명분이나 이론을 앞세운 언어가 아니고 구체적인 사실을 확연히 알 수 있는 어휘여야 한다. 예를 들어 '한국의 요리'라고 전제된 화제가 있으면 한국인의 '식성'부터 말할 것이 아니라 실제로 우리가 아침저녁으로 먹는 '김치', '된장찌개' 같은 음식의 이름을 말하는 것이다. 이렇게 일상생활을 예로 삼아 추상적인 개념을 사실화시키고 쉽게 이해하도록 하면 된다.

추상도가 낮은 말은 노골적인 성질로 말미암아 지각을 마비시키고, 감정을 자극시켜 심리적으로 위축감을 야기시킨다. 또 한편으로는 상대를 현혹시키는 작용도 한다. 이런 성격으로 인해 논리를 무너뜨리고자 할 때, 추상어가 아닌 사실 개념의 언어를 사용하면 묘사나 표현이 노골적이 되어 논쟁의 승리를 가져다준다.

6. 사전준비에 철저하라

사전준비에 만전을 기하고 있으면 어떠한 공박도 쉽게 격퇴시킬 마음의 여유를 갖는다. 군인이 자기의 무기를 세밀히 분해하여 미리미리 손보듯이 전투태세에 조금이라도 허점을 보이지 않아야 한다.

속담에 "개장수도 올가미가 있어야 한다"라는 말이 있다. 아무리 대화에 능숙하고 논쟁에 익숙한 사람이라도 상대방을 제압해 버릴 사전준비에 철저하지 못하면 실패할 수밖에 없다. 특히 논쟁은 감정적이 되기가 쉬우므로 감정이 고조되면 준비에 충실치 못했던 사람은 감정에 사로잡혀 억지를 쓰게 된다. 그러나 구체적 증거, 사실을 일목요연하게 풀어 말할 수 있는 사람은 결코 감정에 휘둘리지 않는다. 조사자료를 철저하게 이용할 줄 아는 사람은 논쟁에서 승리할 수 있는 사람이다. 또한 상대방의 성격을 잘 알고 대비하는 것도 사전준비다.

상업 미술가인 피어리난드 E. 워렌은 까다롭고 신경질적인 미술품 구매자와의 논쟁에서 이 방법으로 호감을 얻는 데 성공했다. 구매자는 상대방의 사소한 실수를 찾아내서 그것을 지적하는 걸 즐기는 악취

미를 갖고 있었다. 워렌은 그의 이러한 성격에 대해서 대처할 충분한 응수를 사전에 준비하였다. 어느 날 미술품 구매자가 찾아왔다. 어김없이 그는 작품을 지적하더니 벼락치기로 끝낸 것이라고 비난을 퍼부었다. 그리고는 비난할 기회를 얻은 데에 만족한 듯한 표정을 지었다.

그러자 워렌은 즉시 "선생님의 말씀을 듣고 보니, 모두 이쪽의 실수이며, 저의 큰 과오에 대하여 변명할 면목이 없습니다. 참으로 부끄럽습니다"라고 말해 주었다. 그러자 상대방은 "당신 말이 옳소. 그렇지만 이 정도의 실수는 뭐 대수러운 것이 아니오"라고 말했다. 워렌은 자기를 비판하면서도 흐뭇했다. 자기의 비판으로 상처를 받은 것보다 상대의 논쟁을 미리 막아 버려 더 이상의 비난을 받지 않게 되었기 때문이다.

상대방의 성격을 미리 파악하여 논쟁에 대비하는 태도는 능숙한 화법으로 자기를 가꿀 줄 아는 사람이다. 여유가 없이 임기응변으로 그때그때 난국을 피하려 하거나 반박하려고 하면 논쟁은 더욱 힘을 얻어 확대된다. "싸움을 준비하기 위해서는 비록 많은 것을 준비해야 되지만 싸움을 하면서 충분한 것을 얻을 수 있으며, 이를 극복했을 때는 더 많은 것을 얻을 수 있다"는 말이 있다. 논쟁에 대비하여 충분한 자료를 수집하고 사전준비를 철저히 하면 직접 논쟁을 하거나 논쟁이 끝나도 궁극의 성공은 자기의 것이 된다.

7. 때로는 장기전도 생각하라

논쟁이 장기화되면 쌍방이 서로 피로하고 괴롭기는 마찬가지다. 이때 한쪽에서 결코 의지를 굽히지 않고 장기전도 불사하겠다는 신념을 보이면 상대는 미리 겁을 집어먹고 논쟁을 회피하고 만다. 논쟁의 승부는 끈질긴 승부욕에 좌우되는 경우가 많다. 한번 자기의 지론을 굽히지 않겠다고 마음먹으면 끝까지 물고 늘어지겠다는 태도로 일관해보자.

모방의 천재로 불리는 일본인은 그들 나름대로 모방에 얽힌 고충이 많았다. 지금은 세계적으로 유명한 대기업으로 성장했지만 '후지' 필름회사만 해도 초기 영화필름을 생산하고자 필름의 샘플을 입수하는 데 얽힌 고충이 많았다. 전권을 일임받아 미국의 이스트먼 회사로 불연성 필름을 빌리러 고바야시가 갔을 때의 일이다. 이스트먼의 사장은 고바야시의 요구를 일언지하에 거절했다.

"당신이 우리 회사의 불연성 필름을 입수하고자 하는 주요인은 바로 모방 생산하고자 하는 것이 아니오? 나는 경쟁자인 당신의 부탁을 들어줄 수 없소."

단호하게 거절하는 사장의 말에 고바야시는 당황하였다. 그러나 그

는 포기하기는커녕 도리어 '어떻게 해야 그의 마음을 바꿀 것인가'를 궁리하게 되었다. 그리하여 그는 이스트먼 사장이 자기의 요구를 들어줄 때까지 거의 매일 찾아가서 이런저런 이야기로 설득했다. 그러면 그럴수록 이스트먼 사장은 거절의 의사만을 굳힐 뿐이었다.

"우리의 필름은 스탭 전원이 오랫동안 말할 수 없는 고심 끝에 생산한 귀중한 물건이오. 그래서 쉽사리 내줄 수가 없소."

그러나 역시 쉽게 물러설 고바야시도 아니어서 끈질기게 물고 늘어졌고, 마침내 이스트먼 사장은 그의 끈기와 정성에 두 손을 들고 말았다. 논쟁을 더 이상 지탱할 수 없었던 것이다. 이렇게 논쟁에 있어서는 끈질긴 집념과 용기로 상대방을 압도할 수 있어야 한다.

논쟁의 끝이 항시 자기에게 유리하게 끝날 것이라는 심리가 상대방에게도 존재하는 한, 승리를 얻기 힘들다. 이쪽은 결코 포기하지 않겠다는 자세로 점차 힘을 가세시켜 대처하는 태도로 일관해야 한다. 상대방은 이쪽의 도저히 고집을 버리지 않고 외곬으로만 파고드는 적극성에 겁을 먹게 되고, 변통성 없음을 알면 더 이상 논쟁을 계속할 기력을 상실한다.

8. 상대의 주장보다 강하게 역설하라

개인 간의 의견충돌이나 집단적인 의견충돌을 제압하는 데 있어 서로 자기쪽의 입장만을 변명하고 주장을 내세우면 해결의 실마리를 찾을 수가 없다. 어느 한쪽이 팽배해진 분위기를 무마하고 자기쪽의 주장을 관철시키려는 주의를 기울이고자 하려면 우선 상대의 기를 꺾을 수 있는 언어의 사용이 필요하다.

사람은 감정이 격해지면 내쏘는 한마디 한마디에 어딘가 허점이 노출되기 마련이다. 더욱 이쪽의 주장을 뒤엎으려는 의도에서 하는 말이라면 즉흥적인 편견에 좌우돼서 말할 수도 있다. 이런 때엔 상대의 주장보다도 더욱 강한 말, 즉 역설적인 말로써 상대의 기를 꺾는 방법이 가장 효과적이다.

이종린 박사라고 하면 가히 천재적인 스피치의 명수로서 수많은 에피소드를 가진 것으로 정평이 나 있다. 이 박사가 어느 날 대학에서 강의할 때의 이야기다. 평소부터 각종 통계 숫자나 기록, 그리고 역사적인 연대를 외우고 있기로 유명한 분이라서, 그날도 정치사를 강의하는 도중에 무수히 많은 기록과 연대가 등장했다. 그런데 자칫 잘못 생각하여 프랑스 대혁명의 연대를 잘못 말하고 말았다.

그러자 한 짓궂은 학생이 "박사님, 프랑스 대혁명은 1798년이 아니고 1789년입니다" 하며 연대를 시정하자, 강의실은 온통 웃음바다가 되어 버렸다. 그도 그럴 것이 평소에 통계와 연대를 기억하는 데는 컴퓨터라고 자칭했을 정도였으니까 당연한 소란이었다.

그러나 그 다음의 일이 더욱 흥미로웠다. 무안을 당한 박사가 조용

히 웃으면서 그 학생에게 물었다.

"자네 무슨 과지?"

"네! 정치학과입니다"

"자네 당장 전공을 바꾸지 그래?"

그 학생은 어리둥절했다. 그러자 이 박사의 불같은 호령이 떨어졌다.

"적어도 정치를 전공하는 학생이 교수가 연대 하나 실수한 것을 지적할 정도로 아량이 없어서야, 어디 배포 큰 정치를 하겠나. 당장 전과를 하라고!"

상대를 강하게 제압하려면 이처럼 역설적인 말이 때로는 가장 확실한 효과를 발휘한다. 토론 중에 반론이 제기 되더라도 그대로 응수하는 것은 현명치 못하다. 이쪽에서 기를 죽이거나 침묵을 지킨다고 반론을 제기했던 상대의 기가 잠자코 가라앉을 리 없다. 오히려 더욱 세찬 공격을 계속하려고 속으로 쾌재를 부를 뿐이다. 역설적인 반격은 이런 경우에 난처한 입장을 모면케 해주는 확실한 효과를 지니고 있다.

9. 설명은 승리의 열쇠임을 알라

논쟁이나 감정의 대립이 제아무리 격렬하게 전개되더라도 반드시 일치되는 공통된 결론이 있기 마련이다. 사람들은 자기의 편견이나 선입관 때문에 토론을 벌이면 화합된 의견의 일치를 찾기 위해 노력하기보다, 자기의 주장을 관철시키기에 집착하게 된다.

그러나 자기의 주장이 진정 건설적이고 훌륭한 것이어서 논의의 결과로서 적절한 것일 때엔 상대자를 효과적으로 설득하여 관철시킬 수 있는 노력이 필요하다. 시종일관 자기의 주장만 내세워 상대방을 자극하게 되면 '어디 두고보자'는 반발심을 일으키게 되어 좋은 효과를 얻을 수 없다. 논쟁 승리의 최대 무기는 자기의 지론을 상세하면서도 조리 있게 설명하는 데 있다.

벤저민 프랭클린 같은 위대한 사상가도 젊은 시절에는 남과 논쟁을 일삼는 나쁜 버릇이 있었다. 그는 이 버릇을 사교적으로 고쳐 자기를 변형시켰기 때문에 훌륭한 사상가로서 역량을 쌓을 수 있었다. 프랭클린은 퀘이커교도인 한 늙은 친구가 충고해 준 말을 일생 동안 잊지 않았던 것이다.

"자네에게는 이제 희망이 없네. 자네 의견 속에는 자네와 의견을 달리하는 다른 모든 사람에 대한 반발심이 들어 있어. 그 의견이 너무 도도하게 들리기 때문에 아무도 자네를 상대하여 주지 않을 것이네. 자네 친구들이 오히려 자네가 없는 자리를 더 즐기고 있어. 모두들 자네와 가까워지려고 노력하지 않아. 왜냐하면 불평과 불만을 불러일으키는 고역이 싫어서지. 나는 자네가 계속 언쟁만을 일삼다가는 언젠간

작은 지식 외에는 더 이상의 지식을 가질 수 없을 것으로 생각되네."

프랭클린은 자기의 나쁜 습관을 통감했다. 결코 논쟁을 일삼는 일이 자기의 발전에 조금도 도움이 되지 않음을 실감한 것이다. 프랭클린을 설득한 퀘이커교도인 친구는 주위 상황의 설명을 충분히 해주었기 때문에 성공한 것이었다.

논쟁을 일으키면 논리적인 말로 시종 말싸움이 벌어진다. 논리적이란 말은 극히 추상적 개념에 속하는 말일 수도 있다. 논리에 강한 사람은 구체적으로 설명을 하면 약해진다. 설명은 논리를 가리는 장막이다.

"상냥한 말로 상대를 정복할 수 없는 사람은 가혹한 말로서도 정복할 수 없다"는 체호프의 말을 명심하자.

Chapter 13

The
Psychology
of
Speech

판매 홍보의 **작전**

현대는 세일즈의 시대이며, 세일즈맨에게 과감한 도전력, 뛰어난 조직력, 끈질긴 승부욕이 요구
된다. 재질이 두드러지게 드러나는 경쟁사회가 세일즈맨의 사회이다. 보다 더 유능한 세일즈맨
이 되고자 하는 사람들에게 능력신장의 열쇠는 무엇일까? 뛰면서 생각해야 되는 세일즈의 냉혹
한 사회에 도태되지 않을 '베테랑 세일즈맨'이 되는 방법을 알아본다.

1. 판매 화법을 재검토하라

상품을 선전하여 구매토록 만드는 것은 말이 주체가 된다. 말은 상품
의 내용 그 이상의 영향력을 발휘한다. 그렇다면 세일즈맨의 화법에
는 어떠한 요소가 내포되어야 할까.

우선 열의가 있어야 한다. 서툰 말의 내용이라도 이야기에 진실성
이 있고 박력이 넘치면 구매자의 마음을 잡아끈다. 반대로 세련되고
능숙한 화법이라도 열의가 존재치 않으면 인정받지 못한다.

또한 세일즈맨은 자기의 이야기를 즐길 줄 알아야 된다. 이야기를
즐긴다는 것은 스스로 자기의 이야기 속으로 심취해 들어가 기꺼이 말
을 할 수 있다는 것이다. 고객은 때로 대단히 민감하여 세일즈맨이 자
기의 이야기를 재미없이 말하면 곧 싫증을 내게 된다. 이야기를 즐기
게 되면 이야기에 덧붙여 여러 가지 재미난 화제도 파생되어 흥미롭
게 전개되는 장점이 있다.

마지막으로 개성적인 화법을 활용할 줄 알아야 한다. 세일즈맨 하

면 연상되는 고리타분한 이야기로는 결코 고객을 사로잡지 못한다. 꽃의 이야기로 시작해서 상품 선전을 하는 게 화장품 회사 세일즈맨의 상식적인 화법이라면, 적어도 나비로부터 시작하여 이야기를 전개시키는 개성 정도는 필요하다. 개성 있는 화법은 독특한 맛을 풍기므로 항상 신선하고 흥미롭다. 이상의 몇 가지 요소를 충족시킬 수 있는 세일즈맨은 화법에 있어서는 수준급인 셈이다. 따라서 화법 때문에 세일즈를 하지 못한다는 안타까움은 없어진다.

시를 쓰던 민閔씨가 냉장고 외판원이 되어 경험한 이야기를 들었다. 원래 경제적 여유가 없어 시작한 직업이 아니고, 인생의 다양한 모습을 찾으려고 그 일을 선택한 이색적 인물이기도 한 그는 불과 2개월 동안에 다른 외판원이 1년을 팔아도 될까 말까한 실적을 올려 그 방면에 신화로 불린다.

그렇다고 해서 민씨가 냉장고에 대해서 해박한 지식이 있었던 것도 아니다. 더욱이 인간관계의 비결을 터득한 재사才士도 아니었다. 그는 오직 하나, 고객에게 상상력을 일으킬 수 있는 세련된 화법을 구사할 줄 알았다. 마침 시를 전공한 탓도 있었겠지만 어쨌든 그와 이야기를 나누다 보면 상담인지 정담인지를 분간할 수 없을 정도로 화제의 꽃을 피운다는 것이다. 어떤 때는 방문한 집에서 시를 가지고 토론회를 갖기도 하고 인생상담을 하기도 해서, 단 두 번의 방문이면 그는 상품을 팔 수 있었다.

세일즈의 화법은 전혀 생기가 없는 것이 특색이다. 활발한 생동감이 넘치는 화법으로 무장해야 고객은 믿고 구매한다.

2. 방문할 땐 부담감을 주지 마라

세일즈맨의 첫 번째 조건은 철저한 행동력에 있다. 세일즈맨의 행동력이 발휘되는 것은 바로 가능한 고객에게 접근하기 위해서이다. 따라서 방문은 가장 기본적이면서도 주류를 이루는 세일즈의 방법이다.

방문할 때에는 사전에 고객에 대한 면밀한 자료의 분석이 있어야 된다. 성격, 취미, 환경 등을 아울러 알 수 있으면 더욱 좋다. 이렇게 되면 먼저 예비 방문을 실현한다. 예비 방문이란 그저 고객에게 얼굴을 익히는 일이다. 결코 처음부터 세일즈하고자 하는 속마음을 노출시켜서는 안 된다.

"오늘은 인사를 드리려고 왔습니다. 한 5분간만 실례해도 되겠습니까?"

이렇게 정중히 말하고 나서 상대방의 마음을 재빠르게 읽는다. 상대가 부담 없이 받아들이는 눈치면 이어서 간단한 질문을 곁들인다. 그리고 예정된 시간이 되면 곧 자리를 뜬다. 그러나 일단 이쪽을 경계

하거나 귀찮게 여기면 몇 번의 방문을 실현시켜도 결코 진전이 없다고 보면 맞다.

생명보험의 권(權)씨는 그 방면의 베테랑으로 유명한 인물인데, 언제나 방문으로 소기의 목적을 달성하곤 했다. 권씨의 방문을 도식화하면 최초의 예비 방문을 A로 하고, 다음에는 A+1, 또 그 다음에는 A+2, 이런 식으로 해서 만족할 만한 결과를 얻지 못했을 때도 "다음 기회에 찾아뵙도록 하겠습니다. 오늘 말씀 듣고 보니 도움이 많이 됐습니다. 대단히 실례가 많았습니다"라는 말을 잊지 않는다.

그런 다음에 본격적인 세일즈에 들어간다. 그렇다고 예비 방문했을 때와 달리 적극적이고 노골적인 화법으로 밀어붙이면 안 된다. 어디까지나 방문은 최후의 순간까지 상대방에게 가볍게 받아들여지는 분위기를 형성해야 한다. 결과를 얻지 못했을 경우에는 한 발자국 뒤로 물러서서 다시 시작한다. 어떤 때는 항상 A에 머물 때도 있다. 그러나 권씨는 절대로 초조하게 마음먹지 않고 끈질기게 접근을 계속한다. 더욱이 그가 세일즈하고자 하는 것은 생명보험이기 때문에 고객이 선불리 결심을 내릴 수 없다는 것을 그는 잘 알고 있기에 방문을 계속하면

Part 2
어 떻 게
원 하 는
것 을
얻 는 가

서도 '꼭 해야 된다'는 강요의 뜻을 내보이지 않았다.

결국 권씨의 이 방법은 실효를 거두어 그의 방문을 받게 되면 친근감을 느끼게 되고 그가 권유하는 대로 움직인다고 한다. 권씨의 방문 결과를 보면 언제든지 고객에게 부담을 주지 않는다는 것을 잘 알 수 있다. 상대방의 마음을 사로잡기 위해서는 분위기의 조성에 성공해야 되는 것이다.

3. 실패의 요인을 분석하라

정신분석학의 창시자 프로이트는 신경증 환자의 정신적 갈등을 치료하기 위하여 '자유연상법'을 고안해내었다. 자유연상법이란, 예를 들어 실연失戀을 한 사람에게 실연한 상대의 이미지를 떠올려서 점차적으로 이미지를 변화시켜 연상하게 되면, 최후에는 처음의 원인적 이미지와는 판이한 이미지가 산출되어 고통으로부터 탈피할 수 있다는 것이다.

세일즈맨들이 실패의 그늘에서 고통을 받게 되는 것은 실패의 원인이 된 이미지가 뇌리를 벗어나지 않고 있기 때문이다. 프로이트의 이론대로 이러한 경우의 사람들에게도 자유로운 연상법을 응용하면 거의 대부분이 치유된다. 자유연상법은 언어에 의해서 이루어진다. 그러므로 실패의 관념에 허덕이는 세일즈맨들은 우선 관념의 너울을 언어화시키는 것이 중요하다. 언어화된 관념을 다시 확대시키고 연상에 의해 이미지를 연결시키게 되면 새로운 희망의 관념이 싹트게 된다.

처음 세일즈의 간판을 이마에 써붙이고 방문을 하게 되면 누구나 얼마만큼의 공포감을 느낀다. 이 공포를 해소하지 못하고 실패하게 되면 절망에 빠져 다시 하고자 하는 의욕을 상실한다. 그리고 이런 실패에 대한 이미지는 계속 뇌리를 자극해 활동능력을 저하시키고 용기와 도전의욕을 감퇴시킨다. 그러므로 이런 경험은 프로이트가 시도한 대로 '자유연상법'을 이용하여 공포의 이미지를 전환시키도록 노력해야 한다. 처음에 고객에게서 상품의 질이 나쁘다는 평을 받았다면, 그 말은 상대방이 감정적 이질감 때문이거나 편견일 것이라고 단정을 내린다. 자기 편한대로 판단을 내리는 것이다.

다음으로 고객의 말을 언어화하여 외부로 표현한다. 기억의 심층부에 자리잡고 있는 불쾌한 감정을 남김없이 뱉어 버리는 것이다. 매사를 자기에게 유리하도록 이미지를 전개시켜도 좋다. 이미지를 언어로 표현하게 되면 새로운 연상에 의해 의욕이 생기게 된다. 세일즈맨에게는 이미지가 의욕적이면 그것으로 족하다. 부딪쳐볼 수 있는 자극이 되기 때문이다.

사람의 마음속에는 언제나 두 가지의 대립적 인식이 싹트고 있다.

의식과 무의식이 바로 그것이다. 의식은 실패의 요인을 새롭게 바꾸려고 하지 않는 반면, 무의식은 자꾸 의식을 흡수하여 새로운 이미지로 방향을 바꿀 것을 종용한다. 그러므로 실패의 이미지를 새롭게 바꾸는 데는 무의식적인 연상법을 얻어내도록 노력해야 된다.

4. 질문을 최대한 활용하라

고객을 방문하여 처음부터 "이 물건을 사십시오" 하고 권유하면 어떻게 반응할 것인가 안봐도 상황이 그려진다. 틀림없이 대부분의 고객은 흥미를 갖기에 앞서 이질감을 느끼고 회피할 것이다. 고객의 구매심리를 자극하여 구매의 충동을 불러일으키려면 먼저 인간적인 관심으로 고객의 마음을 사로잡아야 한다.

가령 고객의 복장이 특이하면 "선생님은 스포츠를 좋아하시겠군요"라는 한마디를 던져본다. 다행히 상대가 스포츠를 좋아한다고 하면 그 다음의 결과는 바람직한 방향으로 전개될 것이다. 또한 얼굴 생김이 좋고 건강한 모습이면 "선생님은 건강에 자신이 있으실 것 같습니다" 한다. 이렇게 상대방의 대답을 유도하여 마음의 사슬을 묶은 다음 세일즈에 들어가면 고객도 인간적인 예의를 갖춰 응대하려고 한다. 그러나 단 한 번의 질문으로는 소기의 목적을 달성할 수 없다. 질문을 연속적으로 하여 공동의 화제로부터 점차 본론에 접근되도록 유도한다.

미국의 세일즈 메니저인 찰리 코레라는 사람은 세일즈의 가장 좋은

수단으로 "먼저 물어보고, 그리고 파시오"라는 경귀를 만들어낸 인물이다. 그가 어느 날 부하에게 "오늘 아침 강연을 한 사람이 어땠던가?" 하고 묻자, 한 세일즈맨이 "그저 보통이더군요" 하고 대답했다. 그러자 찰리 코레는 "여보게, 그분이 나의 은사야"라고 말했다. 당연히 세일즈맨은 당황했다. 그러자 코레는 다음과 같이 충고하였다.

"자네의 실수는 질문 부족이네. 자네가 조금만 신경 써서 나에게 '그분은 누구십니까?', '어떻게 되는 사이십니까?' 하고 물었다면, 지금과 같은 곤란은 당하지 않았을 것이 아닌가?"

세일즈맨에게 있어 질문이 마음의 문을 여는 첫 번째 관문이라는 것을 주지시킨 것이다. 세일즈맨을 처음에 만나면 대부분의 사람이 거부의 의사부터 굳히려고 한다. 이런 때일수록 질문이 필요하다. 이때 질문은 꼭 상품에 대한 것이 아니라도 좋다. 상대방의 거부심리를 무산시킬 수 있거나 잠시 억제시킬 수 있는 질문이면 어느 것이라도 상관없다.

설득력은 질문에 의해서 유도되고 문제의 핵심을 찌름으로써 길러지는 힘이다. 질문을 되풀이하여 상대방의 성격과 기초를 알고 곧이어

세일즈를 두려워하는 요인을 가려내야 한다. 자기도 모르는 사이에 노출되어 나오는 거부심리를 질문으로 가려 버리는 것이다.

5. 절대 필요함을 자극하라

'꼭 필요한 것'은 누구라도 외면하지 않는다. 필요하다는 것은 곧 효용이다. 고객이 망설이게 되는 첫째 원인은 이 효용의 가치가 있을 것인가 하는 의혹에서 비롯된다. 세일즈 계통에서는 이 필요성을 '니드 Need'라고 부르는데, 고객의 잠재적 니드심리를 발견하여 눈뜨게 하는 것이 세일즈맨이 해야 할 일임을 강조하고 있다.

인간은 본래 이기적인 동물이다. 자기에게 필요하면 찾아다니면서 사지만, 필요치 않다고 생각되면 회피하고 거절한다. 심지어 강요나 기타 여러 여건에 얽매여 상품을 사기로 결정한 연후에도 '공연히 사는구나' 하는 기분에 젖는다. 이러한 심리는 예방주사를 맞으면서 "아이고 아파!" 하는 것과 마찬가지로, 궁극적으로 이런 심리를 해소시키지 못하는 세일즈맨은 유능함을 인정받을 수 없다.

자기가 팔고 있는 상품이 어떠한 효용가치를 지니고 있는지, 그것이 고객에게 어떠한 도움을 주는지 세일즈맨은 전문가적인 입장에서 상세히 설명하고, 심리적으로 '꼭 필요하다'는 분위기를 조성해야 한다. 니드심리를 유도하기 위해서는 지적인 판단력을 자극해야 된다. '사고싶다', '사고 싶지 않다'고 하는 것은 기분 문제, 즉 감정적인 문제이지만 효용의 가치가 있다 없다는 이지적인 판단에 의해서 내려진

다. 어떻게 보면 이지적인 판단으로 평가를 내려야 된다는 사실이 세일즈하기에 수월할 수도 있다.

세일즈맨은 고객에게 필요함을 자극시키기 위해서 필요한 모든 논리적 근거와 설명을 정리해야 한다. 또 한편으로 세일즈하고자 하는 것이 어떤 상대에게 필요한가도 연구해야 된다. 낚시에 전혀 취미가 없는 사람에게 낚싯대를 팔 수는 없고, 여행할 의사가 없는 사람에게 항공티켓을 팔 수도 없다. 고객의 입장에서 이것이 과연 상대방에게 필요한 것인가를 다시 한번 고려하고, 효용의 가치를 인식해 줄 수 있는 상대라고 판단이 내렸을 때 접근을 꾀한다.

세일즈하고는 거리가 있지만 콜럼버스가 이사벨 여왕에게 도움을 얻을 수 있었던 것도 여왕의 필요를 자극한 때문이다. 여왕은 당시 새로운 땅, 풍부한 재물을 필요로 하고 있었다. 단순히 탐험에 거액의 자금을 내준 게 아니라 자기의 만족감을 채워줄 부에 대한 필요성이 절실했던 것이다. 효용의 가치를 인식하는 일은 불가능을 가능으로 돌리는 원동력이 된다.

6. 신용과 신뢰를 담보로 하라

고객에게 상품을 팔기 위해서는 상품의 설명이나 자기 회사, 또는 자기를 신용할 수 있도록 만들지 않으면 안 된다. 처음부터 이러한 신용을 기대할 수 없지만 고객은 세일즈맨의 화법 하나하나에 의해서 신용도를 가늠하기 때문에 신용을 얻게 된다면 상품 세일즈가 이미 반은 성공했다고 속단해도 좋다.

따라서 세일즈맨은 어떠한 종류라도 신뢰에 금이 가는 약속을 해서는 안 되며, 또 한번 맺어 놓은 약속을 파기해서도 안 된다. 왜냐하면 신용이란 '약속의 이행'이며, 약속을 지키지 않으면 신용 없는 인간이 되고 말기 때문이다. 여기에서는 철저한 '기브 앤 테이크'의 상호교류가 결정되는 것이다.

안安이라는 사람이 갑작스레 친구를 찾아와서 돈 10만 원을 빌려달라고 부탁했다. 친구는 소식도 없고 접촉도 별로 없던 그에게 돈을 빌려줄 것인가를 잠시 망설이다 얼마 되지 않는 돈이었으므로 빌려주었다. 안이 약속한 날에 어김없이 빌려간 돈을 돌려주러 왔다. 그리고는 이번에는 자기의 사업을 열심히 설명하더니 200만 원을 빌려달라고 부탁하였다. 친구는 안이 한번 약속을 지킨 경험 때문에 그를 전적으로 신뢰하고 200만 원이란 돈을 그대로 빌려주었다. 그러나 약속한 날이 몇 달 지나도 그 친구는 다시 찾아올 줄을 몰랐다. 만약 이 경우에 안이라는 친구가 다시 200만 원의 돈을 이자와 함께 정확한 날짜에 가져왔다면 그 다음에는 몇천만 원의 융통도 가능했을 것이다. 신용은 재산이다.

상품을 홍보하여 판매해야 하는 세일즈맨에게 있어서는 더욱 이 신용과 신뢰 관계의 철저한 이행이 뒤따라야 한다. 약속, 특히 고객과의 약속을 헌신짝처럼 여기는 가벼운 생각은 장기적인 세일즈에 암초로 작용한다.

우리나라 사람들은 대체적으로 신용과 신뢰에 있어서는 서구의 사고 방식을 따르지 못한다. 동양의 주요나라 중에서도 이웃 중국은 신의가 곧 생명이라는 생활태도가 있고, 일본만 해도 무사정신의 영향으로 일단 신뢰에 있어서는 철저하다. 그러면서도 신용과 신뢰에 약한 우리나라 사람들이 타인에게는 더욱 신용과 신뢰를 강조하는 경향이 있다. 그래서 세일즈맨의 태도와 말에 신뢰감을 얻을 수 있으면 기꺼이 응하려는 심리가 작용한다.

세일즈에 성공하려면 일단 신용과 신뢰를 담보로 자기를 인식시켜야 한다. 고객과는 은행 이상의 신뢰관계가 형성됨으로써 장기적인 판매신장을 가져올 수 있다.

7. 호소의 효과를 증대시켜라

"사모님만 믿겠습니다.""사장님만 믿겠습니다." 이 말은 세일즈 화법 중에서는 원칙적으로 좋지 않은 저자세 판매라고 하여 사용이 중시되지 않고 있다. 그렇지만 사실상 세일즈에 유효한 패턴 중의 하나이다. '호소는 곧 읍소'라고도 하는데, 상대방에게 전적으로 신뢰를 부여하여 처분대로 해달라는 동의의 자세이므로, 이쪽은 저자세가 되는 반면 고객은 우월한 기분에 사로잡히게된다.

그러나 이 방법은 잘못하면 독약 이상의 패턴을 초래한다. 무엇보다도 싫증을 유발시킬 수 있다. '거짓 권한을 준다'는 기분 나쁜 상태를 조성하여 불안감을 형성할 수도 있고, 번연히 속이 들여다보이는 수도 있다. 게다가 업신여김을 받을 수 있으므로 자신이 없고 확신이 없을 경우에는 바람직한 판매화법이 아니다. 그러나 아직도 우리사회는 의리를 중심으로 연결지워져 있어 일단 '당신만 믿는다'라는 말은 인간적인 면을 중시하여 지적하므로 고객의 긴장된 마음을 풀어줄 수가 있으며 우월한 기분에서 적어도 거절을 실행치 못하게 한다.

이 '호소의 작전'을 적용할 몇 가지 기회를 살펴보면, 첫째 고객이 세일즈맨과 인간적인 유대를 형성하여 안면이 있다거나 이해관계가 개재되었을 때, 둘째는 감정적인 상대일 때나 의협심이 넘치는 사람일 때, 셋째는 상대의 사회적 지위가 높거나 허영심이 강한 사람일 경우이다.

첫째는 잘 아는 사람의 소개로 찾아갔거나 혹은 지난번에 이쪽의 도움을 받았던 사람이었을 경우이며, 둘째는 감정적인 사람일 경우,

예컨대 눈물이 많고 인정이 많아 부탁을 받으면 좀체로 거절 못하는 사람을 말한다. 마지막 셋째는 지위가 높거나 허영심이 강한 상대로 이 방법이 크게 주요한 타입인데 "선생님과 같은 훌륭한 분이 모른 척 하시면 어디 되겠습니까?", "선생님과 같이 멋진 분을 위해 만든 것이 니 그저 선생님만 믿겠습니다" 하고 몇 마디 하면 거절하지 못한다.

이 호소의 작전에 대해 프로 세일즈의 원로인 P씨는 말한다.

"세일즈맨이 자기가 해야 할 설명을 다 끝내고 이제 조금만 더 밀고 나가면 되겠는데 상대가 망설이거나 하면, 최후의 방법으로 이 읍소를 사용해서 성공을 거두는 수가 있다. 그러나 이와 같은 방법은 결코 남용을 장려할 것을 못 된다. 상대와 처지에 따라서 묘하게 작용하기 때문이다."

그의 지론대로라면 이 호소의 작전은 유효할 상황이 특별히 정해져 있다. 이 방법밖에 호소력이 없을 때에만 사용하라는 말이다.

8. 고객에게 흥미를 팔아라

상대방에게 즐거움을 주거나 웃음을 주어, 상품에 저절로 신경을 쓰게 만들도록 '세일즈 포인트'를 정확히 인식시켜야 한다.

그러나 요즈음 전파매체에 의한 선전방법이 활발해서 결국 서로 비슷비슷한 수법이 되기 쉽고 독창성을 잃기 쉽다. 그러므로 타회사에서 웃음과 재미에 초점을 둔 광고를 하면 진지한 선전에 치중하고, 다른 회사가 진지한 선전태도로 변화를 주면 다시 가볍고 재치 있는 방법으로 전환할 일이다.

다른 방법 중에 모작이라고 하는 것은 모방 특유의 속성을 지니고 있어 정작 이미지의 연결은 불안하게 되므로 항상 창조의 노력이 결여돼서는 안 된다.

또 다른 방법에 'CM송'이 있다. CM송은 음악적 특성을 최대한 살리면서 상품의 이미지를 연관짓는 것이다. 확실히 음악은 상품을 파는 데 매력을 지니고 있다. 그러므로 노래로써 고객의 흥미를 끌어 상품의 구매를 유도하려면, 첫째 작곡하고자 하는 멜로디를 고객이 잠재적으로 친근감을 가지고 있던 것에 초점을 맞추고, 둘째 완성된 노래는 지속적으로 방송되어야 하며, 셋째 똑같은 가사라도 작곡의 변화를 자주 주면 좋다. 스페인 계통의 영향을 받은 나라에서는 차차차 리듬이나 라틴계통의 CM송이 흥미를 끌며, 클래식이 강한 유럽에서는 클래식 소품을 이용한 CM송이 효과가 컸다는 사실에 착안할 일이다.

모델을 사용한 광고전략에서 가장 중요한 공통점은 일류, 설사 그렇지 않더라도 우수한 인기인이 기용되어야 한다는 점이다. 미국의 광

고전략가이며 쇼 프로그램 디렉터인 베이커는 완벽한 상업광고를 삽입하여 쇼를 성공시켰으며, 광고가 얼마나 반응이 좋았던지 광고에 대한 펜레터까지 날아들었다고 한다. 그는 언제나 상업광고 구성에 주의를 기울였고, 프로그램을 직접 빛내주는 배우나 기타 단역에 이르기까지 철저한 공동작업을 벌여 그 결과를 종합 검토하는 데 신경을 썼다. 그는 쇼를 제작하여 항상 시청자를 기쁘게 했으며, 광고의 선전도 언제나 만족 그 이상을 얻었다.

이렇게 상업 광고가 직접 프로그램과 직결되어 성공을 거둘 수 있었던 것은 상대방, 즉 '고객의 흥미를 끌어야 된다'는 광고의 기본 정석을 잊지 않은 때문이다. 흥미롭다는 것, 이것은 어쩌면 인간의 감정을 완벽하게 지배하고 있는 것인지도 모른다.

9. 거절은 끈질기게 공략하라

유능한 세일즈맨은 불가능한 상황에서는 무관심을 관심으로 돌리는

능력을 지닌 사람이다. 어떤 세일즈맨은 세일즈맨의 자세에 대해서 "에스키모인에게 냉장고도 팔 수 있는 언변, 센스, 용기를 갖춰야 한다"고 말한다.

냉장고라는 상품의 효용가치는 한냉지대에서 사는 에스키모에게는 전혀 무가치한 것이지만 세일즈맨은 팔 수 있는 능력을 갖춰야 한다는 것이다. 하지만 전혀 불가능한 건 아니다.

이와같은 상황처럼 거절을 위한 거절을 준비한 상대와 대화하게 되면 누구나 당황하게 마련이다. 이치에 닿지 않는 반론을 제기하기도 하고, 거리가 먼 이야기를 가지고 거절을 하려고 한다. 이런 사람에게는 어떤 방법으로든지 그의 말문을 막는 것이 우선이다. 말문을 막아 더 이상의 이유를 끌어다 댈 수 없도록 하고, 이쪽의 요구조건을 끈질기게 설명하면 대부분 기진맥진해져 수락하고 만다.

또 다른 거절의 공략법은 상대방이 거절하게 되는 심리를 파악하는 것이다. 무관심과 불신에서 오는 거절이라면 먼저 상대의 무관심과 불신에 대해서 "네, 그럴 수도 있겠군요. 하지만" 하고 단서를 달아 고객의 흥미를 끌어 이쪽의 말을 듣고자 하는 심리를 조성시켜야 성공할 수 있다.

다음으로 실제로 물건의 질을 논하거나 금전적으로 구매할 능력이 없다고 거절의 이유를 밝힐 때는 그에 대한 합리적인 설명을 가하거나 금전적인 부담을 덜어주도록 충동의 심리를 자극해야 한다.

어느 세일즈맨이 있다. 그는 남들보다 항상 뒤떨어진 실적으로 고민에 빠졌다. 그리고 자기의 세일즈 화법을 곰곰이 되새겨 보았다. 그는 고객이 거절을 하면 "왜 그러십니까?" 하고 묻곤 했다. 결국 그도 그러한 응대가 절대적으로 불리하게 작용한다는 사실을 깨닫고, 다음부터는 "네, 좋습니다. 그러나…"의 말로 바꾸었다. 우선 상대의 의견을 납득한 것으로 수긍해 주어 상대의 부담을 덜어준 후 다시금 설명을 가하기로 한 것이었다. 마침내 그의 세일즈는 급상승하였다. 단 한 마디의 화법 변화가 엄청난 행운을 가져다준 것이다.

Chapter 14

The
Psychology
of
Speech

감정조절의 **작전**

인간관계의 트러블은 결국 감정의 싸움으로 압축된다. 감정은 인간을 움직이게 하는 최대의 원동력이다. 감정조종에 실패한 것은 인생조종에 실패했다는 것을 의미한다. 그러나 사람의 감정을 자유자재로 움직일 수 있는 능력도 쉽사리 얻어지는 것은 아니다. 잠긴 문을 열려면 열쇠가 필요하고, 열쇠가 없을 경우에는 과감하게 부숴 버리는 용기가 필요하다.

1. 촉각어나 감각어를 활용하라

어느 화장품 회사에 세일즈우먼이 있었다. 그녀는 동료들보다 무려 세 배 이상의 매상고를 올려, 특별보너스까지 받은 엘리트로서 여러 동료들 앞에서 자기의 성공담인 세일즈의 비결을 설명하게 되었다. 그녀가 설명한 주요 비결은 상대의 구매의욕을 불러일으키게 하기 위해서 촉각어를 강조했다는 것이었다.

가령 립스틱을 소개할 때라면 "까칠까칠한 입술에 항상 윤기를 보태 촉감이 아주 좋아져요. 여자의 입술은 약간 젖은 듯 부드러워야 매력적이에요"라고 상대의 머릿속에 부드러운 입술을 상상하게 만든다든지, 또 마사지 크림을 소개할 때에도 "여성의 뺨에 부드러움을 살리세요"라고 은연중에 남자의 시선이 머문다는 감각적인 표현을 쓴다는 것이다.

이 세일즈우먼의 비결뿐 아니라도 상대의 감정에 촉각과 감각을 동시에 상상시킬 수 있는 화법이 최상의 방법이다. 사람의 감각을 좌우

하는 말은 눈을 감고 있어도 머릿속에 선명한 그림을 연상시킬 수 있는 것이다.

양장점을 경영하는 강姜 사장은 고객을 사로잡는 마력을 지녔다고 소문나 있다. 적어도 그 양장점에 들어선 손님은 옷값에 대해서는 이의를 달 수가 없다. 강 사장은 손님에게 환상적 무드에 젖게 하여 옷값이 비싸 엄두에 닿지 않는다는 소극적 심리를 밖으로 노출되지 못하도록 하고, 적극적인 감정쪽으로 유도시킨다는 것이다. 적극적인 감정으로 유도하는 강 사장의 화법을 들어보면 "이 옷감으로 이브닝 드레스를 만들면 저녁 무드와 조화되어 당신의 우아한 멋과 품위가 한층 돋보일 겁니다", "이 투피스 감은 화사하죠? 당신의 하얀 얼굴에 생기를 불어넣어줄 것 같지 않습니까?" 등의 말로써 촉각과 감각을 동시에 자극하는 것이다. 손님은 진정 옷감이 자신의 분위기에 멋지게 조화된다는 단정을 내리기에 앞서 환상의 무드를 자극하는 강 사장의 감각적인 언어에 휘말려 버리고 만다.

사람의 감정을 자극하여 이쪽의 마음에 동의하게 만드는 데는 실제로 여러 가지 방법이 있겠지만, 촉감을 강조하는 화법이나 감정에 부

Part 2
어 떻 게
원 하 는
것 을
얻 는 가

드럽게 작용하는 화법은 결코 강요의 뜻을 나타내지 않고 상대의 마음 깊숙이 자리 잡는다.

2. 낮은 목소리로 부드럽게 말하라

비단 설득의 효과를 노리고 하는 말이 아닐지라도 개인간의 대화는 이야기의 어조가 부드러워야 되며 낮을수록 좋다. 낮고 부드러운 목소리는 우선 목소리가 우아하고 차분하게 들리기 때문에 부담 없이 듣고자 하는 의욕을 일으킨다.

크고 딱딱한 목소리는 말 속에 담긴 내용을 음미하기에는 효과적이지 못하다. 한쪽이 격앙된 감정에 휩쓸렸거나 언성이 높아졌을 때는 이쪽에서는 그와 반대로 차분하고 부드러운 어조로 응대할 일이다. 어느 한쪽이라도 부드러움을 잃지 않는다면 다툼도 순간적으로 끝나고 만다.

한 언어학자가 낮고 부드러운 목소리가 최고의 효과를 거둘 수 있는 거리는 30~50센티미터라고 밝힌 바 있다. 그런데 부드러운 목소리의 효과는 거리상으로 측정하는 것 못지 않게 적절한 타이밍도 요구된다. 특히 상대가 흥분되어 있을 경우에 이 타이밍은 중요하게 작용하는데, 최적의 타이밍은 상대방이 자기의 이야기를 한바탕 떠들고 난 직후의 순간이다. 타이밍의 이용은 자기의 감정을 스스로 조절할 줄 알아야 가능하다.

평범한 일상대화에 있어서도 이 원리는 효과를 거둘 수 있다. 이쪽

에서 낮고 부드럽게 이야기하면 상대는 자연히 이쪽의 이야기를 경청하게 되어 집중하기 때문이다. 일선 수사관을 인터뷰하여 얻어낸 말을 옮기면 흉악범일수록 큰소리보다 낮고 부드러운 목소리로 취조하면 자백을 얻어내기가 용이하다고 한다.

예일대학교의 K.호프랜드 교수도 자기가 실험하여 분석한 결과를 다음과 같이 발표했다.

"학생들의 강의 이해도는 교수의 목소리가 낮고 부드러운 목소리일 때 최고율을 나타낸다."

여기서 짚고 넘어가야 할 점은 낮고 부드러운 목소리의 기준이다. 일본의 아나운서 스즈끼 겐지는 이 목소리의 기준을 '자기 보통 음성의 반', 즉 자기 음량의 25퍼센트가 적당하다고 한다. 목소리가 너무 작아서 잘 들리지 않아서는 안 된다. 상대가 답답증을 느끼지 않고 들을 수 있는 크기여야 한다. 대화하는 데 있어서 중요한 것은 이야기의 내용이겠지만 내용의 전달이 효과적으로 이루어지기 위해서는 언어 표현에 관한 연구도 게을리하지 않아야 한다.

3. 지나친 칭찬을 하지 마라

자기의 장점을 칭찬받거나 높이 추켜세우는 말을 듣게 되면 누구든지 행복한 기분에 사로잡히게 되지만, 그 칭찬의 정도가 지나치면 도리어 불안한 기분이 든다. 이것은 아무리 상대방이 자기를 잘 알고 있다고 해도 자기의 전부를 낱낱이 알 수 없을 것이라는 심리적 불안 때문이다.

인간관계라는 것은 제아무리 깊은 연관을 맺고 있다고 해도 극히 적은 인격의 일부만을 이해하고 있을 뿐이다. 그러면서도 아무런 장애 없이 원만한 대인관계를 형성하며 생활하는 것은 서로의 양해에 의한 것이라고 볼 수 있다. 따라서 자기의 전부라고 생각하고 속단을 내려 칭찬을 해주거나 추켜세우게 되면 불안한 기분과 함께 불쾌감마저 갖게 된다.

초등학생이나 중학생 정도의 아이들을 교육하는 데는 칭찬의 말이 많으면 많을수록 교육적 효과를 거둔다고 되어 있으나 성인들의 교육에 있어서는 맹목적인 찬사는 금물이다. 맹목적인 찬사는 상대의 능력과 노력을 고무시키기는커녕 반대로 의욕의 상실을 초래하는 역효과를 낳게 된다. 자기의 능력은 한계가 있는데, 남들이 자기에게 기대하는 것이 도저히 이룰 수 없는 것일 경우 자멸하는 결과도 빚게 되는 것이다. 심리학자인 H. G. 지놋트는 "아동이나 성인할 것 없이 정도에 지나친 칭찬에는 부담을 느낀다"고 발표한 적이 있다.

내가 상담했던 신입사원인 안安군의 경우가 좋은 예이다.

"처음 입사했을 때는 상사가 제 능력을 신뢰하는 것이 자랑스러웠

습니다. 그러나 점차 나를 과신하게 되고, 심지어는 어떤 지시를 내려 놓고 책상머리에 떡 버티고 서서 지켜보는 데는 진력도 나고 불안해 져서 심한 강박관념에 허덕이게 되었습니다."

안군의 경우는 적당히 칭찬했으면 더욱 노력하고 발전했을 것을 지 나친 칭찬 때문에 심리적 동요를 일으킨 것이었다.

대개 과도한 칭찬으로 문제가 야기되는 경우는 분수에 넘친 칭찬을 소화하지 못한 결과로 빚어지는 것이다. 관리자가 부하 직원들을 컨 트롤하는 요령은 칭찬과 충고와 힐책을 적절히 배합하는 데서 터득된 다. 능력은 없었으나 우연한 기회를 포착하여 공을 세웠다고 할 때는 그것은 운이 많이 작용했기 때문이라는 단서를 칭찬의 말 뒤에 부언 할 일이다. 또한 대화에 있어서 상대의 심리를 불안하게 만들 의도가 있다면 과도한 칭찬을 계속하면 나름 효과가 있다.

4. 잠긴 마음의 문을 먼저 열어라

어떤 범법자는 여러 번의 범죄를 저지르는 동안, 그 스스로 결정을 내려 범죄 사실을 추궁하는 조사관이 자기와 안면이 있는 사람일 경우엔 아주 허심탄회한 심정으로 자백한다고 했다. 심리적으로 자기를 안정시키면서 심문하는 수사관을 좋아하는 것이다.

미국에서도 범인을 자백시키는 데 심리적인 환경에 많은 신경을 쓰고 있다. 그곳의 경찰 범죄조사 수법의 학습서에는 "먼저 범죄자에게 육체적·신체적으로 접근하라"는 항목이 적혀 있다. 상대의 마음속에 들어가서 상대의 심리적 동요를 유도하여 자백할 수 있게 만들라는 말이다.

특히 이들의 조사 태도를 몇 가지 들어보면, 먼저 심문하는 방에는 하나의 장식도 없이 무미건조하게 꾸며서 상대가 심리적으로 다른 곳에 마음을 쓰지 않도록 하여 정서적인 안정을 얻도록 하라는 것과 또 심문할 때는 명령조의 말투를 사용하여 권위의식을 느껴 자백하게 만든다는 방법 등이다.

그런가 하면 "상대의 입장을 동정하는 눈치를 보여라"라는 항목도 있다. 상대의 입장을 동정한다는 것은 "너뿐만 아니라 나 역시도 그런 상황에 처하게 되면 범죄를 저지를지도 모른다"라는 식으로 심리적 일체감을 갖게 만드는 것이다. 이렇게 되면 피의자는 심문하는 사람도 그럴 수가 있다면 대단한 범죄는 아닌가 보다 하는 착각에 사로잡혀 낱낱이 자백을 하고 만다.

이러한 심리작전은 대부분의 우리 사회에서의 인간관계에 적절

히 응용될 수 있고 효과를 기대할 수 있는 방법이다. 어떤 일에 실패한 사람을 대면하였을 때, 상대가 묵묵부답 아무 말도 하지 않으면 슬그머니 실패한 환경을 자기 쪽에다 결부시켜, 자기도 그런 상황에 놓이면 틀림없이 실패할 것이라는 공감을 표현한다. 그러면 백이면 백 모두가 이쪽의 말에 귀를 기울이게 된다. 대개 침묵을 지키게 되는 것은 상대가 자기의 입장을 곡해할지도 모른다는 불안한 심리가 작용하기 때문이다.

인간 심리는 참으로 미묘한 것이다. 같은 말이라도 상대의 심리상태에 따라 받아들여지는 것이 전혀 다르다. 상대의 마음을 정확히 읽을 수 있어야 감정을 붙잡을 수 있다. 침묵하는 상대는 '잠겨진 문'이다. 섣불리 상대하면 그 문은 영원히 닫혀진 채로 끝날 수가 있다.

5. 거절을 작정한 상대는 자극하라

이야기도 꺼내기 전에 이쪽의 부탁을 단연코 거절하겠다는 의사를 내

보이는 사람이 있다. 이런 상대를 설득하는 방법은 상대를 자극해 반발심을 일으키는 것이다.

대부분 거절하려고 작정한 사람들은 입을 다물어 버리고 딴청을 피우거나 뚱딴지 같은 화제를 꺼내 이쪽의 말을 봉쇄하려고 한다. 이런 사람에게 자극적인 말을 건네려면 상대의 약점을 찌르는 말이 좋다.

가령 어떤 기업체에서 봉급 인상을 요구하는 경우가 있을 때, 사장이 그 눈치를 미리 채고 이쪽의 요구가 나오기도 전에 업무 실적에만 화제를 집중시켜 말한다면 봉급에 관한 건은 아예 뒷전에 두고 사장을 자극하는 일이 시급하다.

"사장님, 요즘 우리 회사의 사세가 날로 기울어지는 인상을 갖게 되는데요?"

이 말을 듣고 한마디의 성난 대꾸가 없을 리 없다.

"아니, 도대체 그게 무슨 소린가? 어째서 우리 회사가 기울어진다는 거지?"

이렇게 흥분하여 반문하게 되면 의외로 쉽게 대화할 수 있는 분위기가 된다. 토론에서 승리하는 길이 상대를 흥분시켜 지각능력을 잠시 마비시킨 후 이쪽의 페이스로 유도하는 것이라면, 부탁을 요구할 때도 무관심한 척하는 상대를 계획적으로 자극시켜 앞뒤 생각할 여유를 주지 않는 것이 최상의 방법이다.

'유니언 센트럴' 보험회사 대리점 중에서 세계 제일의 규모를 자랑하는 대리점인 '찰스 B. 나이트' 대리점의 대표인 버튼은 상담의 첫머리에 항상 'NO'라는 말을 듣는 질문을 사용한다. 그가 말하는 'NO'의 위력에 대해서 들어보자.

"어떠한 상담에서도 상대가 'NO'라고 말하도록 유도해 놓으면 그 후의 상담은 최초의 예기한 기대보다 훨씬 성과가 크다."

버튼이 말하는 'NO'의 의미를 생각해 보면 'NO'가 감정을 자극하여 격한 분위기를 만든다는 것이다. 거절을 유도하는 작전은 상대의 자존심을 건드려 '적어도 나만큼은', '내가 누군데' 하는 심리를 유발해서 이쪽의 요구에 거만스럽게 응하고자 하는 충동을 일으키는 것이다. 거절의 의사를 굳히고 있는 상대에게는 거절하고자 하는 의지만큼 약점이 자리잡고 있다는 것을 생각하라.

6. 상대의 감정을 흔들어라

다른 사람에게 자기의 생각을 받아들이는 문제, 혹은 다른 사람들을 우리들의 암시에 의해서 움직이게 하는 데는 언어의 사용이 초점이 된다. 어떻게 자기의 생각을 조리 있게 함축하여, 어떠한 언어로써 상대의 동의를 구해야 될 것인지가 대화의 효과를 결정하는 것이다.

상대가 논리적인 사고를 고집하려고 하는 편이라면 논리적인 설득으로 상대의 동의를 얻는다는 것은 불가능하다. 정말 인상을 깊게 남기려고 한다면 감정을 흔드는 편이 더 효과적이다. 그러나 감정은 냉정한 관념보다도 강하게 무장되어 있어 감정을 흔들기 위해서는 보다 열심이지 않으면 안 된다.

흔히 아름답고 멋진 수식어를 섞어 이야기하고, 품위 있는 제스처를 갖춘 말이 감정으로 받아들여지는 것으로 생각하지만 성의가 담겨 있지 않아서는 감정에 호소할 수가 없다. 정서에 메마른 상대에게 〈베토벤의 심포니〉는 졸음을 재촉할 뿐이며, 슬픔과 비탄에 빠진 상대에게 장쾌한 서부 활극이 눈에 들어올 리 없다.

선배인 O사장의 막내 아들이 여간 망나니가 아니어서 가출을 밥먹듯 하고 툭하면 파출소에서 훈계방면당한다고 나에게 지도를 부탁해 왔다. 고등학교 2학년이라 알 것, 모를 것 다 아는 영악스런 아이라는 단서까지 붙여 신신당부하는 것이었다.

일주일쯤 되었을까 동대문 근처에 그가 있다는 소식을 듣고 달려가 다짜고짜 옷자락을 잡고 사무실로 데리고 들어왔다. 전혀 안면이 없는 내가 성난 얼굴로 잡아끄는 품에 놀라 어리둥절해진 그를 의자에 앉혀 놓고, 나는 말 한마디 따뜻하게 건네지 않고 서너 시간을 그냥 그대로 두었다. 그리고 그가 좀이 쑤셔 안절부절 못하는 눈치를 엿보고 표정을 흐트러뜨리지 않고 여직원에게 말했다.

"미스 권, 그 녀석 차 한 잔 줘요."

그는 더욱 초조했다. 무뚝뚝하게 내뱉는 나의 말에 위압감을 느낀 것이었다. 그렇게 지루한 시간을 보내 힘이 빠진 그를 붙잡고, 나는 그가 잘 알아들을 수 있는 말로 설득하기 시작했다. 얼마를 이야기했을까. O군은 나에게 자기의 솔직한 기분을 허심탄회하게 고백하기 시작했다. 그리고는 정말 오래간만에 가슴속이 뻥 뚫린 듯 후련하다며 활짝 웃었다. 상대를 사로잡기 위해서는 감정의 동격을 이루어 자기의 의사대로 좌우할 수 있도록 유도해야 효과를 거둘 수 있다.

7. 성적인 감각을 자극하라

흔히 말하기를 여성은 감정적인 면이 활발하여 섬세한 감정을 자극하면 다루기 어렵다고 한다. 그러나 '섹슈얼'한 감각어를 사용하면 지성과 교양을 갖춘 여자라도 손쉽게 마음을 사로잡을 수 있다.

인간은 본능적 욕구를 자극하면 어쩔 수 없이 이끌리게 된다. 따라서 여성의 성적관념을 자극하는 것도 인간의 본질적 욕구의 추적이기 때문에 그렇게 어려운 노릇은 아니다. 외모로 판단하여 이야기의 효과가 전혀 없을 것이라고 짐작했던 여성이라도 의외의 반응을 보이게

되는 경우는 성적 감각어를 사용했을 때이다.

심리학자 프로이트는 지식 수준이 높은 여자가 성적인 자극에 약하고, 성에 대한 유희도 훨씬 개방적이라고 한다. 언젠가 미국의 '퍼스트 레이디' 베티 여사가 "나는 될 수 있는 대로 남편과 잠자리를 자주 한다"라고 말하여 커다란 반향을 불러일으킨 적이 있다. 일국의 대통령 부인이 남편과의 섹스 빈도에 대해 언급한 것도 센세이션한 반응을 몰아올 여지가 충분한데, 거기다가 '될 수 있는 한 자주'라는 주석을 달아 베티 여사의 성개념이 대단히 개방적이라고 해서 매스컴의 가십란에 연일 보도되었던 것이다.

하지만 아무리 여성의 마음을 사로잡는 성적감각이 넘치는 말이라도 상대에 따라서 받아들이는 정도가 다르다는 것을 고려해서 사용해야 한다.

8. 상대의 결점을 지적하라

사람은 누구나 자기 자신에 대해 완전히는 모르지만 본인의 성격상 결함이나 부족한 점에 대해서는 어렴풋하게나마 알고 있다. 그러나 타인의 충고나 조언을 듣고서 자기의 개성이나 결함을 교정하려고 하는 사람은 별로 없다.

비록 나쁘기는 하지만 남들이 지적하지 않았으면 하는 심리적 비밀을 간직하고 있는 것이다. 따라서 만약 이쪽에서 상대의 그 약점을 꼬집어서 성격상의 특징을 나쁘게 확대하여 말한다면 크게 화를 내게 된다.

특히 그 지적이 정확하면 할수록 화를 내는 정도도 커진다. 이것을 의도적으로 이용하여 상대의 분노를 유도해 내려고 할 때는 몇 가지 통계적인 지적이 있다.

예를 들어 "알콜중독자지. 자네?", "너는 변태인가봐?", "겁장이군", "동성연애를 즐기나?", "무능력자야 넌"이라고 말하면 평범한 상대라도 기분이 언짢아서 불쾌감을 느낄 터인데, 상대가 마침 여기에 해당되는 성격을 지니고 있다면 어떻게 될 것인가. 단박 화를 내게 되고 뒤돌아 가버릴 것은 뻔한 노릇이다. 인간관계에 있어 이만큼 결정적으로 치명타를 주는 말도 없다. 일상 일어나는 시시비비에 대해서는 서로 추궁하고 변명하다가 문제가 해결되기도 하고 확대되기도 하지만 이것은 전혀 고려의 여지도 없이 화를 유도하는 모욕을 주는 것이다.

무역상사의 대표이사인 B씨가 어느 날 새로 판매 계약을 맺어 큰

액수의 물건을 주문받아 발주를 끝냈을 때이다. 구매자인 중간상인이 허둥대며 찾아와서는 "당장 물건을 반품해야겠다"고 트집을 잡았다. B씨는 한편으로는 마음이 불안했으나 그 중간상인의 반품 이유를 곰곰히 듣고 보니 제품의 값을 터무니없이 인하하려고, 항간의 평가를 이유로 들며 괜한 근거 없는 반품 독촉을 하러 왔던 것이다. B씨는 버럭 소리를 질렀다.

"당신 나이를 헛 먹었어? 내가 보기에 당신은 굉장한 콤플렉스를 지니고 있어. 혹시 '마더 콤플렉스' 아니오?"

중간 상인은 원래 소심했던 인물이었는지 B씨가 내뱉는 '마더 콤플렉스'라는 말을 듣고는 그만 기가 질려 버렸다. 얼굴이 벌겋게 변하더니 아무 소리도 못하고 문을 박차고 나가 버렸다. B씨의 욕설은 상대의 약점을 우연히 지적한 것이었으나 지적을 받은 상대는 치명타를 맞은 격이었다.

9. 자존심을 손상시키지 마라

우리나라 범죄 사상 최초이며 생각하기조차 끔찍했던 법정 살인사건은 피해자가 범죄자의 자존심에 회복할 수 없는 자극을 주었기 때문에 일어난 비극이었다. 아무리 흉악범이라고 하더라도 인간적인 자존심은 있기 마련이다. 자존심을 손상당했을 때 기분 좋을 사람이 있겠는가. 자존심은 그 자체로 존중받아야 되는 것이다.

노산 이은상의 『명어와 자존심』에는 다음과 같은 말이 쓰여 있다.

"자존심이란 결코 배타가 아니다. 또한 교만도 아니다. 다만 자기 확립이다. 자기 강조다. 자존심이 없는 곳에 비로소 얄미운 아첨이 있다. 더러운 굴복이 있다. 넋 빠진 우상숭배가 있다. 천지간에 '나'라는 것이 생겨난 이상, 나 자신의 힘으로 살아간다는 강력한 신념, 그것이 곧 자존심이다."

사람은 당연히 자기의 자존심을 최선의 것으로 알고 있다. 자존심에 대해서는 상대적일 수가 없으며, 모두 절대적으로 지키려고 하는 마음이 공통된 심리이다. 만일 이쪽에서 대화하는 도중에 상대의 자존심을 자극하게 되면 상대는 마음의 동요를 일으키는 동시에 분노를 폭발시켜 대화가 단절되는 것은 물론 심하면 폭력으로까지 발전하게 된다.

심리학적 측면에서 보면 '사람은 욕구가 저지당하였을 때 노여움을 느낀다'고 하는데, 욕구가 저지당하거나 불만을 느낄 때는 자존심이 상하는 때라는 것이다. 현대인의 스트레스 중 자존심이 상한 데서 오는 스트레스도 많은 비중을 차지한다고 한다. 차라리 자존심이 없

는 사람을 비굴하고 가엾다고 생각해도 좋다. 따라서 이러한 자존심은 타인의 인정에 의해서 윤곽이 잡히고 타인의 감탄에 의해서 강화되는 것이다.

데일 카네기가 한번은 실내 장식가를 초빙하여 집 내부 장식을 의뢰하였다. 그 장식가는 집안 내부를 얼마만큼 손질하더니 엄청난 액수를 청구했다. 그는 그 액수에 놀랐으나 지불할 수밖에 없었다. 그 후 얼마 되지 않아서 한 친구가 찾아왔기에 그 이야기를 했더니 "자네는 엄청난 바가지를 썼군" 하며 비웃었다. 카네기는 친구의 비아냥거림이 몹시 못마땅해 기분을 상하고 말았다. 그런데 또 다른 친구가 찾아와서 말하길, "아주 훌륭한 솜씨일세, 자네는 큰 득을 보았는걸" 하는 게 아닌가. 카네기는 그 친구의 말이 두고두고 고맙게 기억되더라는 것이다.

사람들의 행동 하나하나는 모두 자존심의 굴레 속에서 맺어지고 있기 때문에 아주 작은 말실수에도 자존심이 상해서 분노를 사고, 그로 인해 인간관계를 그르치는 일이 생긴다.

Chapter 15

표현 연출의 **작전**

"화법은 당신의 인생을 변화시킨다"는 말은 이제 언어 생활의 중요성이 날로 인식되어 가는 오늘에 있어 성구에 비견되는 말이다. 인간이란 존재는 곧 그 사람의 언어로밖에 판단할 수가 없다. 정확한 언어 구사, 요령 있는 언어 표현, 사람의 마음을 끌어당기는 언어의 마력을 감지해야 한다.

1. 자신과 정열을 지녀라

인생의 목적은 사람마다 다르며, 목적을 달성하기 위해 어떻게 처세하는가의 기준도 다양하다. 그러나 인생으로부터 구하고 싶은 것이 무엇이든 간에 자신과 정열에 넘쳐 있으면 얻고자 하는 것을 손쉽게 얻을 수 있다.

대화를 통해서 상대에게 도움을 청하고자 할 때도 앞서와 같은 두 가지 조건이 갖춰져 있고, 언어표현의 능력이 월등하다면 그야말로 금상첨화 격으로 사람의 마음을 사로잡을 수 있다.

로마의 율리우스 카이사르가 원정길에 올랐을 때의 이야기다. 그의 부대는 광활한 대지를 행군하여 적진을 눈앞에 두고 포진한 후 공격 채비를 갖추었다. 그때 통신 비둘기를 담당하는 사관이 뛰어오더니 "각하, 이제 통신비둘기도 한 마리밖에 남지 않았습니다. 예비대를 부를까요?" 하고 물었다. 그러나 카이사르의 대답은 "노"였다. 그리고 그는 "싸움의 승패는 결코 병력으로 결정되는 것이 아니다. 병사들의

사기가 문제이다. 나팔수를 불러라. 나팔수의 나팔소리에 병사들이 돌진한다"고 하면서 영웅의 신념을 부하들에게 보였다.

신념과 정열은 사람들의 공감을 불러일으키고 마음을 휘어잡는데 거대한 힘을 지닌다. 카이사르는 적과 대치한 긴장된 순간에 자신과 힘을 나타내어 부하들에게 용기를 북돋웠고, 거기다가 호전적인 심리를 자극하는 북소리를 효과음으로 사용하여 부하들의 용기를 불러모았던 것이다. 카이사르가 부하를 독려한 북소리는 우리들의 언어생활에 있어 훌륭한 기술과 비견할 수 있다. 처음부터 흥미 없다는 듯이 이쪽의 말에 귀를 기울이지 않고 딴전을 피우는 상대에게 "참, 이런 이야기 들어 보셨던가요. 아침서부터 저녁까지 웃어도 다 못 웃을 소설보다 더 재미있는 이야기 말이에요"라고 언질을 줘보라. 상대는 아침부터 저녁까지 웃는다는 이쪽의 표현이 재미있어 틀림없이 관심을 가질 것이다.

프랑스의 황제 나폴레옹은 전쟁터에서 후퇴하는 병사에게 "전우여! 자네들은 무엇인가 오해를 하고 있다. 삶과 죽음은 바로 자네들의 운명이다"라고 격려했다고 한다.

그런가 하면, 나폴레옹을 무참히 격파한 영국의 명장 웰링턴은 "병사여, 자네 얼굴이 왜 그리 창백한가? 나 역시 두려운 것은 마찬가지일세. 그러나 내 직분과 또 국가에 대한 의무를 생각할 때 나는 이 자리를 물러설 수 없네. 자, 돌아가 한번 더 용감히 싸워보세"라고 격려했다고 한다. 이 두 가지의 이야기 중에서 웰링턴의 표현이 더욱 감명적이었음은 말할 것도 없다.

2. 혼잣말로 중얼거려라

혼잣말이란 일종의 푸념이라고 볼 수도 있다. 사회생활을 하다보면 직접 상대를 앞에 두고 자기의 소신을 밝히지 못하는 경우가 종종 생긴다. 특히 독선적인 사람과 카리스마 넘치는 사람 앞에서는 직접 공박한다거나 자극적인 반응을 표시할 수 없는 것이 사실이다. 근간 TV에 범람하는 코미디 프로를 보면 정상적인 대화보다 간접적이지만 의외의 반응을 보이는 혼잣말의 활용이 무척 많은 것이 눈에 띈다.

대체로 혼잣말은 자기 자신도 모르는 사이에 밖으로 표현되는 것이 보통이다. 무의식 속에서 충동을 받고 튀어나온 '마음의 비밀'이라고 볼 수도 있다. 무의식중에 터져 나온다는 사실에 사람들은 관심을 두게 되는데, 누구든지 진심에서 우러나오게 되는 이야기에는 관심이 모아지기 때문이다. 이야기의 효과가 거의 나타나지 않는 까다로운 상대에게 절대적인 효과를 기대하기에는 이 방법을 적절히 활용할 일이다. 무의식 중이었던 내용의 말을 의식적인 상황에서 활용하는 것이다.

하나의 상황을 두고 생각해보자. 젊은 남녀가 서로 사랑은 하면서도 직접적인 사랑을 고백하지 못할 경우에 이것을 응용하면 효과가 크다. 만약 남자 측에서 무슨 소린지 모르는 말을 중얼댔다고 하자. 당연히 여자는 궁금해서 되묻게 된다.

"지금 뭐라고 하셨죠?"

"아뇨, 저 그저…."

"무슨 말인데요? 어서 말씀하세요."

이렇게 의혹이 증대되었을 때 사랑의 고백을 담은 말이었다는 사실을 상대가 느낄 수 있도록 귀띔을 해주면 이야기는 수월히 진행될 수 있다.

금전적인 도움을 줄 수 있는 상대에게도 슬쩍 혼잣말로 하면 효과가 있다. 가령 봉급 인상의 문제는 사장에겐 직접 말하기가 곤란하다. 그럴 때는 사장이 듣게끔 혼잣말처럼 "봉급이 조금만 올라도 직장을 옮기지 않아도 될 텐데" 하고 중얼거리면, 사장은 사원의 심정을 자기 혼자 알았다는 사실이 만족스럽고, 더욱 무의식 중에 나온 말이기에 신뢰를 가지게 된다.

3. 음담패설을 이용하라

대개의 남자들은 자기의 성 적응도에 대해 의심을 갖고 있다. 임포텐스 공포를 지니고 있는 남성의 거의가 내성적인 성격을 갖고 있으며, 대화를 함에 적극적인 편이 되지 못한다는 통계가 있다. 성적 콤플렉스를 해소하는 데 불능공포를 밖으로 표현하는 것이 얼마나 필요한가를 알 수 있으며, 아울러 음담패설로 자기를 카타르시스를 할 수 있다는 가정도 세울 수 있다.

지그문트 프로이트는 "음담이란 여성이라고 하는 아주 다루기 힘든 상대를 정복하기 위해 지어낸 남성의 말이다"라고 시사하고 있다. 농담은 오래 전부터 어떤 좌석에서나 정신적 균형을 유지해 주고 불만을 해소해주는 청량제로 생각되어 왔다. 여기에서 진일보한 상태가 음담패설인데, 인간 누구나의 공통 관심사인 탓에 죄의식을 갖지 않는다.

미국의 작가 G. 레그먼은 그의 『음담패설의 원리』에서 "인간은 누구나 자기자신의 기쁜 일이나 신성한 일에는 결코 농담을 하지 않는다. 농담은 공포와 고뇌의 정신상태에서 산출되며, 이의 해소를 위하는 것이다"라고 한다. 역시 레그먼은 남성이 음담패설을 하게 되는 주된 요인을 성적 열등감의 발산으로 보고 있다.

사람이 개인의 능력을 발휘하지 못하는 원인 중에 하나는 성생활의 불만이 쌓여 일의 능률을 저하시키는 것이다. 인간의 본능 중에서도 섹스의 본능은 여러 본능에 앞서 노출되는 인간 최대의 문제이다. 거의 모든 사람이 성 적응도에 관심을 가지는 반면, 회의와 불안감도 그

에 못지않게 크다. 갑작스럽게 비능률적인 사람이 되거나 침울한 기
분에 휩싸이는 사람은 성의 불안이 표면화된 것으로 보아도 타당하다.

음담패설은 이러한 만족의 심도를 입으로나마 최소한 채워주는 수
단이다. 그러므로 음담패설은 정신의 균형을 유지하는 데 있어 중요
한 부분을 차지하고 있다고 볼 수 있다.

4. 때로는 '슬랭'을 사용하라

뉴저지 주의 한 교도소에서는 강간죄로 복역중인 죄수들에게 외설스
런 슬랭을 마음껏 떠들게 하여, 그들의 마음속에 자리잡고 있는 성의
불만을 해소시키는 정신요법을 사용하고 있다고 한다. 이에 대해서 교
도소의 감독관인 윌리엄 프렌다 카스트 박사는 다음과 같이 말했다.

"감정을 마음껏 배출하는 것은 성범죄의 감소뿐 아니라 나아가 인
간관계의 모든 불만을 해소하게 한다. 인간은 감정이 억압당한 상태에
서는 성적 범죄를 저지를 소지가 높으므로 여기 있는 범죄자들은 모

두 욕구불만의 사람들이라고 볼 수 있기 때문에 마음껏 외설스런 욕을 떠들게 한다."

사실상 이 교도소를 거쳐 나간 죄수가 다시 범죄를 저지르는 재범율이 겨우 0.7퍼센트에 지나지 않았다는 사실을 두고 볼 때, 상스러운 소리는 욕구불만의 해소에 큰 효과가 있다고 볼 수 있다.

그러나 은어나 비어의 사용이 이렇게 특정한 사회 안에서만 통용되는 것은 아니다. 아카데미즘을 부르짖는 대학가에는 젊은이들다운 온갖 슬랭이 있고, 사회 하급계층은 그들대로, 고급 사교장에서는 역시 그들대로 통용되는 은어가 있다. 이렇게 보면 욕구불만과 상스러운 표현과는 함수관계에 놓여 있다는 가설도 탄생할 판이다.

경제학계의 원로이며 박학다식하기로 정평이 나 있는 모 대학 장張박사의 재미있는 일화 한 토막을 소개한다. 장 박사는 경제학 관계의 세미나가 있으면 약방의 감초처럼 초빙되는 인물이므로 한 달이면 대여섯 차례의 강연을 한다. 그런데 그렇게 지성의 분신으로 보이는 장박사에게도 아주 괴팍스런 버릇이 있는데, 그것은 바로 말할 때마다 자연스럽게 붙어 나오는 상소리였다. 하루는 역시 경제 관계 세미나에 참석하여 막 강연을 마치고 나오는데 한 젊은 청년이 달려오더니 약간 실망한 목소리로 말하는 것이었다.

"박사님의 강연은 감명깊었지만, 전 오늘 그만 실망하고 말았습니다. 어쩌면 그렇게도 상스러운 표현을 거침없이 하시는지요?"

그러자 장 박사의 대꾸가 걸작이었다.

"자넨 귀가 별로 좋지를 않군. 내가 한 시간을 떠드는 동안 그렇게 좋은 말을 많이 했는데, 하필이면 나쁜 말만 새겨들었는가? 내가 상스런 소리를 하는 것은 밥먹는 것만큼 자연스런 것일세."

5. 긴장 상태를 말로 표현하라

생활이 각박해지고 일처리가 자기의 뜻대로 되어가지 않을 때 사람은 긴장하게 된다. 긴장이란 마음의 불안을 의미하며 다음 동작을 위한 준비태세이다. 능력이 미치지 못하거나 결과에 대해서 의심할 정도로 불안할 때 마음을 조이게 되는 것이 긴장의 증상이다.

그러므로 긴장하고 있을 때는 어딘가 태도가 위축되고, 말소리가 떨려나오며 모든 행동에 여유가 없어 어색해지기 마련이다. 이렇게 긴장은 생활을 초조하게 만들고 능력을 위축시켜 생활의 안정을 깨뜨리는데, 이것을 어떻게 해소시킬 것인가가 문제이다. 거의 대부분의 긴장은 자기 혼자의 마음속 불안 때문에 일어나는 것이므로 남에게 공개하지 못하고 있는데, 공개만이 긴장 해소의 문제를 해결하는 열쇠다.

우선 자기의 긴장을 스스로 의식해서 긴장의 정도를 객관적인 입장

에 놓고 평가하는 자세가 필요하다. 긴장을 의식하는 것은 어려운 일이 아니나 그것을 객관화한다는 것은 용기를 필요로 한다.

20세기의 철권이었던 떠벌이 무하마디 알리의 측근이었던 한 사람은 알리의 상표처럼 되어 있는 예언에 대해서 이렇게 말한 적이 있다.

"권투 선수는 막상 시합이 결정되고, 경기장에 나가기 위해 대기실에서 앉아 있으면 불안감이 엄습한다. 정도의 차이는 있을지라도 이것은 모든 권투선수들의 공통심리이다. 알리도 예외는 아니었다. 그는 자신의 불안한 마음을 감추기 위해서 허풍스러운 과장을 서슴치 않았다. 그가 상대를 몇 회에 KO시키겠다고 떠벌이는 것은 자신의 긴장을 의식적으로 가면화시켜 표현하여 마음의 안정을 얻으려는 것이었다. 알리가 시합을 앞두고 떠들면 떠들수록 그는 긴장을 풀고 마음의 안정을 얻기에 부심하고 있다는 증거였다."

사실상 공감되는 말이다. 심리학에서도 자기의 긴장을 밖으로 노출시키면 냉정을 찾을 수 있다고 한다. 판매실적이 탁월한 베테랑 세일즈맨은 햇병아리 세일즈맨들에게 다음과 같이 충고한다.

"손님 만나기가 겁날 때는 자기 스스로 그것을 인정하고, 상대에게 자기의 긴장 상태를 말로 표현하여 해소시켜라."

자기의 긴장을 스스로 사람들 앞에서 공개한다는 것은 실로 용기를 필요로 한다. 그러나 긴장된 기분으로 매사에 임하는 것보다 순간적인 용기로 안정된 기분을 계속 얻을 수 있다면 용기를 내는 걸 두려워할 이유가 없다.

6. 철저한 사전준비를 하라

미국의 명스피커 다니엘 웹스터는 "연사가 연단 위에 설 때, 완벽한 사전준비가 없는 것은 반나체를 청중에게 노출시키는 것과 같이 무모한 짓이다"라고 비유했다. 주제가 아무리 설득력 있는 것이라도 스피치에 필요한 자료, 특히 보조자료가 충실치 못해서는 스피치의 효과를 기대할 수가 없다.

용의주도한 준비에 철저한 연사는 소기의 성과를 거두기에 결코 불안해하지 않는다. 그러나 대부분의 연사들은 철저한 사전준비라는 명제에 대해서 원고 준비에 만전을 기하라는 것으로 안이하게 생각하는 경향이 있다.

철저한 사전준비란 원고만 철저히 준비하라는 말이 아니다. 역사상 명스피치로 정평이 나 있는 윈스턴 처칠조차 이러한 교훈을 얻기까지는 쓰라린 경험을 해야 했다. 젊은 시절 그는 스피치를 위해 원고를 작성하여 그것을 낱낱이 암기하는 것으로 준비를 다했다고 생각했다. 그런데 어느 날 의회에서 스피치를 하는 도중 그 전날 외워두었던

것을 술술 털어놓다가 그만 잊어버리고 말았다. 그는 당황하여 어찌할 바를 모르고 스피치의 끊겨진 마지막 부분을 반복해 보았지만 도저히 그 다음 대목을 기억할 수가 없어 마무리도 못하고 자리에 주저앉고 말았다. 이 쓰라린 실패의 경험을 하고 난 후, 처칠은 원고를 외우지 않게 되었다는 사실로 미루어 원고 준비만 하는 사전준비가 얼마나 큰 판단착오인가를 짐작할 수 있다.

스피치란 논리적인 평소의 사고가 순간적으로 엮어져 나오는 마음의 소리여야 한다. 그것을 수학 공식을 외우듯 줄줄 암기하여 기계적으로 말하고자 한다면 스피치의 효과는 전무하다.

사실상 일상대화를 나눌 때 우리는 의사의 전달만을 생각할 뿐 대화의 수사나 표현 연출에는 신경을 모으지 못한다. 그러나 대화의 소통을 도와주는 것은 여러 형태의 자료를 종합적이고 체계적으로 설명하여 주는 제반 준비이다.

명 스피치의 한 사람인 링컨도 "나는 틀에 박힌 설교는 듣기 싫다. 이왕 듣는 말이라면 사전에 충분한 준비를 갖추어서 벌떼와 같이 다분히 공격적인 연사의 연설을 듣고 싶다"고 말했다. 암기식보다는 활기 있고 인상깊게 받아들일 수 있도록 사전 준비를 철저히 하는 것이 스피치를 잘하는 비결이다. "용의주도한 연사만이 자신을 가지고 연단 위에 오를 수 있다"는 말을 기억하자.

7. 숫자로 정보를 믿게 하라

"수학은 그것을 모르는 사람에게 아무런 해도 주지 않으며, 아는 사람에게조차 아무런 도움을 주지 못한다"고 J. B. 엔켄은 말했지만 대화 속에 삽입되는 숫자의 마술은 대단한 힘을 지닌다. 특히 확률이나 통계가 인간의 심리에 작용하는 것은 위험부담이 따르는 경우에 더 심하다.

비행기를 처음 타는 사람이 망설이고 주저하다가도 사고의 확률이 몇십만분의 일, 혹은 몇백만분의 일이라는 안내 설명을 듣고 나면 탑승을 결정하는 예가 있다. 사회에서도 가장 신뢰받는 정보는 바로 숫자 정보이다. 모든 기업인은 정부가 집계한 통계에 의해 독자적인 계획을 수립하게 되고, 개인은 개인대로 사회 각 방면에서 산출된 통계에 의해 살아간다.

대화할 때 이러한 통계를 잘 섞어 이끌어갈 능력만 있다면 원만한 대화로 성공시킬 수 있다. 숫자의 힘으로 신뢰할 수 있게 만드는 것이다. 그러나 대화 속에 삽입하게 되는 숫자와 통계는 그 출처가 확실하고 자료의 정확도가 높아야 한다. 근거 없는 통계에 의해 제멋대로 가감하면 오히려 신용을 떨어뜨리는 결과를 낳는다.

　사람들은 숫자에 의해 살아가면서도 숫자를 실감하지 못하고 살아가고 있는 것이 사실이다. 그러므로 숫자를 도외시할 수 없다는 잠재관념을 지니고 있으면서도 숫자가 생활화되어 있지 못하고 항상 유리되어 있다. 이러한 약점을 최대한 이용하는 것이 대화 중에 숫자가 삽입하여 얻어지는 효과이다. 이 방법은 강연이나 토론에 성공하고자 하는 사람들에게 가장 적절한 표현의 기술이다.

8. 내용보다 말솜씨를 앞세워라

말을 잘한다는 평을 듣게 되는 것은 내용도 좋고 말솜씨도 보통 이상일 경우의 이야기다. 또한 말의 내용이 비록 충실치 못하더라도 말솜씨로써 어느 정도는 보완이 되기도 한다. 말솜씨라는 것은 말의 억양이 고르고, 적당한 감정이 담겨져 있으며, 진실된 맛을 보일 때를 가리킨다.

　아무리 독창적이고 훌륭한 내용의 말이라도 녹음기에다 녹음한 후

듣는 것과 대면해서 듣는 것은 다르다. 이런 점으로 미루어보면 말솜씨에는 어느 정도 표정의 요소도 뒤따른다는 사실을 알 수 있다. 익살스런 말 하나라도 덤덤한 표정으로 표현하는 것과 몸짓에 상징적인 의미를 함께해서 표현하는 것과는 말의 효과가 전혀 다르다. 그러나 가장 중요한 부분은 말의 억양이다. 억양은 말솜씨를 좌우하는 중요한 요소이기 때문이다.

재미있는 일화를 소개한다. 어느 날 텔레비전을 고장낸 부인이 수리 기술자를 불렀다. 기술자는 간단한 조작을 되풀이하더니 수리를 끝마쳤다. 그리고 부인에게 자랑스레 말하였다.

"대단한 고장은 아니었습니다. 잘 접촉이 안 되길래 약간 부속품을 꾸부려 놓았습니다."

그러자 부인은 소리를 버럭 질렀다.

"아니, 그러면 우리 텔레비전을 망가뜨린 건가요?"

기술자는 어이가 없어 잠시 생각하다가 다시 말했다.

"아닙니다. 접촉불량이라 조정해 놓았습니다."

기술자의 조정 운운하는 소리를 듣고야, 그 미련한 부인은 다행이

라는 듯 얼굴에 미소를 지었다고 한다. 기술자라고 하더라도 일반적
으로 통용되는 말을 사용하자 불신을 사게 되었고, '조정'이라는 기술
적인 용어가 나오고서야 납득하더라는 우스운 이야기가 바로 '대화
란 내용보다 말솜씨에 좌우된다'는 것을 실감하게 한다.

9. 연습하고 또 연습하라

고대 이집트인이 남긴 '타호텝'에 이런 말이 적혀 있다고 한다.

"남보다 한 걸음 앞서기 위해 너는 말을 잘 하는 명수가 되라. 언어
는 사람의 무기이며 말은 싸움보다도 강하다."

옛부터 인간사회에서 성공하기 위해서는 말하는 능력이 큰 문제였
다는 것을 알 수 있다. 오늘날에는 대인관계의 80퍼센트 이상이 언어
에 의해서 이루어지고 있다는 것이 주지의 사실이다. 화술이 현대생
활에서 높은 비중을 차지하며 이것이 대인관계의 성패를 가름할 수도
있고 궁극적인 인생의 성공도 가름할 수 있는 것이다.

화술은 선천적인 자질만이 전부가 아니다. 이야기에 지성과 교양
이 담겨져 있거나 지적인 정도를 나타낸다고 볼 수 있으나 자기의 의
사를 정확하게 상대에게 표현할 수 있는 능력은 선천적 재능보다 후
천적인 노력이 더 좌우한다. 데모스테네스나 처칠도 선천적으로 나쁜
음성을 후천적인 노력에 의해서 교정한 덕분에 훌륭한 웅변가로서 대
성할 수 있었다.

좋은 화법을 탄생시키는 데는 몇 가지 훈련법이 있다. 우선 발음을

정확히 할 일이다. 말끝을 얼버무리거나 단어를 잇따라 발음하지 말고, 띄어 말하기를 실천해야 된다. 정확한 발음 훈련법에는 우선 구형법口型法에 맞춰서 입술과 턱을 열심히 움직여야 되고, 자기가 하는 말에 집중해야 된다. 그리고 적당한 음조의 변화와 억양에 대해 유의할 일이다. 음조의 변화는 말의 의미를 상대에게 전달하는 데 중요한 관건이 된다. 훌륭한 화자는 음조와 억양에 대해 매일같이 연습을 게을리하지 않는다. 로마의 웅변가 키케로는 50여 년간을 연습했다고 한다.

다음은 좋은 언어의 선택이 중요하다. 언어란 누구나 쉽게 이해하면서도 여러 가지 의미가 함축된 것을 골라야 된다. 그러므로 사람들과 의사소통이 원활한 언어를 골라야 될 것이며, 이 선택된 언어를 감정에 옮겨 담아야 한다. 거기다 묘사적인 언어를 선택하여 말하는 연습을 하면 점차 세련된 화술을 익히게 될 것이다.

예를 들어 "우리 집은 기와집입니다"라는 건조한 표현을 쓰기보다 "청기와가 낡아 잡초가 살며시 엿보이는 고색창연한 한옥에서 삽니다" 하면 얼마나 부드럽게 잘 전달될 것인가.

말의 연습을 게을리하지 않을 때 비로소 인생 성공의 길이 새롭게 열리게 될 것이다. 당신도 대화의 명수가 될수 있다.

대화의 심리작전

초판 1쇄 인쇄 2012년 9월 4일
초판 1쇄 발행 2012년 9월 11일

지은이 김양호
펴낸이 이범상
펴낸곳 (주)비전비엔피·비전코리아

기획 편집 김시경 고은주 박월 노영지
디자인 최희민 김혜림
영업 한상철 한승훈
관리 박석형 이다정
마케팅 이재필 한호성 김희정

주소 121-894 서울특별시 마포구 잔다리로7길 12 (서교동)
전화 02)338-2411 **팩스** 02)338-2413
이메일 visioncorea@naver.com
블로그 blog.naver.com/visioncorea

등록번호 제1-3018호

ISBN 978-89-6322-049-9 03320

· 값은 뒤표지에 있습니다.
· 잘못된 책은 구입하신 서점에서 바꿔드립니다.

이 도서의 국립중앙도서관 출판시도서목록(CIP)은 e-CIP홈페이지(http://www.nl.go.kr/ecip)와 국가자료공동목록시스템 (http://www.nl.go.kr/kolisnet)에서 이용하실 수 있습니다.(CIP제어번호: CIP2012002984)